TOBIAS HABERL

DIE GROSSE
ENTZAUBERUNG

TOBIAS HABERL

DIE GROSSE ENTZAUBERUNG

Vom trügerischen Glück des heutigen Menschen

BLESSING

Verlagsgruppe Random House FSC® N001967

1. Auflage, 2019
Copyright © 2019 by Tobias Haberl
Copyright © 2016 by Karl Blessing Verlag, München,
in der Verlagsgruppe Random House GmbH,
Neumarkter Str. 28, 81673 München
Umschlaggestaltung: Geviert, Grafik & Typografie
Umschlagabbildung: Bruno Munari,
Supplemento al dizionario italiano – I Gesti,
1963 (© Bruno Munari, All rights reserved to Maurizio Corraini s.r.l.)
Herstellung: Ursula Maenner
Satz: Leingärtner, Nabburg
Druck und Einband: CPI books GmbH, Leck
Printed in Germany
ISBN: 978-3-89667-645-0

www.blessing-verlag.de

Für meine Eltern

Kit: But you complain so all the time.
Port: Oh, not about life; only about human beings.
Kit: The two can't be considered separately.
Port: They certainly can. All it takes is a little effort. […]
I can imagine an absolutely different world.
(Paul Bowles: *The Sheltering Sky*)

Alexa, spiel Pop-Hits zu Weihnachten!
(Amazon)

Inhalt

Vorwort

»Nicht die Musik hat sich geändert, weißt du das?
Sondern wir.
Wir sind gelähmt vor Angst.«
Virginie Despentes: *Das Leben des Vernon Subutex 2*

Ich war ein paar Tage in New York, ein Interview mit dem Künstler Raymond Pettibon, der im 57. Stock des Gehry Tower an der Südspitze Manhattans lebt. Ich sah den Wolkenkratzer schon von Weitem, als ich mich durch den Menschenstrom quälte, vorbei an asiatischen Massagesalons und Sandwichläden für die Touristen.

Als ich schließlich vor dem 267 Meter hohen Gebäude stand und meinen Blick die Fassade hinauf- und wieder hinabgleiten ließ, war ich überrascht: Der Eingang, vor dem Security-Beamte auf- und abschritten, befand sich in einer unscheinbaren, fast beschaulichen Gasse, der Spruce Street, davor hatte man einen kleinen Park mit Bänken, Wasserfontänen und Pflanzentrögen angelegt, eine winzige Oase im Zentrum Manhattans, gar nicht weit von der Wall Street. Hier muss ein feinfühliger Mensch am Werk gewesen sein, dachte ich, ein sensibler Charakter, der den Bewohnern dieses Wolkenkratzers aus Glas und Stahl wenigstens die Ahnung von Ruhe und Natur ermöglichen wollte. Dann entdeckte ich ein Schild mit den *Rules of Conduct,* den Verhaltensregeln:

Dieser Platz wurde zur passiven Erholung geschaffen. Wer sich nicht an die Regeln hält, wird vom Sicherheitspersonal entfernt und muss mit einer Anzeige rechnen. Folgende Aktivitäten sind verboten:

- Kochen, Grillen und Zelten
- Kartenspielen
- Musikmachen
- Genuss von Nikotin und Alkohol
- Decken auf die Grünflächen legen
- Anpflanzen von Bäumen oder Blumen
- Radfahren, Skateboarden und Rollerskaten
- Füttern von Vögeln und Eichhörnchen
- Hunde ohne Leine laufen lassen
- Kinder ohne Aufsicht spielen lassen
- Berühren der Wasserfontänen

Ich spürte, wie mich Traurigkeit überfiel. Ein Platz von Menschen für Menschen, an dem alles verboten war, was eventuell Spaß machen könnte. Ich setzte mich auf eine Bank und lauschte für ein paar Sekunden dem Plätschern der Wasserfontänen. Außer mir war kein Mensch zu sehen, nicht mal ein Eichhörnchen, dem ich verbotenerweise eine Nuss hinhalten konnte. Niemand saß auf einer Bank, summte eine Melodie oder spazierte über das Grün, dieser Ort war so ausgestorben, als wäre ich der einzige Mensch in der Stadt.

Es war der Moment, in dem ich begriff, dass unsere sogenannte freie, westliche Welt dabei ist, wie dieser Platz vor dem Gehry Tower in New York zu werden: aufgeräumt, aber leblos, hübsch, aber langweilig, sicher, aber kontrolliert wie ein Straflager – ein Ort ohne Zauber, aus dem sich jedes Temperament und jede Lebendigkeit verabschiedet haben, als hätte jemand eine Kaschmir-Decke über das Geschehen gebreitet.

Es war der Moment, in dem ich begriff, dass sich seit Jahren ein Entmenschlichungsprogramm mit algorithmischer Unerbittlichkeit über unsere Leben stülpt, während wir von Drohnenflotten und Kolonien auf dem Mars schwadronieren.

Es war der Moment, in dem ich beschloss, dieses Buch zu schreiben.

—

Meine Freunde sagen, es ist das Alter, eine Art zweite Pubertät, ich bin 44. Andere sagen, ich solle endlich aufhören zu träumen und erwachsen werden, ein Kind könnte helfen, Verantwortung, zur Not würde mich ein Schicksalsschlag irgendwann auf den Boden der Tatsachen holen. Wieder andere schauen mich verständnislos an: »Was hast du eigentlich?«, fragen sie, »uns geht's doch gut«, dann gehen sie zur Haarentfernung mit Bio-Wax oder bereiten sich eine Schale Porridge mit Goji-Beeren zu.

Und es stimmt ja. Es geht uns allen Krisen zum Trotz immer noch blendend in der westlichen Welt, in der Mitte Europas, in Deutschland: Die Wirtschaft wächst, die Arbeitslosigkeit sinkt, wer glauben will, dass die Welt jeden Tag ein bisschen besser wird, findet Statistiken, die genau das belegen: Die Lebenserwartung steigt, ebenso der Bildungsgrad, das Kindergeld und der Mindestlohn, im Gegenzug hat sich die Arbeitszeit verringert, ist die Kriminalitätsrate gesunken.

Aber können Zahlenkolonnen zeigen, wie es uns geht? Können Excel-Tabellen die Seelenlage von Menschen erfassen? Oder könnte es sein, dass es in Wahrheit bergabgeht, weil sämtliche Kurven nach oben zeigen, nur die entscheidende nicht, weil die Abwesenheit einer Tragödie noch lange nicht Glück bedeutet? Und könnte es ebenfalls sein, dass die Menschen reicher und gleichzeitig ärmer, gesünder und gleichzeitig kränker, toleranter und gleichzeitig missgünstiger, sicherer und gleichzeitig ängstlicher werden? Dass sie äußerlich einverstanden, aber innerlich gereizt, frustriert, deprimiert sind und sich das Leben, das echte, pralle, intensive Leben vor allem vom Leib halten wollen? In Rom zieht mittlerweile ein Straßenmusiker mit seiner Gitarre durch die Restaurants, ohne zu spielen, in der Hand hält er ein Schild mit der Aufschrift: »Ich spiele nicht, um Sie nicht zu belästigen. Über eine kleine Entschädigung würde ich mich freuen.«[1]

In den letzten Jahren sind mehrere Bücher erschienen, die Bedenkenträgern wie mir den Kampf angesagt haben: *Was genau war früher besser?* heißt die Kampfschrift des Philosophen Michel Serres, in der er an sämtliche Schrecklichkeiten des 20. Jahrhunderts erinnert, Hitler, Stalin und Pol Pot, Hiroshima, Tuberkulose, Syphilis und Meningitis, die uns zu Tausenden dahinrafften, unmenschliche Internate, krumme Bauernrücken, Wäscheklopfen auf Knien, ständigen Durchfall, aufgescheuerte Füße und den verschämten Umgang mit der Sexualität, der manches erwachsene Paar glauben ließ, Liebe werde durch den Bauchnabel gemacht.

Er hat recht. Unser Alltag ist in vielerlei Hinsicht einfacher, aufgeklärter, angenehmer und friedlicher geworden, trotzdem finde ich nicht, dass irgendetwas darauf hindeutet, dass wir glücklicher geworden sind außer ein paar Umfragen, die wir so beantworten, dass wir mit ihren Ergebnissen leben können. »Dann sind Sie also frei?«, wird Karl, der Held in Franz Kafkas Roman *Amerika,* gefragt. »›Ja, frei bin ich‹, sagte Karl, und nichts schien ihm wertloser.«[2]

—

In keiner Phase der Weltgeschichte haben wir sicherer gelebt als genau jetzt, trotzdem scheint unsere Angst nie größer gewesen zu sein. Manchmal habe ich das Gefühl, als würden sich die Menschen um mich herum für etwas wappnen, aber für was?

Tatsächlich haben wir mittlerweile Angst vor roter Wurst, dem Rechtsruck, Deodorants mit Aluminium, Feinstaub, Terrorismus, Wohnungseinbrüchen, Fahrverboten, schlechten Fetten, schlechten Wirtschaftsdaten, Flüchtlingen, Hackern, der Vergangenheit, dass sie sich wiederholen, und der Zukunft, dass sie tatsächlich eintreten könnte. Die Ersten haben angefangen, sich einen Panikraum einzurichten – die guten sollen aussehen wie ganz normale Schlafzimmer.

Es stimmt schon, dass wir alles im Griff haben, das Aktiendepot, die Kalorientabelle, den Stundenplan der Kinder, die Altersvorsorge, die Zahnzusatzversicherung. Die Eselsbrücken für unsere Passwörter funktionieren, unser Leben kann sich sehen lassen, unser Profil auch, jeden Tag neue Likes, neue Freunde, neue Posts, die Timeline haben wir unter Kontrolle – warum aber diese Verzagtheit, diese Erschlaffung, diese ständige Empörungsbereitschaft auf den Straßen und in den Schlangen der Supermärkte? Warum die Angst vor allem, was leidenschaftlich und temperamentvoll ist, was lacht, weint, wütet und trauert, was laut, direkt, intensiv, dunkel, unberechenbar ist und vor allem: jenseits unserer Kontrolle?

Warum das dauernde Gefühl, nicht zu genügen, nicht genug vom Leben abzukriegen, zu wenig dabei zu sein, zu wenig man selbst, verwirklicht und wahrgenommen? Warum gilt heute schon als kultiviert, wer über die Konsistenz der Crema eines Espresso Bescheid weiß? Warum werden die To-do-Listen länger und die Plaudereien kürzer? Und warum erzählen einem junge Menschen immer nur, was sie später mal werden wollen, und nie, was sie erlebt haben?

Nachdem der Plattenverkäufer Vernon Subutex, der Held aus Virginie Despentes' gleichnamiger Trilogie, seine Wohnung verloren und einige Zeit als Obdachloser in den Parks von Paris verbracht hat, wird er von alten Freunden aufgespürt, in eine Wohnung gebracht, unter die heiße Dusche gestellt und gefragt, ob er eine Weile bleiben wolle. Er entscheidet sich dagegen. Er konnte die Wände und die Zimmerdecken körperlich nicht mehr ertragen, er bekam schlecht Luft, alle Gegenstände reizten ihn. »Das Schlimmste allerdings waren die Menschen um ihn herum. Er spürte ihr Elend, ihre Schmerzen, ihre panische Angst, nicht mithalten zu können, entlarvt und bestraft zu werden, zu versagen.«[3]

—

Immer wenn ich auf den ICE nach Hamburg oder Berlin warten muss, blättere ich im Bahnhofskiosk Zeitschriften durch. Hier einige der Titelgeschichten aus den letzten Monaten:

- HINSCHMEISSEN, UMSTEIGEN ODER NUR MAL DURCH-ATMEN – Welche Veränderung dich wirklich glücklich macht
- SEID MUTIG – Jede Entscheidung hat die Macht, Dein Leben zu verändern
- BIN ICH GUT GENUG? – Wie wir Selbstzweifel hinter uns lassen und Vertrauen in uns finden
- STÄNDIG WAS NEUES – Wie es uns gelingt, gelassen mit der Welt umzugehen
- UMSCHALTEN! – Wie Sie Stress loswerden und Energie gewinnen
- GELASSEN SEIN – Warum das so schwierig ist
- ECHT JETZT? – Sich selbst erkennen, zu sich stehen – und authentisch leben
- SCHLAFT GUT! – Warum es so kompliziert geworden ist, wirklich Ruhe zu finden. Tricks für die Erholung – bei Tag und bei Nacht

Ich war irritiert. Warum dieser heftige Wunsch nach Veränderung? Warum diese Unsicherheit, dieser Drang, das Leben besser, effizienter, authentischer zu machen? Ich dachte, alles sei wunderbar, Tendenz steigend? Ich dachte, wir können jede Glasnudelsuppe, jedes Paar Sneakers, jeden Karibik-Urlaub und jeden G-Punkt-Vibrator mit einem Klick bestellen? Ich dachte, unsere Freiheit ist so überwältigend, unsere Toleranz so ansteckend, unsere Individualität so aufregend, unsere Flexibilität so praktisch, dass wir sie im Zuge einer universalen Verwestlichung in jeden Winkel dieser Erde transportieren wollen, denn wenn wir ehrlich sind, ist es schon so, dass wir denken, der Rest der Welt könnte irgendwann mal das Privileg haben, so zu leben wie wir.

Manchmal wache ich vor dem ersten Morgenlicht auf und empfinde die Bedrängnis des Lebens als so niederschmetternd, dass ich die Neugierde verliere, wie es weitergehen könnte; dann flüchte ich ins Freie und fühle mich bedrängt von Bäckereiverkäuferinnen mit Latexhandschuhen, Foodora-Boten in pinkfarbenen Uniformen, Anzugträgern mit kabellosen Kopfhörern und Schulkindern, auf deren Pullovern »Racker« steht, während sie von einer Tracking-App überwacht werden.

Manchmal tröstet mich das Rascheln eines Butterbrotpapiers oder der unverschämte Blick eines Kindes in der U-Bahn, manchmal erlöst mich der Anblick einer Schwalbe, die vor einer Vodafone-Filiale in den Himmel steigt, oder eines Dackels, der in die Ecke macht; es ist unsagbar traurig, dass man auf den Straßen unserer Städte keine Katzen mehr sieht. Manchmal erlöst mich ein Soßenfleck auf meinem Hemd, den ich nicht entferne, sondern stolz trage zum stillen Protest, den niemand bemerkt.

Das Lebenstempo nimmt zu, die Nischen sind verbaut, die Pausen zugemüllt; die Schollen, auf die man sich flüchten könnte, schmelzen ab. Wir sind umzingelt von Optionen, 100-Euro-Joker-Wetten, Save-the-Date-Mails und Treuepunkten, aber unsere Seelen trocknen aus. Neulich ertappte ich mich dabei, wie ich mich in einem Hinterhof darüber freute, dass es stank; der Geruch nach verwesenden Tomaten erschien mir auf tröstliche Art sinnhaft, weil in der Tonne tatsächlich verwesende Tomaten lagen. Bin ich im Begriff, ein »Sehnsuchtsklumpen« zu werden, ein »herumempfindelnder« Zeitgenosse, wie es bei Wilhelm Genazino heißt, oder warum war es ausgerechnet der Gestank der Fäulnis, der mich für einen kurzen Moment zu einem intensiveren Leben ermuntert hat, weil nur verwesen kann, was zuvor gelebt hat?

Ich schreibe dieses Buch, weil ich ein Unbehagen spüre. Dieses Unbehagen ist die Ahnung, dass wir nach Jahrzehnten des Wohlstands an einem großen Kater leiden, so formatiert wie wir in halben Zügen vor uns hin existieren, so bereitwillig wie wir uns an die Entfremdungen der westlichen Welt gewöhnt haben.

Es ist die Ahnung, dass wir einen faustischen Pakt eingegangen sind, dass unsere technologischen Errungenschaften vor allem neue Zwänge und Ängste hervorgebracht haben, dass aus den Hippie-Träumern des Silicon Valley skrupellose Unternehmer geworden sind, dass die schöne neue Welt, die sie uns in Aussicht stellen, in Abhängigkeit und Manipulation mündet, dass die KI-Utopien der Software-Ingenieure immer nur auf Effizienz und nie auf Schönheit oder Sinn zielen.

Dieses Unbehagen, das ist das Gefühl, dass wir, so zivilisiert wir uns auch wähnen, unser Leben vor allem bewältigen, und alles, was wir tun, von einer pornografischen Geheimnislosigkeit ist, vor der man sich nicht mehr in Sicherheit bringen kann, weil sie immer schon da ist, einen Schritt voraus, auf sämtlichen Kanälen. Das Gefühl, dass wir fast nie unsere Bedürfnisse erfüllen, sondern immer nur die eines Marktes, den es ohne uns nicht gäbe. Dass sich ein neuer Totalitarismus im Gewand der Freiheit über unser Dasein stülpt. Dass wir Information mit Bildung, Transparenz mit Ehrlichkeit und Toleranz mit Menschlichkeit verwechseln. Das Gefühl, dass etwas nicht richtig sein kann, wenn wir tiefes Glück empfinden, sobald wir nach einem Inlandsflug mit einem Schnalzer das Handy entriegeln.

Ich spüre es, wenn ich durch die Straßen meiner Stadt gehe, im Netz surfe, im Büro sitze, Freunde treffe, durchs Fernsehprogramm zappe; ich spüre es vor dem Einschlafen, vor dem Computer, am Flughafen, im Café, im Kaufhaus, in München, Berlin, Paris, New York, wo ich neulich zwei Stunden durch Manhattan gelaufen bin, um in Ruhe einen Kaffee aus einer Porzellantasse zu trinken, was mir tatsächlich erst im Waldorf Astoria gelang. Mal lässt mich dieses Unbehagen wütend, mal melancholisch werden, mal treibt es mich an, mal lähmt es mich; es sind die Momente, in denen es sich zum Ekel auswächst, so kontaminiert von Zumutungen erscheint mir die Gegenwart, so enthumanisiert die Räume, so kontrolliert der Alltag, so hemmungslos der Repräsentationsdruck, so porös die Wirklichkeit, so tragisch das Entfremdungsdrama zwischen den Menschen und der Welt, in die sie hineingeboren wurden. Ich finde den Preis, den wir für Sicherheit, Bequemlichkeit und Fortschritt zu zahlen bereit sind, zu hoch, weil wir nichts Geringeres erleben als die Säuberung der Welt von jeder Poesie.

Es vergeht kein Tag, an dem man nicht über die Zumutungen der digitalisierten Gegenwart erschrecken könnte. Und manchmal frage ich mich, ob die Freiheit, auf die wir so stolz sind, nur noch die Erinnerung an die Zeit ist, in der wir Kinder waren. »Für uns beginnt die Ära der langsamen Vereisung, der kontinuierlichen, leichten Anästhesie mit durchgeplantem Freizeitprogramm, vorgeschriebenen Gedanken und zerbröselten Leben«[4], schrieb die französische Psychoanalytikerin Anne Dufourmantelle wenige Jahre vor ihrem Tod.

Wann haben wir aufgehört, die Tür zur Welt aufzureißen? Wann haben wir angefangen, die Kontrolle über unser Leben aus der Hand zu geben, um auf niedrigstem Niveau zufrieden zu sein? Wann ist unsere Idee von der offenen Gesellschaft zum Mythos erstarrt? Ich schaffe es nicht mehr, an die zivilisierende Kraft des Liberalismus und den Fortschritt durch Technologie zu glauben, mein Vertrauen in die Zukunft ist ramponiert, ich empfinde sie als Bedrohung, so schutzlos fühle ich mich einer Logik ausgeliefert, die mich nur noch als Faktor wahrnimmt, als sei ich nicht mehr als die Summe meiner Daten:

»Zieht mein Gesicht in den Sand und handelt mit meiner DNA/ Zieht Kornkreise in die stehenden Felder meiner Biografie/ Lest meine Gedanken, verschenkt die Daten, verkauft mein Fleisch/ Verkauft mein Fleisch an den billigen Ständen und verwertet die Reste«[5],

singt Peter Licht in *Begrabt mein iPhone an der Biegung des Flusses*. Er formuliert die fast vollendete Transformation der Schöpfung in ein Materiallager.

Manchmal kommt es mir vor, als würden wir uns nicht mehr gehören und könnten uns gleichzeitig nicht entkommen. Als würde uns das Geheimnis des Auf-der-Welt-Seins abhandenkommen, als würde die Welt ausfransen, weil ihre Bewohner als letztes Ziel ausgegeben haben, ihre Empathie für fast alles wie eine Monstranz vor sich herzutragen, während sie damit beschäftigt sind, die eigenen Genüsse voraussetzungslos zu sichern. Denn was ist die Toleranz, die wir auf sämtlichen Plattformen ausstellen, anderes als die momenthafte Verschleierung der Gleichgültigkeit, die wir füreinander empfinden?

Man wird mich einen Bedenkenträger schimpfen, ein Auslaufmodell, einen Reaktionär, aber reaktionär ist heute alles, was nicht vermarktet werden kann. Reaktionär ist, wer zu

Gott betet, schlechte Laune hat, einen Diesel fährt, Gedichte liest, Schweinebraten isst, ARD schaut, Briefmarken sammelt, Vögel beobachtet. Reaktionär ist, wer den Fortschritt nicht vorbehaltlos gut findet und gelegentlich den Verdacht hegt, dass die vernetzte Konsumwelt uns nicht glücklich macht. Reaktionär ist alles, was den immerwährenden Strom der Daten, Waren und Devisen unterbrechen könnte, was sich nicht einschmiegt, nicht beliebig, engagiert, effizient ist.

—

Es war der Soziologe Max Weber, der vor ziemlich genau hundert Jahren den Begriff der »entzauberten Wirklichkeit« prägte. Er meinte damit »das Wissen oder den Glauben daran: (...) daß es also prinzipiell keine geheimnisvollen unberechenbaren Mächte gebe, die da hineinspielen, daß man vielmehr alle Dinge – im Prinzip – durch Berechnen beherrschen könne. Das aber bedeutet: die Entzauberung der Welt.«[6]

Im Zentrum seiner Kritik standen die »abendländischen Rationalisierungsprozesse«, die aus dem Siegeszug der protestantischen Ethik und des Kapitalismus resultierten, also die Tendenz, das Leben und die Welt wissenschaftlich, technisch, ökonomisch und politisch berechenbar und beherrschbar zu machen. Überzeugt davon, dass diese Entwicklung zwangsläufig in Entfremdung, ja in ein Weltverstummen münden würde, setzte er das Wörtchen »Fortschritt« meist in Anführungszeichen, weil eine beherrschbar gemachte Welt nicht nur Magie, sondern auch Sinn einbüße und zu einem »stahlharten Gehäuse erkalte«, bis die Menschen zu einem »Nichts« geworden seien, das sich einbildet, »eine nie vorher erreichte Stufe des Menschseins erstiegen zu haben«[7]. Er muss geahnt haben, welchen Preis der permanente Fortschritt haben würde. Neue Freiheitsräume erhoffte er sich jedenfalls nicht, vielmehr spürte er die Bedrohung einer zunehmenden Reglementierung.

Ein halbes Jahrhundert später fassten Theodor W. Adorno und Max Horkheimer in der *Dialektik der Aufklärung* zusammen: »Aber die vollends aufgeklärte Erde strahlt im Zeichen triumphalen Unheils. Das Programm der Aufklärung war die Entzauberung der Welt.«[8] Wie hysterisch, prosaisch und ängstlich die von sämtlichen Tabus befreite Welt des Westens freilich ein halbes Jahrhundert später sein würde, konnten sie allesamt nicht ahnen.

»Wenn man alles beherrscht, geht etwas verloren«, sagt der Soziologe Hartmut Rosa, »die Welt spricht und singt nicht dort zum Menschen, wo sie beherrscht wird, sondern wo der Mensch für sie entbrennt.«[9] Unsere Utopien aber sind nur noch technischer Natur, nicht mehr sozialer, menschlicher oder künstlerischer. Wir hocken, umgeben von Datenströmen, in klimatisierten Großraumbüros und liebevoll inszenierten Altbauwohnungen und wagen nichts mehr zu denken, das größer ist als wir selbst. Wir schaffen es nicht mehr, die Zurichtungen des Alltags wenigstens für einen Moment zu unterbrechen, um, wenn schon nicht das Heilige, so doch wenigstens das Erhabene oder Rätselhafte in unser Leben zu lassen, eine Ahnung von Transzendenz oder Poesie. In ihrem Essay *Elemente und Ursprünge totaler Herrschaft* schreibt Hannah Arendt:

»Wir wissen auch nicht, aber wir können es ahnen, wie viele Menschen sich in Erkenntnis ihrer wachsenden Unfähigkeit die Last des Lebens unter modernen Verhältnissen zu ertragen, willig einem System unterwerfen würden, das ihnen mit der Selbstbestimmung auch die Verantwortung für das eigene Leben abnimmt.«[10]

Warum eigentlich muss man bei diesem Satz sofort an unsere Armada aus Apps denken, an die zunehmende Verschmelzung mit unseren Lieblingsgadgets, die wir noch in der Hand, aber bald schon unter der Haut mit uns herumtragen werden?

Zu Beginn des 21. Jahrhunderts hat die entzauberte Wirklichkeit endgültig übernommen und mit ihr die Kontrolliertheit unserer Affekte, die Trostlosigkeit des öffentlichen Raums, die Offensichtlichkeit der aufgemotzten Lebensläufe, die Körperlosigkeit der Datenströme, die Heimatlosigkeit der Dinge, die Ödnis der durchökonomisierten Welt, in der keine Geste mehr um ihrer selbst willen geschieht, sondern zur Ware verkommen auf dem Marktplatz der Globalvernetzung feilgeboten wird wie ein Stück Fleisch auf einem Basar.

Lebe lieber selbstbestimmt, Erfolgreich altern, Werde unwiderstehlich, Gesund durch Atmen, Mehr Zeit für das Wesentliche, Noch mehr Zeit für das Wesentliche – die Titel unserer Ratgeberbücher lassen erahnen, was wir verloren, verkauft, verraten haben. Oder warum fühlt sich das Leben zunehmend an wie die endlose Aneinanderreihung von Ausbeutungen, Gängelungen, Zermürbungen, die uns von allem, was wir lieben, und am Ende von uns selbst entfremdet?

»(...) unsere Zeit schafft diese Wunder, aber sie fühlt sie nicht mehr. Sie ist eine Zeit der Erfüllung, und Erfüllungen sind immer Enttäuschungen; es fehlt ihr an Sehnsucht, an etwas, das sie noch nicht kann, während es ihr am Herz nagt«[11], heißt es in Robert Musils Essay *Das hilflose Europa oder Reise vom Hundertsten ins Tausendste*. Warum also fragen wir immer danach, wie menschlich die Maschinen von morgen sein werden, und nie, wie maschinenhaft die Menschen von heute schon sind? Haben wir wirklich so viele Krisen überstanden und Diktatoren niedergerungen, um uns anschließend von ein paar Software-Ingenieuren einreden zu lassen, dass es im Leben um Content, Likes und Follower geht?

Die Utopie der 68er-Generation, die Versöhnung von Arbeit und Lust, ist nicht nur gründlich gescheitert, sie hat sich in ihr Gegenteil verkehrt, weil alles, was im Büro, im Schlafzimmer und in unserer Fantasie geschieht, in den Leistungskatalog des modernen Menschen aufgenommen wurde. Wir ahnen, dass wir kindisch, eitel und süchtig sind, aber die anderen sind es auch, und deswegen ist es okay. Drohungen braucht es schon lange nicht mehr, um uns in Schach zu halten, das erledigen wir schon selbst. Das Zusammenspiel aus Spaß, Technik und sozialer Anerkennung im Netz, diese »ultraschnellen Kontrollformen mit freiheitlichem Aussehen« (Gilles Deleuze), sind das geschmeidigste Herrschaftssystem der Weltgeschichte. Die Menschen, schreibt Peter Sloterdijk, agierten nie besessener, als wenn sie vom Bewusstsein ihrer Freiheit erfüllt seien. »Meinen sie, im hier und jetzt ihrer wahren Natur zu folgen, sind sie schon durch und durch Marionetten der Unterwelt.«[12] Wir müssen nicht von Geheimdiensten überwacht werden, wir kontrollieren uns gegenseitig, wenn wir rund um die Uhr senden, posten, liken, twittern und unsere vulgären Selbstinszenierungen zur Schau stellen, weil wir ohne den kleinen Dopaminschub zwischendurch nicht mehr leben wollen.

Politische Diktaturen versuchen, die Menschen an der Meinungsäußerung zu hindern, das körperlose Herrschaftssystem der Dauerkommunikation geht raffinierter vor. Gilles Deleuze schrieb:

»Die Schwierigkeit ist heute nicht mehr, dass wir unsere Meinung nicht frei äußern können, sondern, Freiräume der Einsamkeit und des Schweigens zu schaffen, in denen wir etwas zu sagen finden. Repressive Kräfte hindern uns nicht mehr an der Meinungsäußerung. Im Gegenteil, sie zwingen uns sogar dazu. Welche Befreiung ist es, einmal nichts sagen zu müssen und schweigen zu können, denn nur dann haben wir die Möglichkeit, etwas zunehmend Seltenes zu schaffen: Etwas, das es tatsächlich wert ist, gesagt zu werden.«[13]

Schweigen ist schon lange nicht mehr Gold. Wer nicht teilnimmt an den Beschimpfungs- und Verehrungsloops im Netz, gilt als Sonderling, ja macht sich verdächtig, als würde er etwas aushecken.

»If you have something that you don't want anyone to know, maybe you shouldn't be doing it in the first place«[14] (»Wenn es Dinge gibt, von denen Sie nicht wollen, dass irgendjemand etwas darüber erfährt, dann sollten Sie so etwas nicht tun«),

sagte Google-Chef Eric Schmidt 2009. Noch besorgniserregender ist eigentlich nur ein Satz von Marc Zuckerberg, den er – lange bevor er kleinlaute Wir-entschuldigen-uns-Anzeigen in Zeitungen abdrucken ließ – auf dem Podium der

Sun-Valley-Konferenz auf die Frage äußerte, wie Facebook es mit dem Schutz der Privatsphäre halte:

»Wer nichts zu verbergen hat, hat auch nichts zu befürchten.«[15]

Es ist die Definition der perfekten Diktatur, die Grundlage eines totalitären Regimes, die Voraussetzung für ein Klima der Gleichförmigkeit, das immer intoleranter gegenüber allem wird, was sich widersetzt oder nicht unter einem Hashtag zu verschlagworten ist.

Ich fühle mich bedroht von den Männern aus dem sagenumwobenen Tal in Amerikas Westen. Nie wirken sie zufrieden, immer nur visionär, getrieben, ambitioniert und ein bisschen albern. Camoufliert durch die Insignien der Lässigkeit – Sneakers, Kapuzenpullover, Fünftagebart –, vermitteln sie eine Ahnung der Welt, an der sie basteln. Ich sehe ihre blassen Gesichter, die ehrgeizigen Augen und gepflegten Hände, die keine Geschichten erzählen, und frage mich: Wen habt ihr geliebt, und wen habt ihr sterben gesehen? Bei wie vielen Kranken habt ihr gewacht? Für wen habt ihr gebetet, nachts, auf euren Knien? Welche Bücher habt ihr gelesen, welche Lieder gehört, welche Bilder betrachtet, welche Länder bereist, welche Menschen gesprochen? Wen musstet ihr verlassen, und wer hat euch getragen, damals, in den Tagen, an die ihr euch nicht erinnert? Und was macht euch so sicher, dass ihr zu wissen glaubt, was uns glücklich macht?

Wir sind schon lange nicht mehr ihre Kunden, nur noch ihre Produkte. Was wir tun, sagen, denken, lesen, kaufen, wird vermessen, gespeichert und bewertet; jeder Schritt, jeder Herzschlag, jeder Gedanke, jedes Gefühl – alles wird feilgeboten, abgebucht, profitabel gemacht, auch unsere Freude, unsere Trauer, unser Mitgefühl, unsere Kritik, unsere Sehnsucht, unsere Angst, unsere Moral, unsere Erschöpfung, unsere Wut. Im Gegenzug wird alles, was sich nicht verkaufen lässt, was rätselhaft und überraschend sein könnte – in einem Wort: diese verrückte Idee, dass jeder Mensch tatsächlich und nicht nur als Slogan eine Einzigartigkeit sein könnte, der Zauber also, der aus der bloßen Existenz ein Leben macht –, geleugnet:

Es ist dies die dionysische Seite des Lebens, alles Leidenschaftliche, Temperamentvolle, Exzessive, Erotische, Triebhafte, aber auch Innerlichkeit und Spiritualität, Glaube, Melancholie, Wahnsinn, Poesie und Sehnsucht, also alles, was sich nicht kontrollieren lässt und von Albert Camus unter dem Begriff der »metaphysischen Revolte« zusammengefasst wurde, die zum Scheitern verurteilte, aber heroische Auflehnung des Menschen gegen die eigene Sterblichkeit. Echte Gemeinschaftlichkeit und Individualität findet man eigentlich nur noch an Orten, die nach Regeln funktionieren, die die spätmoderne Gesellschaft ablehnt oder denen sie sich einmal im Jahr zu kontrollierten Bedingungen lustvoll unterwirft, also im Kloster oder in Ländern südlich des Äquators, die man sonst nur aus dem *Weltspiegel* kennt.

—

»Indem ich dem Gemeinen einen hohen Sinn, dem Gewöhnlichen ein geheimnisvolles Ansehen, dem Bekannten die Würde des Unbekannten, dem Endlichen einen unendlichen Schein gebe, so romantisiere ich es.«[16]

200 Jahre ist es her, dass Novalis das romantische Kunst- und Weltverständnis formulierte, eine bis heute gültige Anleitung, wie der Mensch sich durch ein selbst auferlegtes Wiederverzauberungsprogramm den Abhängigkeiten der bürgerlichen Gesellschaft und der Entfremdung durch eine industrialisierte Berufswelt, also der »wunderlosen Immergleichheit« (Markus Schwering) des Lebens, entziehen könnte.

Wir machen das Edle gemein, das Geheimnis sichtbar, das Unbekannte zugänglich; das Unendliche ziehen wir herab auf den Boden der Tatsachen. Weil wir nichts bedrohlicher finden als Unberechenbarkeit, entzaubern wir unsere Welt. Was auch kommen mag, wir haben die Maßnahmen schon getroffen, die Konsequenzen bedacht und die Folgen berechnet.

Statistiker sagen, das Gefühl trügt: Weltweit gehe es den Menschen immer besser. Dritte-Welt-Länder würden zu Schwellenländern, Schwellenländer zu Wohlstandsnationen, der Kapitalismus fühle sich vielleicht ungerecht an, aber er gehe auf und mache die Welt zu einem besseren Ort.

Was aber ist gewonnen, wenn die Glasfasernetze verlegt, die Stromtrassen gebaut und die Zahnbürsten mit dem Netz verbunden sind, aber keine Verlockung mehr ausgeht von der Welt, wenn die Impulse ausbleiben, die Reize versiegen, die Schönheit schwindet? Was sind wir denn schon außer zeitgemäß und bestens präpariert? Vielleicht meinte Michel Houellebecq ja das, als er öffentlich gestand: »Es passiert mir, dass ich mich frage, warum ich noch am Leben bin.«[17] Warum weitermachen, mag er sich gefragt haben, wenn das Leben abläuft wie ein Computerprogramm, warum weitermachen, wenn es so schwer geworden ist, »ein verdammter Mensch zu bleiben« (David Foster Wallace)? Manchmal kommt es mir vor, als gäbe es in der westlichen Welt nichts Großes mehr zu erleben außer der möglichst schmerzfreien Verarbeitung des eigenen Überflüssigwerdens.

—

Dieses Buch ist kein Plädoyer für einen beherzten Aufbruch in die Vergangenheit, erst recht keine Klage darüber, dass früher alles besser war, es erzählt lediglich von Kraftquellen, auf die wir verzichten werden müssen, wenn wir so weitermachen. Es versucht eine Vorstellung davon zu vermitteln, welche Geheimnisse, Werte und Erfahrungen wir verlieren und welche Gewissheiten wir an ihrer Stelle bekommen, wenn wir es nicht schaffen, den Wandel und den Fortschritt menschlicher zu gestalten. Dieses Buch beklagt Verluste, skizziert Auswege, ermuntert zum Widerstand und versucht herauszufinden, ob Houllebecq vielleicht doch recht hat, wenn er am Ende seines Romans *Serotonin* fragt, ob wir »Illusionen von individueller Freiheit, von einem offenen Leben, von unbegrenzten Möglichkeiten erlegen«[18] seien. Letztlich stellt es die Frage, ob unsere freie Welt vielleicht nicht nur von China und Russland, von rechten Spinnern, islamistischen Fundamentalisten und gewissenlosen Investoren bedroht wird, sondern vor allem von uns, den Amazon-Bestellern, Netflix-Schauern und Bauernmarktbesuchern, weil wir uns in den Widersprüchen der Freiheit verheddert und in der Komfortzone allzu bequem eingerichtet haben, ohne Neugierde, ohne Temperament, ohne Mut und – auch wenn manche es nicht wahrhaben wollen – ohne Toleranz, ohne Vielfalt und ohne echte Menschlichkeit.

Natürlich gab es die Angst vor dem Neuen zu allen Zeiten der Menschheitsgeschichte. Jeder Fortschritt wurde erst dämonisiert und dann selbstverständlicher Alltag. Der Buchdruck, die Eisenbahn, das Flugzeug, das Telefon, das Fernsehen, das Internet – wer würde heute darauf verzichten wollen? Trotzdem glaube ich, dass diesmal mehr auf dem Spiel steht, dass wir uns an der Schwelle zu einer Logik befinden, an der das Humanum selbst, also das Menschliche am Menschen, in Gefahr gerät, nicht, weil es von einem Krieg oder einer Naturkatastrophe ausgelöscht werden, sondern weil es sich im Namen des technologischen Fortschritts verflüchtigen könnte. Das Ergebnis wäre nicht das Ende der menschlichen Spezies, sondern die Erschaffung einer Gesellschaft aus Einzelwesen, die identitätslos und in kaltem Respekt vor sich hin leben, kontrolliert, manipuliert und am Leben gehalten durch die neuesten Errungenschaften der Genetik, Biowissenschaften und künstlichen Intelligenz.

»Man muss kein Hellseher sein, um eine totalitäre Gesellschaft heraufdämmern zu sehen, worin ein Heer von digital Deklassierten gegen eine Klassenordnung der Gen- und Cyber-Privilegierten steht, die um ihre Positionen kämpfen«[19], schreibt der Philosoph Peter Strasser. Wir sind mit leidenschaftlichem Zynismus (bei gleichzeitigem Hypermoralismus) dabei, eine Welt zu erschaffen, die es schon mal gab, freilich unter den technischen Bedingungen des 21. Jahrhunderts: Es ist eine Welt der Spaltung, der Ungleichheit und des Misstrauens, ein mittelalterlicher Kosmos, digital durchseucht, mit gigantischem Unterhaltungspotenzial und unendlichen Konsumoptionen. Die Autoritäten sind noch da, sie haben sich nur verlagert, von Königen zu Software-Ingenieuren, von goldenen Palästen zu gläsernen Firmenzentralen, von einem allwissenden Gott zu ein paar skrupellosen Business-Punks, die für uns die Zukunft entwerfen.

Wir glauben, es müsse so sein, das sei der Lauf der Dinge, die spezifische Ordnung unserer Zeit, aber das stimmt nicht: »Ich habe mir vorgenommen (...) den Menschen zu zeigen, dass sie weit freier sind, als sie meinen«, schrieb Michel Foucault, »dass sie Dinge als wahr und evident akzeptieren, die zu einem bestimmten Zeitpunkt in der Geschichte hervorgebracht worden sind, und dass man diese so genannten Evidenzen kritisieren und zerstören kann.«[20]

———

Es gibt einen Cartoon, in dem Charlie Brown und Snoopy auf einem Steg sitzen und aufs Wasser schauen: »Eines Tages werden wir sterben, Snoopy«, sagt Charlie Brown. Und Snoopy antwortet: »Ja, aber an allen anderen Tagen nicht.«

Roger Willemsen meinte das Gleiche, als er sagte: »Wir können das Leben nicht verlängern, aber wir können es verdichten«, also Erfahrungen, Begegnungen und Erinnerungen schaffen, die uns den Wert des Lebens spüren lassen und, wenn es so weit ist, die Kraft geben, das Nicht-mehr-da-Sein zu akzeptieren. Wir aber tun alles dafür, um es in die Länge zu ziehen, wenigstens ein paar Jahre. Wir fordern den Tod heraus, lassen unsere Gene entziffern und unsere Körper einfrieren, in der Hoffnung, spätere Generationen könnten uns zum Leben erwecken. Bis es so weit ist, überwachen wir unsere Schlafperformance, gehen zur Hautfaltenmessung und speichern Tausende von Bildern unserer Liebsten in Dutzenden von Ordnern.

Das Buch, an dem Willemsen bis zuletzt geschrieben hat, erschien in verkürzter Form nach seinem Tod. *Wer wir waren* ist eine Skizze des Werks, das er eigentlich hatte schreiben wollen, eine Analyse der Gegenwart aus der Perspektive der Nachzeitigkeit. Am Ende erzählt es von Raumfahrern, die ihre Lieblingsmusik mit in den Weltraum genommen hatten und nach Wochen im Orbit nur noch Kassetten mit Naturgeräuschen hören wollten: Donnergrollen, Regen, Vogelzwitschern. Manche legten sich Gemüsebeete im All an und züchteten Hafer, Erbsen, Radieschen, andere empfanden tiefe Trauer, als Fische, die sie in einem kleinen Aquarium mit in den Weltraum genommen hatten, die Strapazen der Reise nicht überstanden. »Am äußersten Ende der Exkursion zu den Grenzen des Erreichbaren, die technologische Rationalität mit einer Meisterleistung krönend, entdeckten sie das Kreatürliche, das Spirituelle und das Moralische und kehrten zurück zum Anfang, zum Kind, zum Säugling, der da liegt wie der zusammengekauerte Todesschläfer, der letzte komplette Mensch.«[21]

Vielfalt

»Diversity ist mir natürlich extrem wichtig.
Denn Vielfalt ist momentan das Thema
in der Fashionwelt.«
Heidi Klum

Seit einiger Zeit kann man dem Lobpreis der Vielfalt nicht entkommen: Google hat in den letzten Jahren mehr als 250 Millionen Dollar für Vielfalt-Initiativen ausgegeben[22], die Bun-
deskanzlerin zeigt sich fortwährend stolz auf die Vielfalt der
deutschen Zivilgesellschaft, ein Münchner Aktionsbündnis
nennt sich »Vielfalt schlägt Einfalt«, es gibt Kondome, die »Bunte
Vielfalt« heißen, eine »Charta der Vielfalt«, die »Lidl-to-go-Viel-
falt« und Kinderkrippen, die »Vielfalt« heißen.

Oft wird sie in einem Atemzug mit Toleranz und Meinungsfreiheit genannt, manchmal versteckt sie sich hinter einem
anderen Wort wie Diversität, Pluralismus oder Multikulti, am
Ende meint alles das Gleiche: Wir sind rasend stolz darauf,
wie individuell und gleichzeitig tolerant wir gegenüber allen
anderen Daseinsformen sind: Männer in Highheels, Frauen
mit Dreitagebart, Behinderte in Führungspositionen, Topmo-
dels mit einem Bein, Intersexuelle, die heute Frau und morgen
Mann sind.

Man kann schon sagen, dass die Vielfalt in den letzten Jahren eine rasante Karriere hingelegt hat: Was noch vor ein paar
Jahren als skurril empfunden oder skeptisch zur Kenntnis

genommen wurde, ist heute ein bedeutender Beleg für die Mannigfaltigkeit der menschlichen Natur. Zum Start der letzten Staffel von *Germany's next Topmodel* hieß es in der *FAZ*:

»Zur Neueröffnung des Unterhaltungsgemischtwarenladens stehen zwar immer noch die gleichen Produkte in den Regalen, wurden aber umgetauscht und mit neuen Schildchen versehen. Statt ›Geil, was ist denn das für ein Freak‹ heiße es jetzt: ›Die ist aber auch schon eine Erscheinung‹, aus ›exotisch‹ werde ›extravagant‹ im Sinne von bisexuell, transgender, schwarz oder nicht normschlank.«[23]

Auf Demonstrationen sieht man Schilder, auf denen »Vielfalt«, »Ich bin bunt« oder einfach nur »Mehr Liebe« steht. Keine Umfrage kommt mehr ohne Menschen mit Migrationshintergrund, keine Modekampagne ohne asiatisches, schwarzes, behindertes Model, kein Werbespot für Sextoys ohne homosexuelles Paar aus, das begeistert davon erzählt, wie rasant sich sein Sexleben durch diesen neuen Dildo aus medizinischem Silikon entwickelt habe. Wer sich in den letzten Jahren nach Aufmerksamkeit sehnte, musste eigentlich nur den Finger heben und sich als irgendwas outen, was nicht der Norm entspricht – ein Interview, eine Fotostrecke oder eine Einladung in die nächste Talkshow waren ihr oder ihm so gut wie sicher. Hauptsache nicht gewöhnlich und ganz wichtig: nicht männlich, mittelalt, heterosexuell und womöglich festangestellt, also ein Repräsentant dessen, was seit der MeToo-Debatte das »toxische Geschlecht« genannt wird.

Das alles wäre eine begrüßenswerte Entwicklung, wenn sich die Forderung nach Vielfalt dabei nicht zu einer Erlösungsstrategie entwickelt hätte, die nach einer kulturkapitalistischen Logik funktioniert und sämtliche Ungleichheiten leugnet, die es zwischen Menschen nun mal gibt, während sie das Ideal der Gleichheit verabsolutiert. Es scheint eine Tendenz von liberalen Demokratien zu sein, ungleiche Menschen in einem falschen Verständnis von Gerechtigkeit gleich behandeln zu wollen. Sind erst mal alle Konflikte und Reibungsflächen im Namen der Vielfalt abgeschliffen, so die Illusion, müsste eine friedliche Gesellschaft möglich sein; dabei ist Dissens kein Kollateralschaden, sondern die Voraussetzung von Demokratie.

2019 sorgte der Rapper Samy Deluxe für Schlagzeilen, als er öffentlich gestand, dass Fußball für ihn der »Inbegriff von Rassismus« sei, weil Fans ihren Verein pauschal über einen anderen stellten. Mit derselben Logik, so der Musiker, könne man auch meinen, dass die eigene »Rasse« einer anderen überlegen sei.[24] Man muss tatsächlich davon ausgehen, dass es Menschen gibt, die sportliche Wettkämpfe als ungerecht empfinden, weil am Ende der Bessere gewinnt. Die Soziologin Irmhild Saake berichtet sogar, dass sich das Versprechen der Gleichheit unter ihren Studierenden so überzeugend durchgesetzt habe, dass die es als komisch empfänden, wenn sich am Ende einer Diskussion das bessere Argument durchsetze, weil sie Mitleid mit dem ausgeschlossenen Argument hätten.[25]

Es klingt absurd, ist aber die logische Konsequenz, wenn emanzipatorische Errungenschaften wie Gleichheit, Toleranz und Rücksicht absolut gesetzt werden. Denkt man diese Logik weiter, gibt es am Ende keine Sportveranstaltungen, keine Gesangswettbewerbe, keine Talkshows, keine Diskussionen,

keine Partnerschaften, ja eigentlich gar nichts mehr außer Stillstand und kaltem Respekt, weil keine Handlung, keine Aussage, keine Entscheidung denkbar ist, ohne dass sich jemand
von ihr zurückgesetzt fühlen könnte. Der Philosoph Robert
Pfaller scheint diese Toleranzexzesse im Blick zu haben, wenn
er schreibt, dass am Ende vieler Emanzipationsstränge ein
Rückfall in die Kindlichkeit stehe, eine Pseudopolitik, welche
die Menschen infantilisiere, indem sie sie zur Empfindlich-
keit ermuntere.[26]

Das Problem an der gutgemeinten Strategie ist, dass es sich
in Wahrheit um eine Ausweichbewegung, um die Unmöglich-
machung echter Vielfalt handelt, was man schon daran sehen
kann, dass sich widersprechende Meinungen zu einem Thema
immer häufiger als Problem für statt als Ausweis von Demokratie identifiziert werden. Es deutet einiges darauf hin, dass
die liberale Idee dabei ist, sich in ihr Gegenteil zu verkehren,
und die Schuldigen sind nicht nur rechte Spinner, sondern
auch solche, die es besonders gut meinen und alles und jeden
mit ihrem Respekt beglücken wollen.

Im Grunde ergeht es der Vielfalt nicht anders als der Transparenz und der Freiheit: Wo sie besonders vehement beschworen wird, verflüchtigt sie sich. Und wenn man sich die autoritären Methoden der digitalisierten Arbeitswelt und die Schein-
heiligkeiten in den sozialen Netzwerken vor Augen führt, kann
man nicht anders als festzustellen, dass unsere zur Schau getragene Toleranz in dem Maße steigt, in dem unsere Menschlichkeit schwindet.

—

In seinem Essay *Die Monotonisierung der Welt* beklagte Stefan Zweig vor knapp hundert Jahren, dass Amerika Europa mit seiner »fahrigen, nervösen und aggressiven Langeweile« kolonisiere – seitdem ist es schlimmer geworden:

»Alles wird gleichförmiger in den äußeren Lebensformen, alles nivelliert sich auf ein einheitliches kulturelles Schema. Die individuellen Gebräuche der Völker schleifen sich ab, die Trachten werden uniform, die Sitten international. Immer mehr scheinen die Länder gleichsam ineinandergeschoben, die Menschen nach einem Schema tätig und lebendig, immer mehr die Städte einander äußerlich ähnlich. (...) die Monotonie muß notwendig nach innen dringen. Gesichter werden einander ähnlicher durch gleiche Leidenschaft, Körper einander ähnlicher durch gleichen Sport, die Geister ähnlicher durch gleiche Interessen. Unbewußt entsteht eine Gleichhaftigkeit der Seelen, eine Massenseele durch den gesteigerten Uniformierungstrieb, eine Verkümmerung der Nerven zugunsten der Muskeln, ein Absterben des Individuums zugunsten des Typus.«[27]

Vielfalt, das heißt für uns, wenn es am Kiosk noch ein Frauenmagazin und an der Eisdiele nicht nur Erdbeere und Stracciatella, sondern auch serbische Himbeere und Safraneis gibt. Wenn immer noch ein Landstrich einen *Tatort* bekommt und wir im Schönheitssalon zwischen Complete, American und Brasilian Waxing, in der Stammkneipe aus 200 Gin-Sorten und in der Kantine zwischen Balsamico-, Malz-, Sherry- und Weinessig wählen können. Vielfalt, das sind Dutzende von Salamisorten, Raumduftaromen und Handytarifen – *Otelo Allnet-Flat mit 5 GB & Highspeed-Option, Freenet Freeflat mit 2 GB, Voda-fone CallYa Talk & SMS.* Vielfalt ist vor allem eine absurde Menge an Überflüssigem wie beleuchtete Pfeffermühlen, internetaffine Rektalthermometer, Hängematten für Hamster. Soziologen sprechen von einer »Tyrannei der Wahl«, weil wir uns ständig zwischen Dutzenden von Optionen entscheiden müssen, egal ob wir ein Brot beim Bäcker oder einen Fickpartner für Samstagabend suchen.

»Mehr Biss, mehr Personality, mehr Show«, forderte Heidi Klum vor der letzten Staffel von *Germany's Next Topmodel.* »Jeder Moment ist der einzige Moment.« Nichts darf sein, was es ist, alles muss mehr, besser, größer, geiler sein, ein Event, ein Erlebnis, wenn möglich ein einzigartiges. Wir werden nicht in Ruhe gelassen, permanent wird unsere Zufriedenheit torpediert, dauernd werden wir angestachelt und verführt. »Ich kann nie zufrieden sein, denn meine Wünsche sind endlos«, schrieb Erich Fromm vor vierzig Jahren. »Ich muss jene beneiden, die mehr haben als ich, und mich vor jenen fürchten, die weniger haben als ich.«[28] Wie unsere Gier nach dem Neuen befeuert wird, zeigt ein Blick in die Mails der letzten Tage:

- Tobias Haberl, wir mussten an Sie denken (ebay.de)
- Sie wurden ausgewählt, Tobias Haberl (amazon.de)
- Wir haben eine Bitte an Sie, Tobias Haberl (flugboerse.de)
- Tobias Haberl, höchste Zeit für Ihren nächsten City-Trip (hrs.de)
- Tobias, Pre-Christmas-Sales (sky.de)
- Dein Haustier hat Angst vor Feuerwerk (pawshake.de)
- Verbraten Sie Ihr Weihnachtsgeld, Herr Haberl (fluege.de)

Und dann bucht man mit der Swoodoo-Powersuche tatsächlich einen Trip nach Amsterdam, Barcelona oder Bangkok und begegnet vor allem Menschen, Orten und Annehmlichkeiten, die man von zu Hause kennt: Kingsize-Betten mit Seidenbettwäsche, *Coffee to go* mit Milchschaumherzen, Hotellobbys mit superschnellem Wifi, Menschen mit weißen Turnschuhen, Liedern von Lana del Rey.

»Belong anywhere« heißt das Motto von Airbnb. Ein globaler Provinzialismus ist entstanden, damit wir uns überall auf der Welt zu Hause fühlen können, vorausgesetzt, wir sind im richtigen Viertel und haben das Handy nicht im Flugzeug vergessen. Die Unterschiede zwischen New York, Berlin und Tel Aviv – der Soziologe Andreas Reckwitz spricht von »Schwarmstädten«[29] – sind nicht mehr groß und werden jeden Tag kleiner, weil sie von so vielen Menschen mit dem gleichen Geschmack angeflogen und abgehakt werden, dass längst Crowd Manager dafür sorgen müssen, die Touristenströme in die richtigen Bahnen zu lenken. Soziologen sprechen von *Overtourism*, wenn aus einst chaotischen, aber sozial funktionierenden Städten Kulissen werden, in denen touristische Sehnsüchte mit algorithmischer Präzision erfüllt werden.

Im Sommer traf ich den slowenischen Philosophen Slavoj Žižek für ein Interview in Ljubljana. Auf die Frage, warum er immer noch in der Stadt lebe, in der er vor siebzig Jahren geboren worden sei, er könne doch auch nach New York oder London ziehen, wo er sowieso ständig hinmüsse, erzählte er mir von seinem letzten Urlaub in Venedig. Seine Frau und er hätten im Internet ein schickes Hotelzimmer gegenüber vom Markusplatz gebucht. »Und wissen Sie, was wir den ganzen Tag gemacht haben?«, fragte er mich mit blitzenden Augen. »Ich saß am Schreibtisch und habe gearbeitet, meine Frau lag auf dem Bett und schaute Netflix-Serien, und wenn wir Hunger hatten, riefen wir den Zimmerservice.« Es sei wunderbar gewesen, lange nicht mehr habe er sich so frei gefühlt, überhaupt wisse er nicht mehr, was er in westlichen Metropolen wie London, Paris oder New York machen solle, ihm falle nichts ein, früher habe er stundenlang in Bücher- und Plattenläden gestöbert, aber die seien alle verschwunden. »Es ist sinnlos geworden, nach draußen zu gehen«, sagte er am Ende. Am liebsten würde er in einem dieser anonymen Wolkenkratzer in New York leben, wo man mit dem Aufzug direkt nach unten in den Supermarkt fahren könne und die Nachbarn gar nicht auf die Idee kämen, dass man sich für sie interessieren könnte, und ich wusste, dass er es polemisch meinte, weil er gern provoziert, aber eben nicht nur.

Die 150 Meter lange Rue Crémieux in Paris mit ihren gelb, rosa und blau gestrichenen Häuschen – im Netz ist nur vom »Pastellparadies« die Rede – kann man nicht mehr entlangspazieren, ohne auf einem Selfie zu landen. Jedes Wochenende kommen 3000 Menschen, um sich vor malerischem Hintergrund zu fotografieren, auf Instagram gibt es 34 000 Fotos der Straße – zum Leidwesen derer, die in ihr wohnen. »Wir wollen kein Teil eurer übercoolen Story werden. Jetzt verschwindet«, heißt es auf einem Warnschild, das sich an die »lieben Instagrammer« richtet.[30] Längst gibt es Hunderte Orte auf der Welt, die von der Social-Media-Horde heimgesucht, abgegrast und kontaminiert zurückgelassen wurden: Strände, Brücken, Berge, Seen, lauter »instagrammable places«.

»Lerne eine Community aus Reisenden und Einheimischen kennen, die deine Interessen teilen«, heißt es in einem Werbespot für Airbnb. Städte sind soziale Suchmaschinen, die ähnliche Menschen zusammenbringen. Es ist der Grund, warum ganze Stadtviertel an Gemeinschaftsküchen in Jugendherbergen erinnern: Der Massentourismus zerstört die Mythen, mit denen er wirbt, einzigartige Städte, Strände, Inseln, Gipfel verlieren ihr Geheimnis, wenn Hunderttausende erlebnishungriger Menschen auf sie einströmen. Wem es gelingt, die Khaosan Road in Bangkok von einem Ende zum anderen ohne Nervenzusammenbruch entlangzulaufen, weiß, wovon die Rede ist. Schon heute beklagen sich die Fans des FC Liverpool, dass die Stimmung an der Anfield Road vor die Hunde gehe, weil sich die Einheimischen die Tickets nicht mehr leisten könnten, während die Fußballtouristen die alten Lieder nicht beherrschten. Der Kulturwissenschaftler Stefan Weidner schreibt dazu in seinem Buch *Jenseits des Westens*:

»Seit es nicht mehr darum geht, den bloßen Bedarf zu decken, ist der Konsum nomadisch wie eine Herde, die nie an einem Platz bleibt, sondern eine Weide nach der anderen abgrast. Der ideale Konsument hat nie, was er gerade braucht, er braucht immer genau das, was er nicht hat. Der Kapitalismus hat uns zu Nomaden des Begehrens gemacht.«[31]

Als ich vor dreißig Jahren das erste Mal durch Camden Town, St. Pauli oder Brooklyn gelaufen bin, stand die Zeit still, so verheißungsvoll erschienen mir diese Orte. Hinter jeder Straßenecke ein Versprechen, hinter jeder Fassade ein Geheimnis, ein Meer aus Plattenläden, Graffiti, Tourplakaten und Menschen, die anders aussahen als im Bayerischen Wald. Es war, als sorge niemand für Ordnung, als hätten sympathische Menschen, die gute Musik hörten, ihr eigenes Viertel errichtet, in dem andere oder keine Gesetze zu herrschen schienen, trotzdem funktionierte irgendwie alles, nur lässiger, schöner, aufregender.

Heute sind es diese ehedem gegenkulturellen Stadtteile, die, von Überwachungskameras kontrolliert, an militarisierte Zonen oder zumindest an Themenparks erinnern, die von Red Bull oder Google gesponsert werden. Als ich zuletzt vor einem Jahr über den Camden Market in London gelaufen bin, flüchtete ich mich nach einer halben Stunde in einen Pub, so traurig hatte mich die Diskrepanz zwischen den Garküchen und der Punkmusik aus meiner Erinnerung zu den nach Marketinggesichtspunkten arrangierten Design-Ständen der Gegenwart werden lassen. Die Kommerzialisierung subkultureller Phänomene, das kann ein Stadtteil wie St. Pauli, eine Band wie die Ramones oder eine emanzipatorische Bewegung wie der Feminismus sein, endet praktisch immer in T-Shirts mit Aufdruck, die in den Auslagen der Souvenirläden neben den bedruckten Brotzeitbrettchen hängen.

Die Welt ist zum Erlebnispark geworden, dessen Stationen wir nach und nach von unserer Liste streichen. Dafür umrunden wir die Welt wie Mähdrescher, die abgeerntete Felder hinterlassen. Stefan Weidner erzählt in *Jenseits des Westens*, wie er sich als Junge mit Hilfe eines Weltempfängers aus der kleinbürgerlichen Enge seiner Kindheit in die Welt hinausträumte – eine Strategie der Welterfahrung, die unmöglich geworden ist:

»Weltempfänger gibt es nicht mehr, nur noch wenige Stationen senden auf Kurzwelle, der Computer ist der neue Weltempfänger, und so wunderbar leicht Radiosender und Zeitungen aus aller Welt jetzt zugänglich sind, so unterschiedslos nah, so banal wirken sie und mit ihnen die weite Welt im Vergleich zu damals, als ich sie mir erlauschen musste wie ein Spion. Es braucht kein Glück mehr, und es ist keins mehr, sie zu hören. Mögen sie in Wahrheit auch Repräsentanten und Vermittler des Anderen sein, sie erscheinen nicht mehr als solche, sie sind im wahrsten Sinn des Wortes entzaubert, banalisiert. Die Interferenz, ohne die das Fremde, Andere, Ferne nicht zu haben ist, ist verschwunden.«[32]

Im Sommer berichtete mir ein Freund aufgebracht, dass er nicht länger auf die Lügen der Reiseportale reinfalle: Von wegen ein Trip nach Los Angeles sei ein Katzensprung und für ein verlängertes Wochenende zu haben. Vollkommen am Ende sei er nach dem Flug gewesen. Im Grunde habe sich in den letzten fünfzig Jahren nichts geändert, von Haustür zu Haustür brauche man immer noch zwanzig Stunden, nach Ankunft, Zoll- und Passkontrolle sei man tagelang erschöpft, könne nachts nicht ohne Tabletten einschlafen und wache morgens gerädert auf.

Als ich ihn so reden hörte, konnte ich meine Genugtuung kaum verbergen, weil ich finde, dass es mit der Beschwernis, über die er sich beklagte, schon seine Richtigkeit hat. Ich mag die Vorstellung, dass es aufwendig ist, Grenzen zu überwinden, Ozeane zu überfliegen und fremde Landstriche zu betreten. Es erscheint mir sinnhaft, wenn zwischen kulturellen Erfahrungen eine Distanz liegt, die nicht anstrengungslos zu haben ist. In den Mühen, die wir auf uns nehmen, und der Hilflosigkeit, die wir an einem fremden Ort empfinden, liegt ja erst die Erotik des Reisens. Seltsamerweise sehen das fast alle Menschen anders. Und sollte ein schlauer Kopf in

naher Zukunft das Beamen erfinden, die meisten wären –
ungeachtet der Verluste, die damit einhergingen – begeistert
dabei.

»Es ist das Fremde, das Andere, das verzaubert, nicht die
Variation eines selbst, die absolute Fremde hob die Entfremdung in mir selbst auf. Die Fremde ent-fremdete mich, machte,
dass ich mich weniger fremd fühlte – zuerst mir selbst gegenüber, dann im Verhältnis zu meiner Umwelt. Auch wenn oder
weil ich vielleicht nur Gast war, fühlte ich mich zu Hause.
Ich war im mehrfachen Sinn des Wortes verzaubert – im bana-
len Sinn ebenso wie in jenem großen eines neuen, magischen
Weltverhältnisses«[33],

schreibt Weidner über die Reisen, die er als Student unternommen hat. Und wir halten uns für Kosmopoliten, wenn wir in
einem Coffeeshop in Brooklyn eine Mail an den Chef schreiben, dabei waren wir noch nie in Wuppertal, Magdeburg oder
im Erzgebirge. Wir trinken Espresso in Airline-Lounges in
Stockholm, aber waren nie in Tirana oder Omaha, dabei wären
dies Orte, an denen wir etwas über die Vielfalt der Welt lernen
könnten, an denen sich der Wert der Fremde erfahren ließe.
    Von Migranten fordern wir, dass sie nicht neben, sondern
mit uns leben, mit unseren Bräuchen, unserer Sprache, unseren Gepflogenheiten, Parallelgesellschaften seien kontrapro-
duktiv, gefährlich und zu vermeiden, dabei ist es die urbane
Bildungselite, die sich von der sozialen Realität verabschiedet
hat: In den Reiseteilen der Zeitungen lesen wir vor allem Re-
portagen über Orte, an denen wir schon waren. Wir sehen uns
lieber bestätigt als in Frage gestellt. Das Fremde ertragen wir

nur, wenn die Schnittmenge mit uns so groß ist, dass wir uns gerade nicht hilflos fühlen. Wir suchen nicht das Andere, sondern das Vertraute, nicht das Wahrhaftige, sondern das Angenehme, alles andere macht uns so ohnmächtig wie die Verzweiflung, die uns erfasst, wenn wir im Café in Rom keine Steckdose für unser Notebook finden. Natürlich ist es angenehm, wenn man in Tokio sein Notebook aufklappen und auf Netflix die nächste Folge von *Modern Family* schauen kann – aber gleichzeitig auch: ein Verlust. Zu intensiv sind meine Erinnerungen an die ersten Urlaube mit meinen Eltern in Italien, an Zeichentrickfilme oder Fußballspiele auf Rai Uno; ich verstand nichts – und war gebannt, ja verzaubert. In den Jahren danach – in der Schule hatte ich inzwischen Latein – freute ich mich über jedes Wort, das ich aufschnappte und übersetzen konnte; das Fremde, das Andere forderte mich heraus, disziplinierte, inspirierte mich, wollte von mir entschlüsselt und erfahren werden. Alles weg, alles verloren. Manchmal kommt es mir so vor, als sei die entvölkerte Provinz, als seien die Landstriche, über die in den Städten allenfalls naserümpfend gesprochen wird, die letzte Bastion der Wirklichkeit, die letzte Nische der Freiheit.

—

Unsere Welt ist von niederschmetternder Eindimensionalität, unsere Vielfalt eine Scheinvielfalt: Was atmet und lebt, wird weniger, Schmetterlinge, Blumen, Bäume, Dialekte, Bräuche. Was wir herstellen und verkaufen, wird mehr, Pullover aus Merinowolle, Sportwetten-Filialen, Regionalkrimis, Internet-Reiseportale, Craftbiere.

Von den 25 Millionen Afrikanischen Elefanten, die vor 500 Jahren auf der Erde lebten, gab es um 1800 noch drei bis fünf Millionen, heute sind es 350 000, und alle 15 Minuten stirbt einer durch die Kugel eines Elfenbeinwilderers. Von den Vögeln, die um 1800 die Erde bevölkerten, gibt es noch 20 Prozent. Der arabische Strauß, der schwarze Emu, der Waitaha-Pinguin, die Rosenkopfente, der flugunfähige Dodo, wer von uns weiß, dass es sie je gegeben hat? Noch schneller als die Vögel sterben nur die Insekten und Pflanzen. Bis 2030 könnte jede fünfte bekannte Pflanzenart ausgestorben sein, bis 2050 jede dritte. Von den 20 000 Apfelsorten, die es einst gab, kennen wir nur noch die fünf aus dem Edeka. Bei Bananen gibt es auf der ganzen Welt nur noch eine einzige Sorte.[34]

Es gibt Gulasch in Hanoi und Pho Bo in Schwabing, gleichzeitig wird unser Planet jeden Tag ärmer an Farben und Formen; er stirbt, verdurstet, verarmt, versteppt, vermüllt, verbrennt. Jeden Tag mehr werden eigentlich nur wir Menschen. Und während wir jahrelang darüber diskutieren, ob der Islam zu Deutschland gehört oder nicht, ob ein drittes Geschlecht eingeführt werden soll oder nicht, ob Franck Ribéry ein vergoldetes Steak für 1200 Euro essen darf oder nicht, vollzieht sich das größte Artensterben seit dem Verschwinden der Dinosaurier vor 65 Millionen Jahren.

Wer hat je vom Quagga gehört, einer Unterart des Steppenzebras, dessen letztes Exemplar 1883 im Zoo von Amsterdam verendete, ohne dass Schutzbemühungen unternommen worden wären? Das Quagga sieht übrigens nur von Weitem aus wie ein Zebra; wer genau hinsieht, erkennt, dass seine Streifen zum Rumpf hin verblassen und in der Körpermitte mit einem harmonischen Rotbraun verschmelzen. Wer hat jemals von der Goldkröte, der Labradorente oder der Stellerschen Seekuh gehört, ein Koloss, acht Meter lang, vier Tonnen schwer, dessen letztes Exemplar 1768 von Pelztierjägern getötet wurde? Vor zwei Jahren verschwand die Weihnachtsinsel-Zwergfledermaus von der Erde; es ist nicht bekannt, dass jemand eine Petition auf Facebook ins Leben gerufen hätte. Dass wir das größte Massensterben der Erdgeschichte hinnehmen, während wir unseren Möpsen die Nasen platt züchten, ist eine Tragödie, deren letzter Akt vor Jahren begonnen hat.

—

Wenn wir ehrlich sind, tun wir uns schwer damit, andere sein zu lassen, wie sie sind. Wenn wir von Vielfalt sprechen, meinen wir meistens Spielformen des westlich-bürgerlichen Lebensentwurfs, gern schwarz oder schwul, lesbisch, trans- oder wenigstens asexuell, da sind wir tolerant, schwierig wird es erst jenseits der Hautfarbe, der Geschlechteridentität und der Modifikationen unseres eigenen Lebensstils.

Innerhalb der von uns akzeptierten Norm darf es wild zugehen, irritiert sind wir erst, wenn jemand gesteht, dass er freiwillig ein Kopftuch trägt oder regelmäßig zur Beichte geht, dabei begegnet man in einem Freibad in der Provinz, auf einem marokkanischen Basar oder in einem katholischen Gottesdienst einer überzeugenderen Vielfalt als an den Orten, an denen sie vehement beschworen wird.

Was meinen wir denn, wenn wir von Vielfalt sprechen? Wir haben ein drittes Geschlecht definiert und nehmen Rücksicht auf Minderheiten, die wir schützenswert finden, weil wir uns den Shitstorm ersparen wollen, weil sie im Trend liegen oder den Konsum ankurbeln, während wir über die, die nicht in unser Weltbild passen, geschmacklose Witze machen: katholische Priester, russische Oligarchen, arabische Scheichs, Investmentbanker, Menschen aus Sachsen. Es ist erstaunlich, wie schnell wir über andere Menschen Bescheid zu wissen meinen, nur weil sie ihre Achseln nicht rasieren, einen seltsamen Dialekt sprechen oder ein Hemd mit Manschettenknöpfen tragen.

Vor Kurzem entschied sich in Amerika ein lesbisches, gehörloses Paar dafür, durch künstliche Befruchtung dafür zu sorgen, dass sein Kind mit hoher Wahrscheinlichkeit ebenfalls gehörlos zur Welt kam – mit Erfolg. Als Argument führten die beiden Frauen an, dass sie sich als gehörlose Menschen vollständig fühlten und die wunderbaren Seiten ihrer gehörlosen Gemeinschaft – ein Gefühl der Geborgenheit und Verbundenheit – mit ihren Kindern teilen wollten.[35]

Eine Amerikanerin namens Julie war nach dem Tod ihres Katers Nicky so untröstlich, dass sie sich an die Firma Genetic Savings & Clone wandte, die damit wirbt, Katzen zu klonen. Nachdem sie Erbgut ihres Katers eingeschickt und 50 000 Dollar überwiesen hatte, bekam sie einige Monate später tatsächlich ein Tier geliefert, dem sie den Namen Little Nicky gab. Im Übrigen habe sie keinen Unterschied zu Nicky feststellen können: »Er ist derselbe.«[36] Wie weit aber ist es her mit unserer Liebe zur Vielfalt, wenn wir gleichzeitig Designerbabys und -katzen bestellen?

Sportlich, intelligent, mindestens 1,86 Meter groß, mit Grübchen, aus einer Familie ohne schwere Erkrankungen – so klingen in den USA ganz normale Anzeigen, in denen kinderlose Paare einen Samenspender oder eine Eizellenspenderin suchen.

Es scheint, als forderten wir Vielfalt vor allem dann, wenn wir uns einen Vorteil von ihr versprechen. Schränkt sie uns ein, verzichten wir gern auf sie. Oder warum die Botulinspritzen, Fettabsaugungen und Brustwarzenhofverkleinerungen? Warum die Haartransplantationen, Vaginalstraffungen und Nasenkorrekturen? Sind ein Doppelkinn, ein flacher Hintern, ein nicht modellierter Venushügel nicht auch akzeptable Erscheinungsformen der menschlichen Natur, ja ein Ausweis ihres Formenreichtums? Wo sind die Heldinnen und Helden, die ihre Halbglatze und Hängebrüste selbstverständlich mit sich herumtragen?

»Dem Partner besser gefallen, sich selbst ästhetischer und attraktiver fühlen – mehr und mehr Menschen lassen sich dafür den Anus bleichen«[37],

schrieb das Online-Portal Stylebook 2018. In Amerika wird alle 30 Minuten ein Hintern praller oder glatter gemacht und weil sich das nicht jeder leisten kann, boomt der Schwarzmarkt für sogenannte *backdoor injections*. In Gesäßen wurden bereits eineinhalb Kilogramm Baumarktsilikon, Alleskleber, Reifenflickgummi und Beton gefunden.[38] Gelangt die Masse in die Blutbahn, werden mit Glück nur Hintern, Arme und Beine amputiert, mit Pech kommt es zum Tod durch Lungenembolie.

—

Wer sich die Mühe macht, einmal im Leben nach Afrika zu reisen, wird vielen verkrüppelten Menschen begegnen; an jeder Straßenecke stehen sie, Einbeinige, Einarmige, Blinde, Taube,

Menschen ohne Hände oder Finger, manche notdürftig zusammengeflickt, andere von hölzernen Prothesen gestützt. Zum Stadtbild gehören sie selbstverständlich dazu, niemand schenkt ihnen besondere Beachtung, keiner ist von ihrem Anblick gerührt oder erschüttert, und auch als Reisender hat man sich schon nach wenigen Tagen an sie gewöhnt.

Erst nach der Rückkehr ist man irritiert, erst auf den heimischen Straßen fällt einem auf, dass man so gut wie keine Menschen mit Behinderung oder wie es politisch korrekt heißt: Menschen mit Handicap mehr sieht – zweifellos eine Folge des medizinischen Fortschritts, aber auch ein Verlust an Vielfalt, hinter dem eine fragwürdige Klassifizierung ungeborenen Lebens steht. Durch ihr Anderssein zeigen behinderte Menschen einer normativen Gesellschaft neue Perspektiven auf. Sie könnten eine Prüfung für unsere Toleranzfähigkeit sein, ein Test für unsere Bereitschaft, Fremdes an uns heranzulassen. Oft sind diese Wesen feingeistige Beobachter, kompetente Kritiker, originelle Schönheiten und Träger obskuren Wissens, das den anderen, den scheinbar Gesunden, verschlossen ist.

Natürlich haben sie ein Leben lang mit Schwierigkeiten, vielleicht sogar Demütigungen zu kämpfen, aber wer sind wir, dass wir entscheiden wollen, welche davon zu bewältigen sind und welche nicht? Ihr Weg ist ein anderer als der unsere, aber muss er schlechter sein? Für Adolf Hitler war es die »humanste Tat der Menschheit«, wenn man Millionen von Unglücklichen unverdiente Leiden erspare. Ende Oktober 1939 gab er die Anordnung zur Ausrottung »lebensunwerten Lebens«, bis 1945 fielen dem Euthanasie-Programm 200 000 sogenannte Ballastexistenzen zum Opfer. »Siebzig Jahre später«, schreibt der Kulturwissenschaftler Andreas Bernard, »ist der Akt des Ausmerzens auf diskrete und effizientere Weise vorverlegt worden, in das früheste Existenzstadium der künftigen Menschen, im Mutterleib oder sogar vor der Einnistung in die Gebärmutter.«[39]

Es sind die Errungenschaften der In-vitro-Fertilisation und der Leihmutterschaft, die Kinder prinzipiell verfügbar gemacht haben. Es sind die Fruchtwasser- und Ultraschalluntersuchungen, die Gewebe- und Bluttests, die es lange vor der Geburt eines Menschen erlauben, mögliche Krankheiten und Mutationen von Embryonen zu diagnostizieren und herauszufinden, ob das werdende Kind den Vorstellungen seiner Eltern entspricht. Dass sich Paare, die sich nicht zutrauen, einem Kind mit Down-Syndrom die Liebe zu schenken, die es bräuchte, für eine Abtreibung entscheiden, ist längst gesellschaftlich akzeptiert.

Vergessen wir an der Stelle, was den meisten sowieso egal ist: dass die Jusos für Abtreibung bis zum neunten Monat eintreten. Dass amerikanische Aktivisten dafür kämpfen, dass Kinder auch während und kurz nach der Geburt getötet werden dürfen, wenn das Wohlergehen der Eltern gefährdet ist. Dass im Silicon Valley daran gearbeitet wird, die Geburt außerhalb des weiblichen Körpers ablaufen zu lassen. Das Problem ist, dass es nicht bei der Akzeptanz der Abtreibung geblieben, sondern längst andersherum ist: Wer sich gegen eine Abtreibung entscheidet, muss sich kritische Fragen gefallen lassen, als handle es sich um eine unverantwortliche, ja selbstsüchtige Entscheidung, ein Kind in die Welt zu setzen, das von Geburt an auf fremde Hilfe angewiesen ist. Dahinter steht der Gedanke, dass so ein Kind als vermeidbar betrachtet wird, als ein Schaden, der nicht abgewendet wurde, obwohl es doch – mit einem Bluttest – so einfach gewesen wäre. »Ein Gebiet, das einst vom Schicksal bestimmt wurde«, schreibt der Philosoph Michael J. Sandel, »ist zu einer Arena der Wahlmöglichkeit geworden.«[40] Denn natürlich könnten künftige Eltern weiterhin frei entscheiden, ob sie Pränataluntersuchungen wollten und ob sie aufgrund ihrer Ergebnisse zu handeln gedächten. Trotzdem hätten sie keine Möglichkeit, sich der Last der Entscheidung, die die neue Technologie schaffe, zu entziehen. So oder so würden sie hineingezogen ins vergrößerte Spiel moralischer Verantwortung, die mit neuen Gewohnheiten der Kontrolle einhergehe.

In einer Gesellschaft mit den gegenwärtigen technischen Möglichkeiten ist Gesundheit längst keine Frage von Glauben oder Schicksal mehr, sondern eine moralische Kategorie, eine Forderung – gestellt vom Partner, vom Arbeitgeber, vom sozialen Milieu, von der Versicherung. »Das Problem mit der Eugenik und genetischer Zurichtung ist, dass sie den einseitigen Triumph der Absichtlichkeit über das Geschenktsein, der Dominanz über die Ehrfurcht, des Formens über das Betrachten darstellt«[41], schreibt Sandel und beklagt, dass wir das Gefühl für unsere Gaben und Talente einbüßten, für unsere Charaktere und Persönlichkeit, dafür, was natürlich und was gemacht sei.

Und so zieht jede weitere Freiheit eine neue Unfreiheit nach sich, jede Selbstermächtigung eine neue Unterwerfung, jeder Fortschritt einen neuen Verlust. Selbstverständlich können und sollen nur Eltern darüber entscheiden, ob sie sich in der Lage fühlen, ein behindertes Kind zu bekommen, und doch ist es unendlich traurig, wie diese Wesen unserem Hang zur Berechnung zum Opfer fallen, wie unsere Welt ohne sie immer ärmer und einfältiger wird. Gut möglich, dass man sich irgendwann nicht mehr daran erinnern wird, dass es sie je gab.

Glamour

*»Denn, glaubt es mir! –
das Geheimnis, um die größte Fruchtbarkeit
und den größten Genuß vom Dasein einzuernten,
heißt: gefährlich leben!«*
Friedrich Nietzsche: *Die fröhliche Wissenschaft*

Je schlechter die Zeiten, desto rauschender die Feste. Den Satz hört man immer wieder. Wenn er stimmt, geht es uns so gut wie lange nicht. Nachdem ihm eine Frau vor vielen Jahren wegen eines Katers einen Termin abgesagt hatte, meinte der Regisseur Helmut Dietl nur: »Ja mei, Kater hin oder her – aber vorher wird's a Mordsgaudi g'habt ham, verstehst?«

Wir lachen über die Anekdote und machen jeden Tag: das Gegenteil. Unsere Feste sind nicht rauschend, oft sind es nicht mal Feste, sondern Lunchtermine, Feierabendsnacks, kalkulierte Halbausschweifungen, ein, zwei Bierchen, »aber bitte nicht mehr«, also »ein andermal gern, aber heute nicht«, weil – und dann kommt irgendein Grund, über den sich Helmut Dietl genauso schlappgelacht hätte wie die anderen Helden, die in den letzten Jahren von uns gegangen sind: David Bowie, Amy Winehouse, Prince, Lemmy Kilmister.

Als sie gestorben sind, haben wir sie ein letztes Mal hochleben lassen, aber nicht, indem wir uns zurückgezogen haben, um ihre Lieder anzuhören oder ihre Filme anzuschauen, sondern laut und vor Publikum: Wir haben Fotos gepostet und

R.I.P. druntergeschrieben, vorher haben wir uns den Kopf zerbrochen, welches Bild wir auswählen; es sollte sich schon abheben von den tausend anderen und Rückschlüsse auf unseren Geschmack zulassen. Unser Bedürfnis nach Einzigartigkeit und Intensität zeigt sich in der kindischen Verehrung von Draufgängern, die sich zugrunde richten, während wir ihnen vom Sofa aus mit einer Flasche natriumarmem Wasser in der Hand zuschauen.

Je bewusster wir leben, desto unaufhaltsamer schreitet unsere soziale Pathologie voran. Ärzte melden erste Fälle von Orthorexie, dem Zwang, sich gesund zu ernähren. In der Hoffnung, auch die nächste Lebenskrise mit einer noch ausgefeilteren Ernährungsstrategie zurückschlagen zu können, folgen Betroffene mehreren Ernährungslehren parallel, lernen Nährwerttabellen auswendig, führen Buch über Kalorienzufuhr und Gewichtsschwankungen. Dass sich die Kohlsuppen-, die Rohkost-, die Fit-for-life- und die Paleo-Diät widersprechen, stellt sie vor Schwierigkeiten, die man sich als Mensch, der gelegentlich Appetit auf eine Schinken-Champignon-Pizza hat, gar nicht vorstellen kann.

Für Nietzsche war der letzte Mensch ein selbstzufriedener Langeweiler, dem die Gesundheit als absoluter Wert gilt. Er scheint eine genaue Vorstellung davon gehabt zu haben, wie kompliziert ein Abendessen mit Freunden wird, wenn der Erste kein Fleisch, der Zweite keine Kuhmilch, der Dritte kein Gluten und der Vierte keinen Alkohol mag, wenn also alle zusammen zeitgemäße Ernährungsneurotiker sind.

—

Ende des 20. Jahrhunderts hatte ich eine Freundin, die in sämtlichen Bars der Stadt als »Schampus-Chrissi« bekannt war. Sie kam irgendwo rein und hatte – kaum hatte sie Platz genommen – ein Glas Champagner vor sich stehen. Sie musste es nicht bestellen, die Barkeeper brachten es ihr automatisch. Es gab Menschen, die Chrissi für eine Angeberin hielten, aber die verstanden sie nicht, weil sie zu oberflächlich waren.

Schampus-Chrissi wollte nicht angeben, sie wollte Champagner trinken, am liebsten Dom Ruinart, gern an einem Dienstag im November oder an einem Frühlingstag um halb vier, wenn die Sonne überraschend aus den Wolken brach oder gerade nichts Besseres zu tun war.

Chrissi wartete nicht auf feierliche Anlässe, sie kreierte sie. Einmal veranstaltete sie ein grandioses Fest zum 50. Jahrestag der Ernennung Hawaiis zum amerikanischen Bundesstaat. Die Sonne schien, der Kühlschrank wurde nicht leer, ich kam als Diplomat im cremefarbenen Anzug mit goldenen Manschettenknöpfen, ein Typ war als Giraffe verkleidet, obwohl es auf Hawaii gar keine Giraffen gibt. Wer heute ein paar Bekannte einlädt, bekommt meistens WhatsApp-Nachrichten wie diese:

- »Danke, aber bin schon verabredet. Wie schade!«
- »Super Idee, bin leider in Thailand. Have fun!«
- »Weiß noch nicht, ob ich es schaffe, keep you informed.«
- »Sorry, aber Emma ist krank, wünsche euch einen aufregenden Abend.«
- »Bin dabei, aber piano, muss am nächsten Tag früh raus. Next time dann wieder richtig.«

Es ist schwierig geworden, ein paar Menschen für einen großen Abend zusammenzutrommeln. Die meisten ziehen sich
zurück, wollen ihre Ruhe, sind erschöpft, sehnen sich nach einer
Pause, trinken japanischen Sencha-Tee oder Wasser ohne Koh-
lensäure, manche Frauen tragen es in einer Plastikflasche mit
sich herum, als hätten sie Angst vor einer plötzlich einsetzen-
den Versteppung Zentraleuropas. Und das sind die harmlosen,
es soll auch Menschen geben, die zum Aufwachen einen Energy-
und zum Einschlafen einen Relaxation-Drink zu sich nehmen.
Sie sagen, es tue ihnen gut, ich glaube, sie täuschen sich, weil
sie immer nur fit und nie glücklich wirken.

Wer heute in einem Restaurant eine Flasche Champagner
bestellt, wird mit Sicherheit schief angeschaut. »Muss das
wirklich sein?«, sagen die Blicke. Oder: »Champagner? Wie vulgär!«, oder noch schlimmer: »Wie reaktionär!« Vor allem Menschen, die sich für linksliberal halten, stellen Champagner in
eine Ecke mit der katholischen Kirche, Sportwagen und Abend-
kleidern von Gucci – alte Welt, protzig, moralisch verkommen,
machohaft, nicht zeitgemäß, nicht hip, eine Mischung aus Formel 1, Galopprennbahn und Fuchsjagd. Es sind Menschen, die
sich an ihrer Tugend und Twitter-Timeline berauschen, Menschen, die aus ihrem Verzicht ein metaphysisches Verdienst
ziehen.

Für sie ist Champagner ein Anlassgetränk, das man sich
nur ausnahmsweise gönnen sollte, wenn man Geburtstag oder
eine Führungsposition samt Dienstwagen ergattert hat. Einfach so Champagner trinken tun in ihren Augen nur Charity-
Ladys mit fragwürdigen Hüten, neureiche Deutsch-Rapper,
russische Oligarchen und sogenannte Entscheidungsträger, und
zwar mit dem Geld, das sie vorher in Steueroasen angehäuft

haben. Das ist nicht ganz falsch, aber auch ein bisschen eng im Kopf, weil ich bei natriumarmem Wasser vor allem an Detlef D! Soost denken muss oder noch schlimmer: SPD-Politiker, die Marathon laufen.

Champagner zu servieren ist in erster Linie eine Geste der Großzügigkeit, gegenüber sich selbst, seinen Gästen und dem Leben, aber auch ein Akt des Widerstands gegen die Verzagtheit unserer Zeit samt ihrer Mutlosigkeit, ihren Vorsätzen, Begrenzungen und Befürchtungen. Wir aber sind ehrgeizige Musterschüler, immer mit dem Morgen und dem Übermorgen beschäftigt, darauf bedacht, keinen Schaden zu nehmen und nichts zu bereuen. Dabei ist von allen Werbelügen der Geschichte die unverschämteste, dass man mit ein paar Kästen Fanta eine gelungene Party feiern kann. Glamour ist ohne Schrammen nicht zu haben, was man an aktuellen Bildern von Helmut Berger oder Giorgio Armani sehen kann. Gesunden Glamour gibt es nicht, auch nicht nachhaltigen und schon gar nicht moralisch einwandfreien.

Früher war die Bar der Ort, den man aufsuchte, wenn es einem besonders gut oder besonders schlecht ging, weil man entweder kultiviert allein bleiben oder auch Menschen treffen konnte, die man kannte, und wenn nicht, kennenlernte. Für einen großen Abend wurde man zu einer eingeschworenen Gemeinschaft, zu etwas Größerem, für ein paar flüchtige Stunden hatte man das Gefühl, zur richtigen Zeit am richtigen Ort zu sein, die Gesetze des Lebens waren vielleicht nicht außer Kraft gesetzt, aber abgemildert, aufgeweicht, zurechtgedehnt, eine Ahnung von Freiheit, Rausch und Glück. Für Luis Buñuel war die Bar ein Ort der Meditation, eine Schule der Einsamkeit; ein paar Tische, leise Musik, eine düstere

Atmosphäre, ein Kreis von Menschen, die regelmäßig zusammenkommen und nicht den Drang verspüren, miteinander zu sprechen.

Heute klagen die Barkeeper, dass ihre Gäste so vernünftig geworden seien und einen Drink tatsächlich nur noch bestellten, um ihren Durst zu löschen. Früher seien sie dicht gedrängt am Tresen gestanden und hätten ihre Bestellungen kreuz und quer durch den Raum gebrüllt, man sei mit dem Mixen nicht mehr hinterhergekommen, und wenn mal jemand Hunger bekam, habe man ihm in der Küche halt ein Stück Fleisch gebraten. Heute kommen die Leute, um zu essen, am liebsten Feldsalat mit Ziegenkäse oder irgendwas mit Avocado, dazu trinken sie eine Flasche San Pellegrino oder ein Glas Wein, hinterher »einen Espresso und die Rechnung, bitte«, danach legen sie sich in ihre Bettwäsche aus ägyptischer Baumwolle und checken ihre Mails.

—

Wer am Terminal 2 des Münchner Flughafens ankommt, wird von einer 140 Meter langen Lichtinstallation begrüßt, die der Autovermieter Sixt für eine Werbekampagne nützt: »Schönheit erfahren«, »Dynamik spüren«, »Nerven kitzeln« – die Slogans auf den illuminierten Glaspaneelen, die die Sehnsucht der Reisenden nach einem schnittigen Mietauto wecken sollen, beschreiben ziemlich genau die Erfahrungen, nach denen sich die Risikovermeidungsgesellschaft sehnt, während sie sie gleichzeitig unmöglich macht, seitdem sie nicht mehr mit unserer Vorstellung vom sicheren, gesunden und moralischen Leben zu vereinbaren sind, wie es die Grünen seit Jahren propagieren. Es ist ein in Watte gepacktes Leben, mit dem sich die urbane Elite von den Schichten, die über ihr protzen und unter ihr verzweifeln, abzugrenzen sucht, eine endlose Reise durch eine Tempo-30-Zone, das Dasein einer temperamentlosen Vorsorgegesellschaft, die es unverantwortlich findet, ein Risiko einzugehen oder eine Albernheit zu wagen.

Wir fühlen uns nicht mehr dazu ermutigt, unser Leben in feierlichen Situationen groß zu verausgaben und das als Triumph zu erleben, schreibt der Philosoph Robert Pfaller, stattdessen mäßigen wir uns maßlos.[42] Auch der Philosoph Slavoj Žižek findet, man bekomme zunehmend Dinge angeboten, bei denen exakt der Teil fehle, der sie konstituiere, also erst zu dem mache, was sie sind, Bier ohne Alkohol, Fleisch ohne Fett, Kaffee ohne Koffein, virtuellen Sex ohne Sex und auch die virtuelle Wirklichkeit, also Realität ohne Realität, oder eine gänzlich regulierte und dinghafte Wirklichkeit, ein »Universum toter Konventionen«, in dem gewaltsame, erschütternde Erlebnisse die letzten wirklich authentischen Erfahrungen sind.[43] Da liegt der Verdacht nahe, dass wir ein Leben ohne Lebendigkeit führen.

Verschwunden sind der Exzess, die Unvernunft, die Feier des Augenblicks und die Lust, Versuchungen nicht zu widerstehen, sondern nachzugeben, um wenigstens für einen Moment das Tor zum Erhabenen aufzustoßen oder jemand anders zu sein, als man ist, also kurzfristig vom Drama der eigenen Belanglosigkeit erlöst zu werden: Wo die eigene Gewöhnlichkeit früher wenigstens für einen Abend spektakulär aus den Angeln gehoben wurde, wird sie heute mit Likes notdürftig kompensiert.

»Für dreißig Likes und weniger verrät der zeitgemäße Mensch alles, was besonders an ihm gewesen sein mag, an die Gefälligkeit«[44], schreibt der Schriftsteller Richard Schuberth. Wo früher oder in anderen Kulturen die eigene Vergänglichkeit, verborgene Fantasien, fragwürdige Neigungen sublimiert wurden, werden diese heute nicht mal mehr akzeptiert, ja als Beleidigung empfunden, gegen die mit Detox-Säften mobilgemacht werden muss. »Tugendandroide« sagt der Schriftsteller Philippe Muray dazu; Menschen, von denen keine Erotik ausgeht, weil sie auf Effizienz programmiert, aber nicht in der Lage sind, das Leben als Geschenk und Aufforderung zu begreifen. Und wenn wir doch mal feiern, schreibt Robert Pfaller, dann »aus Furcht, die Anderen könnten glauben, wir haben keinen Spaß«.[45]

Aus den kultivierenden Formen der Entsagung haben wir schnöden Verzicht gemacht, der sich nicht an sich selbst, sondern an gesteigerter Leistungsfähigkeit erfreut. Wer heute mit einer Brioni-Krawatte statt mit Stan-Smith-Turnschuhen ins Büro kommt, wird mit großer Wahrscheinlichkeit gefragt, ob er einen wichtigen Termin habe, oder muss sich rechtfertigen, weil er offensichtlich nicht mitbekommen hat, dass Insignien männlicher Macht altmodisch, lächerlich und wenn man die Sache zu Ende denkt: sexistisch sind. Und wer doch mal auf einen Geburtstag in eine dieser petrolfarben gestrichenen Fünf-Zimmer-Altbauwohnungen eingeladen ist, sollte sich darauf einstellen, dass Fleischpflanzerl mit Senf auf einem Holzbrett und eher keine gratinierten Weinbergschnecken serviert werden, weil man die den neureichen Russen überlassen möchte. Deren Statussymbole, Rolex-Uhren, Marmorbäder, Sportwagen, haben wir durch zeitgemäße wie E-Bikes und Pullover von Maison Margiela ersetzt, damit wir uns besser über sie lustig machen können. Aus Ausschweifung haben wir

Radikalverzicht, aus Überheblichkeit Selbstgerechtigkeit, aus Gleichgültigkeit die Toleranz von praktisch allem gemacht, dabei wusste schon Adorno, dass komplett vorurteilsfreie Menschen genauso pathologisch sind wie vorurteilsbeladene, dass Intoleranz also schon ein Zeichen der Unfähigkeit ist, Widersprüchliches zu ertragen, aber beliebig angewandte Toleranz eben auch.

Die Fähigkeit, durch exzessive Ausgelassenheit der Tatsache, dass wir nun mal auf der Welt sind, einen Sinn abzutrotzen und gleichzeitig den Mittelfinger entgegenzustrecken, sie also gleichzeitig zu würdigen, ohne sie zu ernst zu nehmen, streift uns als ferne Erinnerung, wenn wir französische Filme aus den Sechzigern anschauen, in denen die Menschen rauchen, trinken, schweigen, schreien und wenn gar nichts mehr geht: ficken. Wie schick, sagen wir dann, steigen aufs Hollandrad, fahren zum Osteopathen und kriegen gleichzeitig einen Wut- und Lachanfall, wenn uns ein Typ im Porsche überholt. Herzeigen, was man hat, das finden wir vulgär – und machen doch nichts anderes, wenn wir unsere abgesicherten Mittelmaßexistenzen in den sozialen Netzwerken zur Bewunderung freischalten. Eine Gesellschaft, deren Hauptziele Vorsorge und Sicherheit sind, kann nicht glamourös sein, sie ist zur Lustfeindlichkeit, zur Vereisung und Verödung verdammt.

—

Geist und Glamour heißt die Biografie von Susan Sontag, *Heidi Klum* die von Heidi Klum, oder anders ausgedrückt: Glamour war immer ein ambivalentes Lebensgefühl, das zwischen Grandezza und Lächerlichkeit oszillierte, ja eigentlich steckte in dieser Gratwanderung, der permanenten Gefahr des Abgleitens in die Vulgarität, ihr eigentlicher Reiz.

Glamour entsteht, wenn die Sphären des Stils, des Intellekts und des Kontrollverlusts – man könnte auch Fantasie sagen – kollidieren, wenn Susan Sontag Werbung für Wodka macht, Truman Capote besoffen in der Talkshow von Johnny Carson Unsinn redet oder Hannah Arendt kurz vor ihrem Tod eine Vorlesung an der FU Berlin hält, eine Zigarette im Mundwinkel, die andere am Rand des Aschenbechers in Wartestellung vor sich hin qualmend.

In Russland, China oder Dubai, wohin sich der Glamour geflüchtet hat, seitdem wir lieber in Gummistiefeln Bärlauch im Stadtpark pflücken, fristet er ein jämmerliches Dasein. Aus einem raffinierten Spiel mit Codes und Identitäten ist die plumpe Zurschaustellung von Liquidität geworden – ein Kulturverlust, der von den Modefirmen mitgetragen werden muss: Der aufgestickte Polospieler von Ralph Lauren und das Lacoste-Krokodil, ehedem subtile Codes amerikanischer Ostküsten-Preppiness, sind in den letzten Jahren um das Zehnfache angeschwollen. Der Code ist kein Code mehr, nur noch ein Schrei nach Aufmerksamkeit, eine plumpe Bestätigung der Klassenzugehörigkeit.

Fast immer, wenn wir eine Situation als glamourös erachten, schwingen Gefahr, Verderbtheit und Todesnähe mit. Natürlich empfinden wir den Tod als lästige Tragödie, gleichzeitig stehen wir sprachlos und ehrfürchtig vor ihm als letztem Geheimnis. Schon in der antiken Mythologie verhalten sich Eros und Thanatos, der Lebens- und der Todestrieb, komplementär zueinander: Der Tod zieht uns an und stößt uns ab, fasziniert und erschreckt uns.

Jahrzehntelang war das Lebensgefühl des Glamours an Tempo und Risiko, im extremsten Fall an Selbstzerstörung gekoppelt. Wir fanden es mondän, wenn Sharon Stone in *Basic Instinct* den Pacific Coast Highway im Lotus entlangdonnert und in jeder Kurve gerade nicht über die Klippen stürzt. Wir fanden es cool, wenn Paul Newman in *Die Katze auf dem heißen Blechdach* im Pyjama vor dem Fenster steht und sich einen Drink nach dem anderen einschenkt, damit er endlich sterben kann, um seine Frau nicht länger ertragen zu müssen. Wir fieberten mit, wenn James Dean in *... denn sie wissen nicht, was sie tun* beim Hasenfußrennen mit hundert Meilen pro Stunde auf die Klippe zurast, um in letzter Sekunde aus dem gestohlenen Wagen zu springen. James Dean starb wenige Jahre später tatsächlich im Sportwagen, Steve McQueen, der »King of Cool«, erlag als Rennfahrer ein ums andere Mal dem Rausch der Geschwindigkeit, und James Bond entkam seinen Kontrahenten auch deshalb immer wieder, weil er ein bisschen fester aufs Gaspedal drückte – und den besseren Wagen fuhr.

Die Mythen des 20. Jahrhunderts hingen im Moment ihres Todes nicht an einer Beatmungsmaschine, keiner von ihnen hockte im Aufenthaltsraum eines Pflegeheims vor einer Helene-Fischer-Weihnachtsshow, die meisten haben sich zugrunde gerichtet, zu Tode gerast, ins Jenseits gesoffen, nicht weil sie das Leben verachtet hätten, sondern weil sie es in gesteigerter Form spüren wollten. Unverantwortlich? Natürlich. Aber kann man ihnen vorwerfen, dass sie die Rolle, die sie im Leben spielten, im Sterben konsequent fortsetzten?

Im Frühling des Jahres 2019 gab Volvo bekannt, die Höchstgeschwindigkeit seiner Autos auf 180 Stundenkilometer zu drosseln. Zusätzlich sollen weitere Gefahrenquellen ausgeschaltet werden, indem jeder Wagen seinen Halter über eine Gesichtserkennungssoftware darüber informieren werde, ob er Alkohol getrunken oder Drogen konsumiert habe. Klingt vernünftig, sagen die einen. Ist ein Beispiel für die Entmündigung des Menschen durch die »normative Interpretationsmacht von Algorithmen«, schreibt der Kulturkritiker Niklas Maak, weil das Auto so seinen Charakter grundlegend ändere, indem es im Zweifelsfall gegen den Fahrer arbeite und vom Schutzkokon zum Zeugen der Anklage, zum verlängerten Arm der Polizei werde[46]. Auch Jens Jessen diagnostiziert als Schattenseite des neuen Gesundheitsbewusstseins »die Entstehung einer Verbotskultur, einer Neigung zu Bevormundung und Entmündigung, zum schamlosen Hineinregieren in persönliche Lebensentwürfe«.[47]

Jahrzehntelang war die Welt des Boxens und der Formel 1, und nicht die Volleyballnationalmannschaft das Kraftfeld des internationalen Jetsets. Heute mehren sich die Stimmen, die sagen: Boxen? Wie dämlich! Formel 1? Wie primitiv! Es sind die Menschen, die sich ein Elektroauto kaufen würden, wenn sie es sich leisten könnten, aber einmal in der Woche am Flughafenterminal stehen, um nach Berlin oder London zu fliegen; die Geschmackselite des 21. Jahrhunderts, die sich viel darauf einbildet, keine Sehnsucht nach einem Porsche zu empfinden, aber ihre Statussucht längst effizienter auf einem anderen Feld auslebt: der Zurschaustellung des guten Geschmacks auf Instagram. Es sind die Menschen, die mit dem E-Bike zum Biomarkt fahren, Sexismus problematisch finden und sich schlapplachen, wenn Charlie Harper in *Two and a Half Men* eine Nutte nach der anderen vernascht.

Trotz wiederholter Versuche, »Frauen wie du und ich« auf dem Laufsteg zu etablieren, schafft es die Modebranche immer noch nicht, auf magersüchtige Models zu verzichten. Offenbar funktioniert die Inszenierung von Extravaganz nicht trotz, sondern wegen der psychischen und physischen Defekte ihrer Protagonistinnen. Eine moralisch integre Modeszene scheint nicht vorstellbar, weil die Fashionwelt einen Großteil ihrer Anziehungskraft aus der eigenen Verderbtheit zieht. Sie muss, um ihre Magie entfalten zu können, auf größtmögliche Distanz zur gesellschaftlichen Mitte gehen; eine Modebranche, die es nicht schafft, Skandalgeschichten hervorzubringen, macht sich überflüssig. Die moralisch aufgeladene Debatte über Magermodels und Sexismus in der Modewelt ist verlogen, weil sich Glamour und Gesundheit, Glamour und Gleichheit, Glamour und Moral ausschließen. Der Schriftsteller Ferdinand von Schirach schreibt über seinen Besuch bei einer Modenschau in Paris:

»Die Models erscheinen, ihre Gesichter sind dunkel geschminkt, sie sehen aus wie Erinnyen, griechische Rachegöttinnen. Keine der Frauen lächelt. Ihr Gang ist grotesk, sie schieben ihre Becken weit nach vorne, ich habe Angst, dass sie umfallen. Die jungen Frauen wirken furchtbar angestrengt, Strichmenschen ohne Brüste und ohne Po.«[48]

Extravaganz ist immer eine Koketterie mit dem Bösen, dem Halblegalen oder dem Sterben, eine Verdichtung des Moments, eine Steigerung des Lebensgefühls auf Kosten von Moral und Sicherheit. Deswegen war Amy Winehouse bereits glamourös, bevor sie zur Lieblingssängerin für Millionen wurde, deswegen wirkt Heidi Klum auch im zwanzigsten Jahr ihrer Weltkarriere wie die Dorfschönheit aus Bergisch-Gladbach.

Als die Victoria's Secret Show auch 2019 wieder mit den bestbezahlten Models der Welt über die Bühne ging, präsentierte die Sängerin Rihanna ein paar Straßen weiter ihre zweite Dessous-Kollektion. Ihre Models sahen aus wie Menschen, die um 7 Uhr morgens in der U-Bahn sitzen: leichenblass und sonnengebräunt, hager und mollig, breithüftig und großnasig, mit O-Beinen, X-Beinen, Orangenhaut und Muttermalen auf blasser Haut. Blogger und Journalisten bejubelten den Paradigmenwechsel: Endlich Models, mit denen sich auch gewöhnliche Frauen mit normalen Problemzonen identifizieren können, endlich eine Kollektion, die sich an den Bedürfnissen von Grafikdesignerinnen und Supermarktkassiererinnen orientiert. Das Ganze ist zweifellos eine zeitgemäße Botschaft, trotzdem fällt auf, dass wir immer weniger in der Lage zu sein scheinen, Inszenierungen zu akzeptieren, in denen wir keine Rolle spielen. Großes Theater, eine glamouröse Show, ein schillernder Auftritt – das alles scheint uns zu kränken, wenn wir uns in der Heldenfeier nicht erkennen können. Die Sehnsucht einer verunsicherten Gesellschaft nach Authentizität hat ein postheroisches Zeitalter anbrechen lassen, in dem alles zur Gleichheit strebt, während sich die Privilegierten immer weiter von der gesellschaftlichen Mitte entfernen.

—

Glamour verschwendet Geld, Talent und Zeit. Wir sind permanent mit dem Gegenteil beschäftigt, der Optimierung sämtlicher Aspekte unseres Lebens. »Die Leute werden dazu angehalten, das Leben als Sparguthaben zu betrachten und eifersüchtig darauf zu achten, dass ihnen niemand etwas davon abknapst«[49], schreibt Robert Pfaller.

Wer seine Anlagen ausschöpft, dem stellt der Zeitgeist in Aussicht, ein noch vorzeigbareres Leben zu führen. Wir konferieren, tindern, skypen, chatten, klinken uns ein und wieder aus, gehen on und wieder off, connecten und defrienden uns, nur plaudern tun wir kaum noch, dabei könnten zielloses Sprechen, selbstvergessenes Tun, absichtsloses Schlendern verlässlichere Glücksmomente erzeugen. Wir haben Slow Food, Slow Travel, Slow Living, Slow Sex, Zeitlupenseminare und Do-nothing-Wochenenden erfunden – und sind gestresst, sobald uns jemand auf der Straße zuwinkt. Glamour ist weder effizient noch ehrgeizig, sondern ausschweifend, gleichgültig, im Extremfall gelangweilt vom Leben, seinen Möglichkeiten und sich selbst – es gibt ein Wort dafür: Ennui.

»Denn wer arbeitet, ist ein subtiler Selbstmörder, und ein Selbstmörder ist ein Verbrecher, und ein Verbrecher ist ein Schuft, also, wer arbeitet, ist ein Schuft«[50],

heißt es in Georg Büchners *Leonce und Lena*, der Bibel der gehobenen Langeweile. »Die schönsten Dinge auf der Welt sind die nutzlosesten; zum Beispiel Pfauen und Lilien«, heißt es bei John Ruskin. Oder wie Gerhard Polt sagt:

»Die Zeit, in der der Mensch nicht handeln muss, in der er eben gar nichts muss, sondern nur so herumschildkrötelt. Er hat nicht das Damoklesschwert der Produktivität über sich schweben, sondern tut einfach, was ihm einfällt. Oder er tut auch nicht, was ihm einfällt, das ist vielleicht noch schöner.«[51]

Es ist die Erklärung, warum die Silicon-Valley-Milliardäre trotz ihrer Kapuzenpullover nie cool wirken: Weil sie Ziele für ihre Unternehmen und die gesamte Menschheit definiert haben, die sie mit technologisch ausgefeilten und moralisch skrupellosen Mitteln zu erreichen suchen. Auch mit Fünftagebart wirken sie so aseptisch wie die Vision, an der sie arbeiten, Menschen, die unserem Planeten um jeden Preis ihren Stempel aufdrücken und die Infrastruktur der menschlichen Existenz umschreiben wollen. In der Schule nannte man solche Leute Streber; sie durften nicht ins Rauchereck, hörten fragwürdige Musik und wurden in der großen Pause mit dem Kopf in die Kloschüssel gesteckt. Es sind die Typen mit dem schwarzen Aktenkoffer und den dicken Brillengläsern, denen wir unser Schicksal bereitwillig in die Hände gelegt haben.

»Ich will an etwas Großem arbeiten, etwas, das Millionen Menschen berührt, so viele wie möglich«[52], sagt der Airbnb-Gründer Joe Gebbia. »Wir werden weiter versuchen, Dinge zu machen, die andere für verrückt halten, von denen wir aber begeistert sind«, der Google-Chef Larry Page. Das Problem ist, dass wir am Ende Dinge kriegen, von denen Informatiker und Elektrotechniker begeistert sind, und dass diese Typen Errungenschaften erforschen, einsetzen und zu Geld machen, bevor sie diese vollständig verstanden und noch schlimmer: ohne sich mit den ethischen und rechtlichen Konsequenzen auseinandergesetzt zu haben. Die Tendenz, für gesellschaftliche Probleme technische Lösungen bereitzustellen, führt dazu, dass vor allem Teilaspekte des Lebens verbessert werden, während die Probleme, die aus der technischen Lösung resultieren, kaum beachtet werden. Das vorläufige Ergebnis dieser Logik sind depressive Menschen, aggressive Shitstorms, öde Innenstädte, überteuerte Immobilien, leere Wirtshäuser, rechte Aufmärsche, gemobbte Schulkinder, der hysterische Kampf aller gegen alle.

Erst allmählich lassen sich die Konturen der Welt erahnen, die sich die Nerds für uns ausgedacht haben: Es ist eine Welt, in der das Digitale mehr zählt als das Analoge, der Fortschritt mehr als die Tradition, das Neue mehr als das Wahrhaftige. Eine Welt ohne Zufall und Schicksal, ohne Empathie und Zerstreuung, in der gnadenlos alles umgesetzt wird, was möglich erscheint; eine Welt ohne Schönheit, weil es Schönheit ohne Form nicht gibt, eine Form aber nur haben kann, was sich betrachten und berühren lässt. Daten haben keine Form. Daten entziehen sich unseren Blicken und Berührungen. Zu Daten lässt sich kein zärtliches Verhältnis aufbauen.

»Die Kunst des stilvollen Verarmens« hieß vor Jahren eine Kolumne in der *Süddeutschen Zeitung* von Alexander von Schönburg, dem Sprössling eines verarmten Adelshauses. »Die Kunst der stillosen Geldanhäufung« könnte über unseren Lebensentwürfen stehen, weil wir jeden Lebensabschnitt generalstabsmäßig mit Hilfe von Internetvergleichsportalen planen, von der Altersvorsorge über die Mitgliedschaft im Fitnessstudio bis zum Abschluss des maßgeschneiderten Handyvertrags.

Glamour sucht den perfekten Moment, dafür ist er bereit, einen hohen Preis zu zahlen. Wir suchen das garantiert günstigste Angebot. Dass die Momente, für die es sich zu leben lohnt, weniger werden, fällt uns, wenn wir Glück haben, gar nicht, und wenn wir Pech haben, auf dem Sterbebett auf. Bis es so weit ist, trösten wir uns mit Designerlampen und der permanenten Kränkung darüber, dass nicht alle so empfinden wie wir, in einem Wort: mit unserem dauernden Ich-Getue.

Melancholie

In *Dichtung und Wahrheit* erinnert sich Goethe an die Welle der Melancholie, die sein Roman *Die Leiden des jungen Werther* 1774 ausgelöst hat:

>»Wie ich mich nun aber dadurch erleichtert und aufgeklärt fühlte, die Wirklichkeit in Poesie verwandelt zu haben, so verwirrten sich meine Freunde daran, indem sie glaubten, man müsse die Poesie in Wirklichkeit verwandeln, einen solchen Roman nachspielen und sich allenfalls selbst erschießen; und was hier im Anfang unter wenigen vorging, ereignete sich nachher im großen Publikum und dieses Büchlein, was mir so viel genützt hatte, ward als höchst schädlich verrufen.«[53]

Ein Jahr nach seiner Veröffentlichung verbot der Leipziger Stadtrat die Verbreitung des Romans mit der Begründung, es handle sich um »eine Empfehlung des Selbst Mordes«, und obwohl bis heute niemand weiß, wie viele Menschen sich nach der Lektüre – inspiriert von der Selbsttötung des jungen Rechtspraktikanten Werther – tatsächlich erschossen, erhängt oder erdolcht haben, war es doch so, dass Traurigkeit, Wehmut und Sehnsucht um 1800 nicht als Pathologie, sondern als natürliche Regung, ja als Ausweis für die Schönheit des Geistes verstanden wurden.

Je vehementer die Romantiker das Welt- und Menschenbild der Weimarer Klassik in Frage stellten, desto entschlossener drängten sie zur Natur und zur Nacht, zu einer wilderen, poetischeren Wirklichkeit, die sich ihnen in Träumen, Sagen und Märchen, im Unbewussten, Erhabenen und Ahnungsvollen offenbarte. Wer betrübt war, wurde nicht zum Therapeuten geschickt, sondern schrieb Verse oder wurde selbst in welchen besungen.

Im Zentrum romantischer Wahrnehmung stand der sehnende Mensch, mit einer schönen Seele, einem feurigen Herzen beschenkt, idealtypisch verkörpert im Künstler, der von seiner Umwelt missverstanden in eine Krise gerät und von der Sehnsucht durchdrungen ist, sich selbst in einen übergreifenden Zusammenhang integriert zu sehen, der gleichzeitig als undurchdringliches Dickicht aus Konventionen und Abhängigkeiten erscheint.

»Lustig im Leid sing' ich von Liebe; wonnig aus Weh web' ich mein Lied«, singt in Richard Wagners *Ring des Nibelungen* nicht etwa ein Held, auch kein Gott, kein Riese, sondern ausgerechnet ein Waldvöglein, das in dem fünfzehnstündigen Drama nur ganze zwei Mal auftritt und im Gegensatz zu allen anderen keine Schuld auf sich lädt, um im nächsten Satz den Kern romantischen Empfindens auf den Punkt zu bringen: »Nur Sehnende kennen den Sinn.«

Zu Beginn des 19. Jahrhunderts schwappte eine Welle der Empfindsamkeit über Europa hinweg, die in ihren schwärzesten

Momenten in der Sehnsucht nach dem Tod selbst gipfelte: »Ertrinken, versinken, unbewusst, höchste Lust«, jubelt Isolde im *Tristan,* bevor sie, den Leichnam ihres Geliebten vor Augen, stirbt.

Zu Beginn des 21. Jahrhunderts ist Melancholie ein Karrierehindernis, das therapiert werden muss. Benötigt wird der optimistische, sich selbst radikal bejahende Mensch, der sich mit Hilfe erworbener Produkte (Kopfhörer mit individuellem Klangprofil), elektronischer Gadgets (Präzisionsschrittmesser für unwegsames Gelände) und in Anspruch genommener Dienstleistungen (wöchentliches Faszientraining) jeden Tag fitter fühlt, oder aber der erschöpfte und frustrierte Mensch, der sich von den Errungenschaften der Wellness-Industrie und Pharmakologie etwas Linderung, eine Auszeit oder neue Perspektiven erhofft, indem ihm diese − wie es in *Serotonin* von Michel Houellebecq heißt − erlauben, »mit einer neuen Leichtigkeit an den entscheidenden Riten des normalen Lebens innerhalb einer hochentwickelten Gesellschaft teilzuhaben(...), ohne dabei im Gegensatz zu Antidepressiva der vorherigen Generation den Hang zu Selbstmord oder Selbstverstümmelung zu verstärken«.[54] Als hinderlich erweisen sich der Zweifler, der Nostalgiker, der Flaneur, der Exzentriker, der Schwärmer, der Melancholiker − nostalgische Auslaufmodelle allesamt, Konsensstörer, Spielverderber, konsumfeindlich, entscheidungsschwach, schwer zu kontrollieren.

Laut Jacques Derrida ist der Melancholiker jemand, der sich gegen das Vergessen sträubt; demnach wäre ausgerechnet der Melancholiker ein Mensch, der das Leben bejaht und in seiner Negativität wertschätzt, während es von den Dauergrinsern auf Instagram abgetötet wird. Der Melancholiker, schreibt auch die Psychoanalytikerin Anne Dufourmantelle, lebe seinen Schmerz um jeden Preis:

»Man sollte also jeder Schwermut ihren Platz zugestehen, das Unheilbare zulassen und es wie etwas annehmen, das unstillbar bleibt, ein Leid, das nicht zu lindern ist. Dann wird die Sehnsucht zum Stoff des Begehrens, zum Port eines neuen Lebens, nicht nur einer Hoffnung, sondern einer das Leben stützenden Bewegung.«[55]

Seitdem Google uns mit seinen sechs bunten Buchstaben in eine gut gelaunte Geiselhaft genommen hat, muss alles freundlich, bekömmlich und reibungslos sein, am besten so glatt und widerspruchslos wie das Paar flauschiger Kuschelsocken, das wir am Sonntagabend zum Netflix-Schauen anziehen. Wir werden dazu angehalten, immer empfindlicher und wehleidiger zu werden, zu Kindern, für die man nachts das Licht anlässt, damit sie sich im Dunkeln nicht fürchten, denen man noch nicht die Wahrheit über das Drama des Lebens erzählt, damit sie ihre Illusionen noch ein Weilchen behalten. »Die Zukunft hat die Farbe von veganem Apfeleis«[56], hat die *FAZ* mal geschrieben und lag nur leicht daneben, weil sie nicht die Zukunft, sondern die Gegenwart beschrieben hat. Und auch Slavoj Žižek schreibt: Während früher autoritäre Eltern ihren Kindern sagten, »Du gehst zur Oma und bist nett zu ihr«, heißt es heute: »Wenn du nicht willst, musst du nicht gehen, aber ich wäre enttäuscht und Oma sehr, sehr traurig.« Das sei moralisch viel heimtückischer, weil man so seine Wahllosigkeit auch noch selber wollen müsse.[57]

Unsere Narkotisierung schreitet voran, seitdem uns die Schattenseiten des Lebens konsequent vorenthalten werden, während wir von herzförmiger Salami, Katzenvideos und Emojis mit Sonnenbrille zum Lachen gebracht werden. Warum schaffen wir es nicht mehr, mit unseren Dämonen zusammenzuleben wie mit einem Schatz, der uns ermuntert, bereichert, vervollständigt? In den Geheimlaboren des Silicon Valley wird bereits an der Abschaffung der negativen und der dauerhaften Verstärkung der positiven Gefühle gearbeitet – eine Strategie, die in den Regress führen muss, weil die einen nur in Abgrenzung zu den anderen ihre Kraft entfalten können. Wie unsere Welt aussehen könnte, wenn jede Negativität verbannt, jede Nische ausgeleuchtet und jedes Temperament glattgebügelt worden ist, lässt sich schon erahnen – es wäre eine Welt ohne Widersprüche, ein panoptisches Gefängnis, ein Leben in optimistischer Ödnis – oder wie es in Sibylle Bergs Roman *GRM-Brainfuck* heißt:

»Backsteinhäuser, durchweichte Straßen und ein Kino, geschlossene Postämter, geschlossene Supermärkte. Das Zeug braucht man nicht mehr, denn es ist die Zeit des Internets. In dem man jeden Film streamen kann. Alle notwendigen Lebensmittel, sprich Margarine und Weißbrot, kaufen kann. Die Pappkartons werden in die Häuser geliefert. Die Insassen hätten aber auch genausogut Tapete mit Salz bestreuen und verzehren können.«[58]

Je leidenschaftlicher wir uns auf Twitter streiten, desto gehemmter begegnen wir uns im Leben, dabei werden wir ständig angelächelt, besonders von denen, die uns Dinge andrehen, die wir nicht brauchen. Die Wände der Harmoniediktatur sind hellblau gestrichen, Konfliktvermeidung und Streitumgehung das Gebot der Stunde. Warum sich bekämpfen, wenn man sich gegenseitig vollheucheln, ausnutzen und Win-win-Geschäfte einfädeln kann?

Seit einigen Jahren scheinen nur noch sympathische Helden und positive Gefühle erlaubt zu sein, dabei gibt es keine falschen Gefühle, alle sind echt, alle sind wertvoll, alle haben ihren Zweck, auch Wut, Hass, Aggression, Scham, Furcht, Ekel. Der Philosoph Byung-Chul Han diagnostiziert eine »Ästhetik des Glatten«[59] – denn glatt kann eine Oberfläche und ein Facebook-Profil, aber auch ein Mensch sein. Ein glatter Mensch verhält sich so, dass er nicht aneckt, weil er Angst hat, dass er sich eine Option oder einen Karriereschritt verbaut. Er sagt und tut ausnahmslos Dinge, die von den meisten anderen gut oder wenigstens nicht schlecht gefunden werden. Er schimpft nicht, sondern frisst in sich hinein, kritisiert nicht, sondern schlägt Alternativen vor, befiehlt nicht, sondern empfiehlt, dabei lächelt er unentwegt.

Das Fernsehen ist auf glatte Menschen angewiesen, deswegen sind Florian Silbereisen und Michelle Hunziker so erfolgreich. Der Sport ist auf glatte Menschen angewiesen, deswegen gilt Franck Ribéry schon als *Enfant terrible*, wenn er im Trainingslager Zahnpasta auf die Türklinke seiner Mannschaftskameraden schmiert. Die sozialen Netzwerke sind auf glatte Menschen angewiesen, deswegen wird man so müde, wenn man sich durch Instagram scrollt. Und all das wäre nur beklagenswert langweilig, wenn sich hinter den Tragödien der politischen Korrektheit nicht gleichzeitig brutale Geschäftsinteressen verbergen würden, eine arabeskenhafte Verflechtung aus

Verpflichtungen gegenüber Sponsoren, Kooperationspartnern und Followern.

Das Glatte, so Byung-Chul Han, ist »die Signatur der Gegenwart« – es verbinde die Skulpturen von Jeff Koons, das iPhone und Brazilian Waxing.[60] Das Resultat sei eine »Diktatur der Positivität«, in der alles Dunkle hell, alles Bedrohliche sicher, alles Triebhafte reguliert, alles Hässliche erträglich und alles Melancholische heiter gemacht werde. Während die Kraft der Negativität doch darin bestünde, dass die Dinge von ihrem Gegenteil belebt würden. Es sind die Gefahren, Tragödien, Konflikte und schwarzen Stunden, die dafür sorgen, dass wir uns intensiver am Leben fühlen. Unsere besten Freunde sprechen aus, was wir *nicht* hören wollen. Dauernde Zustimmung, permanentes *I Like* tötet, was durch Negativität belebt werden könnte – immerhin war es der Feigling Judas, der mit seinem verräterischen Kuss die christliche Heilsgeschichte in Gang setzte.

Im Gegensatz zu Volksmusiksendungen mit Florian Silbereisen, die durch eine Atmosphäre erzwungener Heiterkeit deprimieren, wohnt der Negativität ein Zauber inne, der Beginn einer Entwicklung, Erkenntnis oder Auflehnung. Inzwischen aber fühlt sich das Leben an wie eine dieser Volksmusiksendungen, falsch und manipuliert, als hinge es an einer Beatmungsmaschine, die das Leben nicht verlängert, sondern den Tod hinauszögert. Wer kritisiert, gilt als destruktiv, wer differenziert, als Besserwisser, wer widerspricht, als Aufrührer, umgekehrt werden bittere Wahrheiten verschwiegen oder so verpackt, dass wir sie besser verdrängen können.

Im Frühling 2014 verkündete die Nachrichtenseite *Buzzfeed*, man wolle keine Nachrichten mehr publizieren, die als negativ ausgelegt werden könnten. Als im Jahr 2015 der Fußballtrainer Udo Lattek starb, wurde im Stadion statt der obligatorischen Schweigeminute eine Jubelminute ausgerufen: Warum traurig sein, mag sich der Verantwortliche gedacht haben, wenn man auch glücklich sein kann, dass es den Udo gegeben hat? »Wenn ich dazu nicht tanzen kann, ist es nicht meine Revolution«, lautet ein feministischer Slogan. Die Idee dahinter ist, dass ein globaler Protest von Spaß und eben nicht von Autorität oder Gewalt getragen werden sollte, nur so würden die Menschen mitgerissen, nur so liefen seine Gegner ins Leere. Der Autorin Tina Uebel wurde aus einer Reisereportage über Kolumbien eine Passage über Hahnenkämpfe gestrichen, aus Angst, die Leser könnten die Redaktion mit einem Shitstorm überziehen.[61] Der *Spiegel*, das »Sturmgeschütz der Demokratie«, strich 2018 das umstrittene Buch *Finis Germania* des Historikers Rolf Peter Sieferle von seiner Bestsellerliste, obwohl es – legitimiert durch die Verkaufszahlen – genau dort hätte stehen müssen. Ein Buch mit rechtem Gedankengut? Darf nicht sein, kann nicht sein, soll nicht sein, mag sich der zuständige Redakteur gedacht haben und lieferte seinen Gegnern ein glänzendes Argument für den eigenen Opfermythos und die angebliche Intoleranz des linksliberalen Milieus.

Wir haben damit begonnen, die Wirklichkeit zu modifizieren, um sie besser ertragen zu können. Dafür blenden wir die Aspekte aus, die unseren Vorstellungen im Weg stehen. Im Gegenzug haben wir aufgehört, uns dafür zu interessieren, wie sie wirklich ist. Kann es sein, dass wir von jemandem eingelullt werden, damit niemand auf den Gedanken kommt, nach Wahrhaftigkeit zu fragen, den Status quo in Frage zu stellen oder Widerstand zu leisten? Das Ganze kommt mir vor wie in dem dystopischen Roman *Wir* von Jewgeni Samjatin, in dem ein allmächtiger Staat das Leben der Menschen kontrolliert, alles Individuelle maßregelt oder abtötet und seinen uniformierten Untertanen, die keine Namen, sondern Nummern tragen, den Einsatz ihrer Fantasie verbietet.

Nachdem jeder Aspekt des Lebens zu einem Produkt oder Geschäft gemacht worden ist, wenn also mit jeder noch so persönlichen Geste Geld verdient werden soll, muss dem bunten Treiben eine sympathische Atmosphäre zugrunde liegen, ein bisschen wie die Verkäuferinnen bei Jil Sander, gepflegt lächelnd, auf keinen Fall barsch, kritisch, direkt oder ehrlich. Es soll inzwischen sogar vorkommen, dass Schauspieler damit hadern, eine unsympathische Rolle anzunehmen, aus Angst, die Zuschauer könnten sich von ihnen abwenden.

Wenn nur noch die eine, die positive Hälfte des Lebens stattfinden darf, wenn sämtliche dunklen Aspekte übertüncht werden, wird die menschliche Existenz buchstäblich zu einer halben Sache, weil existenzielle Erfahrungen immer eine Negativität in sich tragen, das reicht von den Schmerzen bei der Geburt über die Kränkung durch unerfüllte Liebe bis zur Trauer über den Tod eines geliebten Menschen. Wir haben aus einer chromatischen Welt ein buntes Anzeigenumfeld gemacht, einen mintgrünen Marktplatz der Affirmation, auf dem garantiert irgendwo ein Schild steht, auf das jemand mit Kreide die Namen überteuerter Szenedrinks geschrieben hat. Dass sich das Glück auf anrüchigen Wegen in unser Leben schleichen kann, von der Seite, von hinten, in Momenten, in denen wir nicht damit rechnen, ja dass vielleicht unter solchen Umständen überhaupt erst von Glück gesprochen werden kann, können wir uns nicht mehr vorstellen.

Die Ersten sind so enttäuscht von einem Leben, das nicht immer angenehm ist, dass sie sich öffentlich wünschen, nie geboren worden zu sein: »Warum muss ich leiden? Warum muss ich im Stau stehen? Warum muss ich arbeiten? Warum muss ich ertragen, dass es Kriege in der Welt gibt? Warum muss ich Schmerz und Depression fühlen? Warum muss ich irgendetwas tun, das ich nicht will«, beschwert sich der 27-jährige Antinatalist Raphael Samuel aus Indien. »Die einzige Todesursache, die es gibt, ist die Geburt«, heißt es auf seiner Facebook-Seite.[62]

—

Die Firma Apple gibt ihren Mitarbeitern präzise Anweisungen für Kundengespräche. Angeblich existiert ein internes Handbuch mit Redewendungen, die unter keinen Umständen verwendet werden dürfen, zum Beispiel »Absturz« oder »Problem«, stattdessen soll die Sprache »problemfrei« gestaltet sein. Warum sollte man »Das Gerät ist kaputt« sagen, wenn man auch »Das Gerät reagiert nicht mehr« sagen kann, das klingt viel sympathischer und bedeutet das Gleiche.

Um einen Verkaufserfolg wahrscheinlicher zu machen, sollen die Verkäufer emotional sprechen, empathisch kommunizieren, Spannungen abbauen, um die Zufriedenheit der Kunden zu steigern. Wenn ein Kunde ein Problem mit seinem Apple-Produkt hat, soll man erstens sein Mitgefühl ausdrücken und zweitens um Verzeihung bitten, der Kunde soll sich auf keinen Fall schlecht oder schuldig fühlen, gleichzeitig muss unbedingt vermieden werden, das eigene Produkt als Quelle des Problems zu benennen.

Es handelt sich um eine Strategie, die zwei Tendenzen der modernen Arbeitswelt verdeutlicht. Erstens: Die Digitalisierung führt zu immer mehr Dienstleistungsberufen, in denen Freundlichkeit (und Selbstverleugnung) oberstes Gebot sind. Zweitens: Das Verhältnis zu unseren technischen Geräten wird emotionaler, wir leiden buchstäblich mit, wenn es ihnen nicht gut geht. In einem Experiment, in dem Menschen mehrere Tage auf ihr Handy verzichten und anschließend über ihre Empfindungen Auskunft geben sollten, verglichen Teilnehmer ihr Smartphone mit einer Schmusedecke und einem Schnuller für die Hand.

Ohne Smartphone, ohne Netz, ohne Empfang fühlen wir uns nicht nur eingeschränkt, sondern amputiert, und nach dem Frühstück kehren wir nicht um, weil wir den Herd angelassen haben, sondern hasten zurück und atmen erst auf, wenn wir das Handy auf dem Küchentisch oder der Ablage im Bad entdeckt haben. Funktioniert es nicht, lässt es uns im Stich, verweigert es uns den Zugang zum Netz, fühlen wir uns gekränkt, im Stich gelassen, existenziell bedroht.

»Der hypermoderne westliche Mensch richtet seine Begierde vorrangig auf Waren, Erregung sucht er in anderen als sexuellen Bereichen, im Arbeitsleben soll er emotional so reagieren wie früher nur im Privatleben«[63], schreibt der Sexualwissenschaftler Volkmar Sigusch. Es ist besorgniserregend, welche Zwänge in unser Privatleben hineinexpandieren und wie selbstverständlich Führungskräfte intime Glücks- und Leiderfahrungen wie Geburten oder Todesfälle in betriebliche Konferenzen tragen und ihre Mitarbeiter auffordern, das Gleiche zu tun, weil es angeblich den Teamgeist fördert. »Allzu oft sollen der Kicker, Grünpflanzen und die Mittagsmeditation ein echtes Projekt und den Sinn von Arbeit ersetzen. Glück muss unbedingt Privatsache bleiben«[64], schreiben der Ökonom Nicolas Bouzou und die Philosophin Julia de Funès.

Es ist diese Verschleierungsstrategie der Emotionalisierung, mit der es einige Tech-Firmen zu milliardenschweren Monopolisten gebracht haben, indem sie ihre ökonomische Gier mit kumpelhaftem Auftreten camouflieren: *Arm, aber sexy* und *Da kiekste wa* heißen Büros, die Google 2018 in Berlin eröffnet hat, *Fun Palace* taufte Marc Zuckerberg das gigantische Großraumbüro, das er im Silicon Valley bauen ließ, man weiß tatsächlich nicht mehr, ob von einem Puff oder einem Weltkonzern die Rede ist. Dabei ist es diese zeitgemäße Open-Space-Architektur mit ihren Panoramafenstern, Sitzschaukeln, Dachterrassen und Spielecken, die Gemeinschaftlichkeit und Transparenz nur vorgaukelt, während sie sich in Wahrheit vor allem deshalb durchgesetzt hat, weil sie günstiger zu haben ist und die Mitarbeiter subtil an den Arbeitsplatz fesselt.

Diese Firmen nehmen in der Gestaltung ihrer Arbeitswelten die Logik vorweg, die sich ihre Gründer für die Menschheit ausgedacht haben – es ist eine Welt, in der gut gelaunte, überwachte und dauervernetzte Menschen in einer scheinbar geselligen, in Wahrheit beklemmenden Atmosphäre gemeinsam einsam in Salatbowls stochern –, ein »kantenfreies Utopia« (Bret Easton Ellis). Eine Welt ohne Dissens, ein bunter Flip-Flop-Kosmos, in dem Mitarbeiter mit Hoverboards durch die Gänge sausen und jeder jeden duzt – aber keiner den anderen kennt. *I like* ist die Forderung der Stunde, Emojis das Symbol für die Gleichgültigkeit sämtlicher Beteiligten, beides zusammen ein »grundlegendes Mittel zur Verhütung der bürgerlichen Unordnung« (Foucault). Im rauchfreien Büro, schreibt

Ina Hartwig, sollen auch die Wände und die Sprache sauber sein, damit sei der Geist von 1968 endgültig überwunden: Nicht mehr Befreiung, Provokation und Protest zählten im behördlich geregelten Alltag, stattdessen werde ein utopisches gesellschaftliches Großraumbüro entworfen, das frei sein soll von Ambivalenz, Trieb und schlechtem Geschmack.[65]

»Kann es sein, dass unsere alternde Gesellschaft, naturgemäß ohne sich dessen bewusst zu werden, einen immer stärkeren Hang zu Konfliktscheu, Betulichkeit, Konformismus entwickelt? Dass selbst die scheinbar offenkundige Toleranz, die man an den diversen Christopher Street Days genauso zu erleben glaubt wie im Verhältnis zu den ethnischen Minderheiten in unseren Städten, dass all das eigentlich nur der Indifferenz, einem wohlwollenden Desinteresse, ja einer grundsätzlichen moralischen Trägheit geschuldet ist?«[66],

fragte der Kulturkritiker Claudius Seidl in den Tagen vor der letzten Bundestagswahl. Die Wohlfühlatmosphäre mit ihren flachen Hierarchien, Entspannungsmöglichkeiten und der Hypersensibilität für Befindlichkeiten aller Art dient vor allem der Verschleierung der Tatsache, dass man jeden Tag tiefer in unser Privatleben vordringt, um mit unserer Orientierungslosigkeit Milliarden zu verdienen.

Vor Kurzem machte der renommierte Computerwissenschaftler Danny Hillis dem CEO eines großen Unternehmens ein Kompliment dafür, dass dessen Firma so viel Geld für eine humanitäre Aktion gespendet habe. Dessen Antwort: »Ja. Wir haben uns entschieden, mehr Dinge zu tun, die unsere Marke sympathischer machen.«[67]

»Die systemerhaltende Macht nimmt heute eine smarte, freundliche Form an und macht sich dadurch unsichtbar und unangreifbar«, schreibt Byung-Chul Han. »Das unterworfene Subjekt ist sich hier nicht einmal seiner Unterworfenheit bewusst. Es wähnt sich in Freiheit. Diese Herrschaftstechnik neutralisiert den Widerstand auf eine sehr effektive Art und Weise.«[68]

Einmal darauf aufmerksam geworden, stößt man jeden Tag auf neue Epizentren der Positivität, Orte, Produkte, Zeitschriften, Getränke, die niemanden vor den Kopf stoßen und gute Laune verordnen: Smoothies, die *Innocent* heißen, das Kochstudio *Koch dich glücklich*, Blumenkohl in den Trendfarben Orange und Violett, die Burger-Kette *Hans im Glück*, Emojis mit Herzaugen, Frauen, die mit einer derart lieblichen Stimme die Werbespots für Banken und Versicherungen einsprechen, dass man gar nicht anders kann, als einen fragwürdigen Absatz in den AGBs zu vermuten.

Im Supermarkt tragen Tees, Joghurts oder Schokolade tröstliche Namen wie *Seelenschmeichler* oder *Gute-Laune-Müsli*, es gibt sogar einen Pudding, der *Seelenwärmer* heißt. Am schlimmsten aber sind die Radiosender. Die Moderatoren, die den deutschen Angestellten beim 6-Uhr-Frühstück zur Seite stehen, kennen eigentlich nur zwei Katastrophen: Die eine ist der Montagmorgen (weil erst in fünf Tagen Wochenende ist), die andere der Sonntagabend (weil in wenigen Stunden Montagmorgen ist). Der Rest sind Kalauer und garantiert gute Laune. Die Moderatoren lachen ständig, meistens über ihre eigenen Witze, die fast immer von schlecht gelaunten Chefs oder unaufgeräumten Teeküchen handeln. Ich höre ihnen zu und komme mir vor wie auf einem nicht enden wollenden

Après-Ski, einer Parade der Gewöhnlichkeit. Die Moderatoren drängen mich in ein Leben, das ich weder habe noch haben möchte, sie ziehen mich hinein in eine große Lüge, ein heftiges Verdrängen, eine Lähmung.

—

Seit einigen Jahren ist es Mode geworden, jede menschliche Verhaltensweise zu einer Krankheit oder einem Problem zu erklären. Im Grunde, so der amerikanische Psychiater Allen Frances, sei die einzige Chance, nicht das Opfer einer seelischen Krankheit zu werden, möglichst schnell zu sterben. In seinem Buch *Normal – Gegen die Inflation psychiatrischer Diagnosen* schreibt er:

>»1980 hielt man einen Menschen für normal, wenn er ein Jahr lang um einen nahen Angehörigen trauerte. 1994 empfahl man Psychiatern, mindestens zwei Monate Trauerzeit abzuwarten, bevor man Traurigkeit, Schlaflosigkeit, Konzentrationsstörungen und Apathie als behandlungsbedürftige Depression einstufte. Ab Mai 2013 wird nun empfohlen, schon nach wenigen Wochen mit diesen Symptomen die Alarmglocken läuten zu lassen.«[69]

Die Traurigkeit hat ihre Daseinsberechtigung eingebüßt. Wer traurig ist, kann nicht produktiv sein, wer schlechte Laune hat, kann nicht konsumieren, wer an die Decke starrt, hemmt den Strom der Zalando-Pakete, WhatsApp-Nachrichten und Instagram-Posts: Wer den Zusammenhang einmal durchschaut hat, kann nicht mehr aufhören, wütend zu sein, so benutzt kommt man sich vor, wenn man bei Starbucks von Menschen mit Vornamen angesprochen wird, denen man noch nie zuvor begegnet ist.

Eine legendäre Magazinkolumne aus den Jahren 1987 bis 1999 hieß *100 Zeilen Hass*. Einmal im Monat nahm sich der Schriftsteller Maxim Biller einen Prominenten, einen Trend oder Gegenstand vor, um ihn zu beschimpfen, immer böse, immer unterhaltsam. Mal war Woody Allen mit seinem »neurotischen Penis«[70] an der Reihe, mal die jüdische Journalistin Lea Rosh mit ihrem »unbändigen Lehrer-Lämpel-Selbstdarstellungstrieb«[71], mal das »stumme, ergebene Biedermeiertum«, in das seine Freunde nach der Geburt ihrer Kinder gerutscht seien, »diese Willenlosigkeit und Apathie von Menschen, die früher alles wollten – und heute schon froh sind, wenn sie nach Feierabend dem Kleinen aus einem dünnen Buch mit großen Buchstaben etwas vorlesen können«.[72]

Die Kolumne war ein Aufschrei gegen Selbstzufriedenheit und Heuchelei, ein Wegweiser für kritisches Denken, ein Stachel im Fleisch der Gemütlichkeit. Unter Journalisten hat sie bis heute Kultcharakter, weil sie so garstig war, trotzdem sollte man ihre Boshaftigkeit nicht mit der reflexhaften Wut von Twitter-Kommentaren verwechseln. Biller erzählte, argumentierte, polemisierte, er walzte seine Gegner nicht nieder, sondern setzte gezielte, elegante Hiebe, bis sie am Boden liegend verbluteten. Nicht selten waren seine Opfer heimlich stolz darauf, von ihm zur Herabsetzung auserwählt worden zu sein – von Biller wahrgenommen zu werden, war eine Auszeichnung. Wer in *100 Zeilen Hass* auftauchte, über den wurde gesprochen.

Heute muss man davon ausgehen, dass seine Texte von einem ängstlichen Redakteur auf Versöhnlichkeit getrimmt

würden; hier ein böses Adjektiv oder eine verletzende Formu-
lierung weniger, dort eine relativierende Floskel mehr – die
Sehnsucht, gemocht zu werden, ist groß in der deutschen Kul-
turlandschaft, die Angst, weitere Abonnenten an Netflix zu
verlieren, allgegenwärtig. Deshalb gibt es so viele nette Geschichten, Protagonisten, Illustrationen, Farben und Fotos, die
niemanden vor den Kopf stoßen. Deswegen werden Reporta-
gen oder Porträts, deren Protagonisten unsympathisch erscheinen, als fragwürdig wahrgenommen, deswegen heißen Rubri-
ken heute *Heiter bis glücklich.*

Das zu Tode zitierte Diktum von Hans Joachim Friedrich,
nach dem man einen guten Journalisten daran erkenne, dass
er sich mit keiner Sache gemeinmache, nicht mal mit einer guten, hat seine Gültigkeit verloren. Vor Kurzem erzählte mir ein
Kollege, dass er von seinem Chef angehalten worden sei, aus
einem Interview mit einer prominenten Geschäftsfrau negative Begriffe wie »Angst« und »Dekadenz« zu streichen, das Gespräch habe einen kritischen Unterton, den würden die Leserinnen und Leser eher nicht goutieren.

Diese Ideologie des vorauseilenden Gehorsams gegenüber
überempfindlichen Lesern führt zu einer von Bejahung durch-
tränkten Kommunikation, die von der Bosheit in den sozialen
Netzwerken gnadenlos konterkariert wird. Außerhalb der Be-
schimpfungsloops und Tötungsfantasien der Kommentarspal-
ten ist alles nett, unsere 3-Zimmer-Altbauwohnungen, unsere
Samstagabend-Shows, sogar unsere Gesetze: Als im Herbst 2018
das »Gesetz zur Weiterentwicklung der Qualität und zur Teilhabe in der Kindertagesbetreuung« präsentiert wurde, schaffte
es das Familienministerium durch raffiniertes Marketing, dass
alle nur noch über das »Gute-Kita-Gesetz« sprachen. Es soll

sogar Leute geben, die bis heute denken, dass es tatsächlich so heißt. Wenige Wochen später bog Arbeitsminister Hubertus Heil mit dem Entwurf für die »Respekt-Rente« ums Eck.

—

Die Diktatur der Positivität kontaminiert unsere Würde, verhindert Vielfalt und zerstört Schönheit; ihr Resultat ist eine epilierte Wirklichkeit, aus der sämtliche widersprüchlichen Aspekte verbannt sind. Alles Schöne aber ist in seinem Kern ambig, also mehrdeutig, lässt sich erfahren und entzieht sich gleichzeitig. »Auf angenehme Art befremden« lautet eine Definition romantischer Poesie, wenn etwas gleichzeitig fremd und vertraut, nah und fern, anziehend und abstoßend ist, wenn es sich einer abschließenden Bewertung entzieht, kurz: noch zu offenbaren ist.

Man kann Schönheit nicht berechnen oder auf eine Formel bringen. Sie lässt keine eindeutige Interpretation zu, wenn doch, wird sie zum Pamphlet oder Kitsch. Schönheit ist – wer könnte das bestreiten? – ungerecht und unmoralisch, schamlos und autonom. Sie lässt sich nicht einhegen, zähmen oder für jeden gleich zugänglich machen. Schönheit ist kompromisslos, ein Geschenk, auch eine Gnade. Schönheit ist dem Nützlichkeitsdenken enthoben. Sie trägt nicht nur den Keim des Staunens, sondern auch der Erschütterung in sich, der aus der Bahn werfen und für das Leben untauglich machen kann.

Dem Schönen haftet – genau wie dem Heiligen – etwas Unheimliches, Bedrohliches, Nicht-Erklärbares an, sein Gegenstück ist die Makellosigkeit, die keiner Erläuterung bedarf, weil sie nur auf sich selbst verweist. Das Schöne ist das Unerklärliche, Verzaubernde, Heilige – das »mysterium tremendum et fascinans« (Rudolf Otto), das uns fasziniert und erschaudern lässt:

»Wenn ich Musik von Bach höre, spüre ich in jedem Ton das Desiderat einer ewigen Wahrheit. (...) Vollends begreifen lässt sich Musik nicht. Es geht nie um Eindeutigkeit, immer nur um die Teilhabe an einer Idee«, sagt der Bariton Christian Gerhaher. Dafür sei es wichtig, das eigene Empfinden auszuschalten, weil es auf die Idee ankomme, die in einer Musik aufscheine, nicht auf das Verhältnis des Sängers zu ihr.[73]

Es ist das Von-sich-Absehen, das ehrfürchtige Zur-Seite-Treten zugunsten einer Erfahrung, die größer ist als wir selbst, das uns nicht mehr gelingt, weil wir nicht verkraften, dass irgendwas relevanter sein soll als wir, unsere Gefühle und unsere Haltung. Wir sind gekränkt, wenn wir im Moment der Kunsterfahrung keine Rolle spielen und uns nicht in Bezug zu einem Gemälde, einem Stück oder Text setzen können, es ist, als ertrügen wir das Werk nur noch als Spiegelung unseres eigenen Empfindens. Im Louvre verzichten viele Besucher darauf, Originale zu betrachten, das Selfie genügt: *Mona Lisa* mit Schlafzimmerblick, mit Stinkefinger, mit Duckface – selbstverständlich wird inzwischen auch vor den Gaskammern in Auschwitz posiert. Kunst aber benötigt Auseinandersetzung, Zeit und Geduld. Es gibt kein Glück ohne Anstrengung, keine Tiefe ohne Leidenschaft, keine Intensität ohne Risiko. Ohne Negativität bringen wir uns um Wahrheiten, die anderweitig nicht zu enthüllen sind. Oder wie Josef Hader in seiner Filmrolle als Stefan Zweig sagt: »Jede Widerstandsgeste ohne Risiko ist nichts als Geltungssucht.«

Je mächtiger die Diktatur der Positivität, desto größer unsere Lust am Nervenkitzel, oder konkret: auf Krimis aller Art.

Es scheint, als schlichen sich die dunklen Aspekte des Lebens, die Lust am Abgrund, Schmerz und Leid umso dringlicher in unsere schlüsselfertigen Häuser, je hartnäckiger sie von uns verdrängt werden. Inzwischen hat jeder Landstrich von der Nordseeküste bis zum Bayerischen Wald seinen eigenen *Tatort,* ganz zu schweigen von den unzähligen True-Crime-Formaten, die detailliert davon berichten, wie echte Menschen gefoltert, zerstückelt, verbrannt und gegessen werden.

Irgendetwas in uns scheint sich nach dem kontrollierten Feierabendgrusel zu sehnen, sobald die Kinder im Bett liegen und das Notebook zugeklappt ist. Was vermissen wir? Und warum verspüren wir diesen unbändigen Drang, langsamer zu fahren und ein paar Handyfotos zu machen, sobald sich der Stau auf der Autobahn gelöst hat und man an der in Blaulicht getauchten Unfallstelle angekommen ist? Sind die Tragödien der anderen das außerordentliche Ereignis, die letzten authentischen Erfahrungen in unseren abgesicherten Lebensentwürfen?

—

Wenn auf einem Schaufenster in bester Innenstadtlage »Orgasms are good. Strong orgasms are better« steht, kann ich nicht widerstehen, und so betrat ich diesen Sexshop in der Münchner Innenstadt und war, ich kann es nicht anders sagen, geschockt: Die Wände waren rosa, die Vibratoren nicht weiß, schwarz oder hautfarben und von Adern durchzogen, sondern mintgrün, hellblau und vollkommen ebenmäßig, einer hatte die Form eines Rochens, ein anderer die eines Delfins. Die Verkäuferin war jung und hübsch, sie hatte einen blumigen Duft aufgelegt, sie hätte auch in einem Frozen-Yogurt-Laden stehen können, und das Merkwürdigste: Ich war nicht allein, sondern umzingelt von Paaren, die Stoffbeutel um die Schultern hängen hatten und Händchen haltend Analplugs bestaunten.

Ich sah ihnen eine Weile zu und war sicher, dass sie mit identischem Gesichtsausdruck darüber diskutieren, ob sich ihre Tochter in der *Wichtelakademie* wohlfühlt. Sie passten hervorragend in diesen Laden, der so ähnlich wie das neue Facebook-Büro heißt, nämlich *Fun Factory*, sie hätten aber auch beim Boule-Spielen im Park, im Pilates-Kurs und auf dem Titelbild eines Familienmagazins eine gute Figur abgegeben. Es ging jede Menge aus von diesem Sexshop, nur kein Sex. Die *Fun Factory* erinnerte mich an alles Mögliche, nur nicht daran, dass ich mal wieder vögeln sollte.

Ich musste daran denken, wie erregt ich in meiner Pubertät die Seiten des Otto-Katalogs durchgeblättert hatte, Bademoden, Dessous, sogar Strapse, es war kaum auszuhalten, was da draußen alles auf mich wartete. »Wenn alles ohne jede Anstrengung oder dramatische Umstände verfügbar ist, wen interessiert es dann, ob es gefällt oder nicht?«, schreibt Bret Easton Ellis. »Und die pulssteigernde Erregung – die *Spannung* –, die mit der früher notwendigen Mühe einherging, erotische Bilder überhaupt zu *finden*, ist durch die schlichte und leichte Erreichbarkeit verloren gegangen, die tatsächlich auch den Grad unserer *Erwartung* und *Vorfreude* verändert hat. Die analoge Ära hatte etwas Romantisches, etwas Brennendes, etwas anderes, was in diesem digitalen Zeitalter (...) fehlt, da uns letztlich alles so verfügbar wie verzichtbar erscheint.«[74]

In diesem Laden war die Konsumatmosphäre erdrückend, ich war noch nie so plump dazu animiert worden, Lust zu entwickeln, weil Erotik doch von Ahnung und Andeutung, von

Begierde, Schmutz und der Aura des Geheimnisvollen lebt, ich aber im Paradies für zeitgemäße Befriedigung gelandet war. Früher waren Sexshops in Industriegebieten zwischen einer Spedition, einer Autobahnausfahrt und Harley-Davidson-Filiale, heute drängen sie sich auf, in bester Geschäftslage, zwischen einem veganen Restaurant und einem Barbershop, in dem Männer fünfzig Euro dafür zahlen, sich von einer livrierten Fachkraft den Vollbart wachsen zu lassen. Früher musste man sich überwinden, um einen Sexshop zu betreten, die meisten sahen tatsächlich und nicht nur im Fernsehsketch verstohlen nach links und rechts, ob auch wirklich kein Kollege in der Nähe war, heute muss man sich rechtfertigen, wenn man noch nie vom *Womanizer* gehört hat, dem erfolgreichsten Vibrator der Sexgeschichte, der zu fairen Versandkosten »Spaß auf Knopfdruck« garantiert. Wie Fortnite und Aperol Sprizz sind auch Sextoys da angekommen, wo es besonders prosaisch wird: in der Mitte der Gesellschaft. Auf dem Weg dahin haben sie nicht nur ihr Preis-Leistungs-Verhältnis, sondern auch ihren Namen verändert, Experten sagen nur noch »Toys« ohne »Sex« – so ein Plastikteil für 189 Euro hat das Kuschelniveau eines Stoffteddys erreicht.

Natürlich kann man es fortschrittlich finden, wenn eine Gesellschaft Sexualität nicht länger rigide behandelt, und ja, Sexualität war bis weit ins 20. Jahrhundert eine Tabuzone, in der misshandelt, unterdrückt und geheuchelt wurde, aber wie sich die Dinge nun entwickeln, ist auch tragisch, denn erstens wird es vulgär, wenn Diskretion überhaupt nicht mehr vorgesehen ist, zweitens deprimierend, wenn unser Sex zu einem Konsumartikel wird, der käuflich erworben, optimiert und bewertet werden muss, und drittens lustfeindlich, weil die Aura des Verbotenen, Animalischen, Unappetitlichen schon ihre Funktion hatte: »Völlige Verfügung (...) bringt das Begehren zum Erlöschen: *Das Spiel wird gegenstandslos, die Musik reizlos, die Liebe erkaltet*«[75], schreibt Hartmut Rosa.

Jahrelang waren Sexshops No-go-Areas, schmierig, gestrig, aber verheißungsvoll. Wer einen betrat, fühlte sich, als sei er in ein fremdes Land oder eine andere Zeit gereist: Man begegnete Menschen, die anders waren als man selbst, wurde aus vermeintlichen Sicherheiten gerissen, musste Grenzen überwinden, Hemmnisse aus dem Weg räumen. Ein Sexshop war eine Sphäre, die einen verletzlich machte, und hatte sich die Tür hinter einem geschlossen, war man Teil eines Abenteuers, das es nicht mehr gibt, seitdem Sexshops wie Espresso-Bars aussehen. Wenn man sich ein Strap-on-Geschirr mit der gleichen Geisteshaltung besorgt, mit der man sich den Eurosportplayer runterlädt, geht etwas verloren, was man die Ehrfurcht vor der Triebhaftigkeit des Menschen nennen könnte, dann verliert der Sex sein Geheimnis und wird von einer existenziellen Erfahrung zum austauschbaren Freizeitvergnügen. Der Zeitgeist versucht dem Sex jegliche Transzendenz auszutreiben, ihn zu einer Option zu machen, bei besonderer Berücksichtigung gegenseitigen Respekts.

Wie sich die Diktatur der Positivität in das Reich der Begierde drängt, lässt sich derzeit gut in New York beobachten, wo vor einem Jahr das *House of Yes* seine Pforten geöffnet hat. Besucher schwärmen von der lasziven Atmosphäre, die sich nie bedrohlich anfühle, weil sogenannte *consenticorns* – Mitarbeiter mit leuchtenden Einhörnern auf dem Kopf – dafür sorgen, dass im Eifer des Gefechts niemand über die Stränge schlägt und vor jeder sexuellen Handlung vom Zungenkuss bis zum Analsex Einigkeit zwischen sämtlichen Beteiligten besteht. Im *House of Yes* ist alles erlaubt, solange die *consenticorns* keine Bedenken haben. Die britische Zeitung *The Sun* kürte den Club zum »wildesten Nachtclub des Planeten«.

Wie aber soll Lust entstehen, wenn ein rigides Kontrollsystem die Bahnen vorgibt, in denen sie abzulaufen hat? Wie soll Leidenschaft aufflammen, wenn ein Mensch mit blinkendem Einhorn auf dem Kopf neben einem steht und aufpasst, dass um Himmels willen nichts Verbotenes passiert? Wo die Gefahr des Übertritts eingehegt wird, wird die Erfahrung selbst kontaminiert, das ist beim Sex nicht anders als im Leben. »Ich verstehe einfach nicht, warum so viele Menschen nicht einsehen wollen, dass Sexualität in sich selbst traumatisch ist, voller sadistischer, voyeuristischer und exhibitionistischer Elemente«,[76] sagt Slavoj Žižek.

In Amerika ist diese neuartige Form des Puritanismus noch weiter fortgeschritten als bei uns, vor allem an den Universitäten ist eine paranoische Furcht vor Sexualität ausgebrochen, die sich in der Errichtung sogenannter *safe spaces* zeigt. Und das ist erst der Anfang einer Entwicklung, die tragisch enden könnte, weil die Fortschritte auf dem Gebiet der Künstlichen Intelligenz unsere Libido weiter anstacheln und manipulieren werden; der Versuch, sexuelle Befriedigung für jeden zu kontrollierten Bedingungen verfügbar zu machen, wird sich durch Sexpuppen und Virtual-Reality-Programme weiter verfeinern und Einsamkeit gleichzeitig lindern und zementieren.

»Höchste Intimität trotz Distanz dank personalisierter VR-Erotik« verspricht das Londoner Start-up RealityLovers, das »individuell produzierte Erotikfilme für die virtuelle Realität«

anbietet, um »die Zeit bis zum nächsten Wiedersehen zu verkürzen«. Revolutionär daran sei nicht nur die 180-Grad-Perspektive, sondern, dass man seinen Partner in der Tasche immer bei sich trage, also eigentlich Sex mit ihm haben könne, obwohl er 500 Kilometer entfernt auf dem Klo sitzt oder seine Affäre in der Hotelsuite zu befriedigen versucht. Das Angebot lautet:

»Interessierte entscheiden, ob sie selbst vor der Kamera aktiv werden oder ob der Dreh mit professionellen Darstellern durch persönliche Wünsche oder bevorzugte Stellungen aus der Lieblingsperspektive verschärft wird. Bei der anspruchsvollen Produktion verwendet RealityLovers nur modernste VR-Technik und legt sehr großen Wert auf ästhetische Darstellung (...) In der 180-Grad-Perspektive erleben Nutzer die Geschehnisse aus der Sicht der Darsteller und nehmen so aktiv am Liebesspiel teil.«

Selbstverständlich kann man unter mehreren Abonnement-Angeboten wählen. Eines passt bestimmt, und wenn nicht, wird es passend gemacht. Doch trotz dieser Dauerverfügbarkeit von Sex wird eine Lücke, eine entsetzliche Lücke bleiben, eine Leerstelle, die an uns nagt, eine Wunde, die sich nicht schließt, weil sich Lust nun mal nicht erzwingen lässt. Es sei schon möglich, schreibt Hartmut Rosa, dass unsere Roboter kreativ sein, vielleicht sogar eines Tags ein Bewusstsein entwickeln können, aber eines könnten sie doch wohl nie: begehren.[77]

—

Am Ende eines fast hundertjährigen Lebens, in dem er als Jude den nationalsozialistischen und stalinistischen Terror am eigenen Leib erfahren hat, schreibt der Soziologe Zygmunt Bauman:

»Zerstörung war das eigentliche Wesen des Neuen, die Vernichtung alles Unperfekten die Bedingung der Vervollkommnung. Die herausragenden Versuche in dieser Richtung waren die Projekte der Nazis und der Kommunisten. Beiden ging es darum, jegliches ungeregelte, willkürliche und herrschaftsresistente Element ein für alle Mal auszumerzen.«[78]

Warum muss man bei diesen Sätzen automatisch ans Silicon Valley und den Disruptionswahn seiner Gurus denken? An die Versprechungen von der schönen neuen Welt, in der alles friedlich, harmonisch und transparent sein soll, die bisher aber vor allem dazu beigetragen hat, die Gesellschaft zu spalten? Warum hat man sofort die lichtdurchlässigen Sägezahndächer, die begrünten Parkplätze und Kapuzenuniformen vor Augen – Max Weber sprach von »Fachmenschen ohne Geist, Genussmenschen ohne Herz«[79] –, die intelligent sind, aber ohne Sensorium für die Monotonie der Welt, an der sie arbeiten? Dass künstliche Intelligenz als Formel für die Lösung aller Probleme überhöht wird, sei Ausdruck eines »Technofundamentalismus, der anschlussfähig an totalitäre Strömungen ist«[80], warnt der Publizist Adrian Lobe.

Wer jemals im Silicon Valley war, wird die sektenhafte Atmosphäre nicht mehr vergessen: auf den ersten Blick einladend, wie ein Vorgeschmack aufs Paradies, aber je länger man bleibt, desto stärker wird das Gefühl, dass hier was nicht

stimmt, und zwar abgesehen davon, dass ein Kindergarten-
platz 2000 Dollar im Monat kostet.

Ein seltsames Gefühl der Bedrohung liegt in der Luft. Man
kann es nicht präzise benennen, die Menschen sind freundlich, die Drinks gesund, die Geräusche gedämpft, wer im Stau
steht, tut es in einem Tesla oder schicken Geländewagen, im
Hintergrund leuchtet die blaue Bucht von San Francisco, ständig flirrt die Luft und scheint die Sonne, trotzdem oder gerade
deshalb hat man das Gefühl, Teil einer Computersimulation zu
sein oder in einer »Blase normierter zwischenmenschlicher
Wärme«, die über »den eisigen Wind hinwegtäuscht, der da
draußen weht«.[81]

Man kommt sich vor wie einer dieser Statisten, die Archi-
tekten in ihre Modelle stellen, um sie belebter aussehen zu
lassen. Nach einer Weile kann man es nicht mehr leugnen:
Ausgerechnet an einem der verheißungsvollsten Orte des
21. Jahrhunderts fühlt man sich bedroht von einem apokalyp-
tischen Gefühl der Gleichförmigkeit, das sich zur Angst, ja zur
Panik steigern kann. Der Internetpionier Jaron Lanier sagt, das
Silicon Valley habe »die freundlichste und gutmütigste Dikta-
toren-Klasse in der Geschichte der Menschheit«[82] hervorgebracht. Es ist das wattierte Klima seelenloser Offenheit, das
sich von Kalifornien aus über unseren Planeten legt, eine
hohle, nicht gemeinte Freundlichkeit, die unsere Welt mit
einem Weichzeichner überzieht, der alles Konfrontative verschluckt, freilich nicht, um die Welt zu verbessern, sondern um
Aktionäre glücklich und Milliarden von Menschen, die südlich des Äquators leben, möglichst bald zu Kunden zu machen.

Obwohl nur 70 000 Menschen in Palo Alto leben, zählt das
Zentrum des Silicon Valley mittlerweile zu den fünf teuersten

Städten der USA. Früher, erzählt ein Bewohner, habe hier jeder jeden gekannt, man habe sich geholfen, gegrüßt, gemocht, heute treffe er kaum noch Bekannte in der Stadt, außerdem redeten alle ausnahmslos über Geld. Der Platz, auf dem früher die Kühe seiner Großeltern gegrast hätten, sei einer Shoppingmall gewichen, und wenn er sich mit Schulfreunden zum Bier treffe, spreche man nicht mehr von »Palo Alto«, sondern nur noch von »Shallow Alto« – »shallow« wie oberflächlich.[83]

Wer sich ein bisschen umsieht, kann die Schlangen der Abgehängten vor den Suppenküchen stehen sehen, die Google-Busse wochenlang mit Steinen beworfen haben, so wütend waren sie auf die hoffnungsvollen Neuankömmlinge aus aller Welt. Inzwischen fahren die Busse ohne Logo durch die Gegend. In San Francisco leben die Menschen mittlerweile in Zelten auf Verkehrsinseln und unter Brücken, 10 000 insgesamt, ohne Obdach, in einer Stadt, in der jeder vierte Haushalt mehr als 200 000 Dollar verdient. Es ist der Riss in der Matrix, durch den die Wirklichkeit quillt, der Störer, der das Tableau der Verheißung besudelt. Sobald man ihn bemerkt hat, kann man ihn nicht mehr vergessen, so erschüttert ist man angesichts der Ungerechtigkeit gegenüber diesen Menschen und der Echtheit ihrer Wut.

Das Prinzip der Dauerunterhaltung, des Endloskonsums und des gnadenlosen Optimismus erklärt sogar das Scheitern zur einmaligen Chance, weil Niederlagen in der neoliberalen Ideologie der Tech-Unternehmer nicht vorgesehen sind. Probleme werden zu Herausforderungen, Niederlagen zu Siegen stilisiert. Das Silicon Valley bringt auf den Punkt, was Foucault als Bio-Macht definiert hat, »eine Macht, deren höchste Funktion nicht mehr das Töten, sondern die vollständige Durchsetzung des Lebens ist«[84], ein Ort, an dem das pralle, optimistische, freudvolle Leben zum Wert schlechthin wird. Dafür sorgen firmeneigene *Chief Happiness Officer*, die Team- ausflüge und Spielenachmittage organisieren, um den Seelen- zustand (und die Leistung) der Angestellten zu optimieren. Der Publizist Stefan Weidner schreibt, es gehe in der west- lichen Welt vor allem darum:

»Fremdheit möglichst weit herunterzudimmen, Reibungsflä- chen abzubauen, Leiden auszumerzen, Sinnkrisen entweder durch Konsum, Ehrgeiz oder Psychotherapie zu ›heilen‹, also zum Verschwinden zu bringen, und insgesamt dem Menschen die Erinnerung an etwas jenseits des Gegebenen, Diesseitigen auszutreiben, um nicht zu sagen zu exorzieren.«[85]

In den Zentren der digitalisierten Welt werden »die Keller- gewölbe der menschlichen Natur« (Gerhard Schulz) nicht wahr- genommen oder zur Verwertbarkeit herausgeputzt. Gerade mal fünfzig Jahre ist es her, dass San Francisco das Zentrum der Hippie-Bewegung war, in dem Menschen mit geblümten Stirnbändern im Haar von einer Zukunft in Freiheit träumten, heute stehen ihre Kinder vor Computerterminals und spre- chen mit Robotern, wenn sie einen Burger bestellen wollen.

—

»I see your sister in her Sunday dress« sangen Guns'n'Roses Ende der 80er-Jahre – eine Zeile, die heute ziemlich sicher als sexistisch empfunden und mit einem Warnhinweis versehen würde, obwohl Rock'n'Roll in seinem Kern genau das ist: se- xistisch, unmoralisch, verboten.

Rock, Pop und Punk bildeten jahrzehntelang eine Gegenwelt, in die man sich hineinimaginieren konnte, um die eigene Gewöhnlichkeit, die Mathehausaufgaben, den Versicherungsjob, die schmerzliche Trennung verkraften zu können. Musik war die Eintrittskarte für eine Traumwelt, in die man sich hineinbeamen konnte. Die Projektion funktionierte, man konnte sich von ihr je nach Bedarf verführen, berauschen und trösten lassen.

Zu Beginn des 21. Jahrhunderts heißen Popstars wie Nachbarn aus dem 3. Stock, Helene Fischer, Andreas Gabalier, Max Giesinger, Ed Sheeran, James Blunt. Sie singen nicht mehr, wovon wir heimlich träumen, sondern davon, was wir sowieso jeden Tag erleben, biedermeierliche Freuden und alltägliche Schwierigkeiten:

»Ne ganz normale Fünfzig-Stunden-Woche/Heimkommen und erst mal für die Kleinen kochen/ Ist für sie ja kein Problem/Weil die Kids für sie an erster Stelle stehen«,

singt Max Giesinger in *Wenn sie tanzt*.

»Hallo, hallo/ Bist du auch so gelangweilt, genervt und gestresst von der Enge der Stadt/ Bist du nicht auch längst schon müde/ der Straßen, der Menschen, der Massen/ Hast du das nicht satt?«,

singen Revolverheld, eine Band, die eigentlich Spritzpistolenbubi heißen müsste, so brav wie ihre Mitglieder mit ihren akkurat gestutzten Fünftagebärten aussehen.

Das von der Muse geküsste, rebellische, selbstzerstörerische Genie hat ausgedient, übernommen hat der nach Marketinggesichtspunkten operierende, rätsellose Entertainer, das Ergebnis sind »mit wissenschaftlichen Methoden und Computerprogrammen auf Effekt getrimmte«[86] Lieder; 3-Minuten-Popsongs, die sich dem Zeitgeist anbiedern, glatt, federnd, ohne irritierende Brüche. In den letzten Jahren ist die Herstellung eines Popsongs der eines Kühlschranks immer ähnlicher geworden: Songwriter, Beat-Produzenten, Textdichter liefern zu, ein Produzent bastelt die Teile zu einem Song zusammen, der anschließend von einem Menschen mit massentauglicher Stimme auf der Bühne präsentiert wird, vor der Tausende Fans mehr oder weniger identisch herumstehen und ihre Smartphones nach oben recken, um den Beweis der eigenen Anwesenheit zu erbringen. Diese quasiindustrielle Verfertigung von Kultur hat jeden künstlerischen Anspruch, jede anti-konformistische und identitätsstiftende Kraft eingebüßt.

Nur so lässt sich der gigantische Erfolg von Helene Fischer erklären: Weil sie ein Star ist, den zwar niemand kennt, aber jeder zu kennen meint. Es ist die ideale Rolle für Menschen im Rampenlicht, weil sie profitieren, ohne irgendeinen Preis dafür zahlen zu müssen. »Sie muss einfach von oben kommen, direkt aus dem Schlagerhimmel mit all diesen Low-Fat-Geständnissen und Genuss-ohne-Reue-Liedern, die das große Gefühl besingen, ohne erkennen zu lassen, dass es je gefühlt wurde«[87], hat Roger Willemsen mal über ihr hohles Pathos geschrieben. Und als ihm ein Freund nach einer Talkshow, in der er zusammen mit Fischer Gast gewesen sei, erzählt habe, dass er tatsächlich keinen Funken Charisma gespürt habe, kam Willemsen zu dem Schluss: »Gut so. Charisma ist Überschuss, Verschwendung. Charisma macht unähnlich. Es wäre das Ende der Produktlinie Fischer, wollte sie sich der Gleichheit entwinden. Grönemeyer war der Star der Kohl-Jahre. Er war dagegen. Helene Fischer ist der Star der Merkel-Jahre. Sie ist irgendwie dabei, mitten im Konsens, in der konservativen Unscheinbarkeit.«[88] Helene Fischer sei amoralisch in der keimfreien Vollkommenheit ihrer Darbietung, das Schmutzigste an ihr bleibe ihr tätowiertes Porträt auf dem Körper von Florian Silbereisen.

Als 2018 Deutschlands einflussreichste Musikzeitschrift *Spex* vierzig Jahre nach ihrer Gründung eingestellt wurde, konnte man eine Ahnung davon bekommen, wie sich nicht nur die Popkultur, sondern die ganze Welt verändert, ja vereinheitlicht hatte: Ein Magazin, das für so viel mehr stand als Musik, nämlich auch für einen Ort des Diskurses, der lebenslangen Beschäftigung, des kulturellen Kampfes, der Weltdeutung und Sinnstiftung, haben wir durch einen kontextlosen Spotify-Stream ersetzt, der – abgesehen vom Aura-Nachteil gegenüber analogen Tonträgern – auch die poetisch-politische Dimension von Musik außer Acht lässt. Diedrich Diederichsen, von 1985 bis 1990 *Spex*-Chefredakteur, schrieb zum Abschied: »Wir ruderten in einem Strudel inmitten leidenschaftlicher abgebrochener Kommunikationsvorgänge im Spätherbst poetischer Vereinzelungen, bevor all diese losen Enden ›vernetzt‹ wurden – um dann wirklich irrelevant zu werden.«[89]

Dazu kommt, dass Musik, Literatur und bildende Kunst zunehmend moralisch bewertet werden. Diversität, Gendergerechtigkeit, Respekt gegenüber Minderheiten – lauter Ansprüche, die an die Kunst herangetragen werden. Vorbei die Zeiten, in denen der Künstler sich selbst, der Schönheit oder einer höheren Wahrheit verpflichtet war. Im Sommer beklagte die amerikanische Anti-Raucher-Gruppierung *Truth Initiative*, dass Chief Hopper aus der Erfolgsserie *Stranger Things* deutlich zu viele Zigaretten rauche.

Ständig liest man von Protesten gegen Künstler oder Werke, von denen sich irgendeine Minderheit beleidigt fühlt: In Minneapolis wurde eine Holzkonstruktion des Künstlers Sam Durant, die an die Exekution von 38 Dakota-Indianern erinnern sollte, noch vor ihrer Einweihung wieder abgebaut. Nachdem die Nachfahren der Indianer von Durants Projekt erfahren hatten, belagerten sie das Walker Art Center mit Plakaten, auf denen »Unser Völkermord ist nicht eure Kunst« stand. Für den »Skalp des Künstlers« wurden 200 Dollar ausgelobt.

Kunst hört aber auf, Kunst zu sein, wenn sie auf eine Haltung reduziert wird oder versucht, Interessen gerecht zu werden. Kunst ist das Gegenteil von Besenreinheit, Konsens, Zufriedenheit und *I like*. Wohin ihre Moralisierung führt, zeigt der Kunstkritiker Hanno Rauterberg, wenn er schreibt, dass es unter den gegenwärtigen Bedingungen fast unmöglich geworden sei, dass eine weibliche, migrantische, behinderte Künstlerin nicht wegen ihres Frauseins, ihrer Migration oder Behinderung, sondern wegen ihrer Kunst geschätzt werde.[90] Ein Roman wie *American Psycho* von Bret Easton Ellis, der von Pornografie und Gewaltexzessen strotzt, aber längst zum Kanon amerikanischer Literatur gehört, fände heute mit ziemlicher Sicherheit keinen Verleger mehr, daher führt er exemplarisch vor, was – und das schreibt Ellis selbst – herauskomme, wenn man dem amerikanischen Traum nachjage: »Entfremdung, Korruption, leerer Konsum im Bann von Technologie und Konzernherrschaft.«[91] Laut Ellis leben wir in einer Gesinnungsdiktatur, in der Kunst nur noch danach beurteilt werde, ob sie genügend politisch korrekt und opferzentriert sei. »Wenn Sie eine weiße Amerikanerin sind, die Shakespeare oder Melville oder Toni Morrison nicht lesen kann, weil es irgendwas Schädliches in Ihnen ›triggern‹ könnte und weil solche Texte Ihre Hoffnungen untergraben, sich durch Ihre Opferrolle definieren zu können, dann sollten Sie einen Arzt aufsuchen.«[92]

—

»Eine Erscheinung wie Mozart bleibt immer ein Wunder, das nicht zu erklären ist«, soll Goethe gesagt haben, als er den siebenjährigen Mozart in Frankfurt Klavier spielen hörte. Hundertfünfzig Jahre lang hatte er recht, dann kamen ein paar Forscher der Universität Malaga daher und behaupteten: »Mozart ist heute eine Maschine.«

Die Software heißt Iamus, basiert auf Künstlicher Intelligenz und kann in acht Minuten ein Stück komponieren: keinen Gute-Laune-Schlager aus drei Akkorden, sondern ein veritables Orchesterwerk, eine Partitur für mehrere Instrumente. Das erste aus dem Jahr 2010 mit dem Titel *Opus One* blieb Fragment, ein Jahr später aber war es so weit: Mit *Hello World!* komponierte Iamus sein erstes klassisches Werk, das sogar vom London Symphony Orchestra eingespielt wurde. *Opus One*, *Hello World!* – freundliche Roboter in schlechten Science-Fiction-Filmen heißen so, früher trugen klassische Werke Titel wie *Kindertotenlieder*, *Ich bin der Welt abhandengekommen* oder *Un Sospiro*, nicht mehr, aber auch nicht weniger als: ein Seufzer.

In Japan hat es ein von einer Software geschriebener Roman in die zweite Runde eines Literaturwettbewerbs geschafft, in Holland ist es mit Hilfe eines Algorithmus und eines 3-D-Druckers gelungen, perfekte Kopien von Rembrandt-Gemälden anzufertigen.[93] Wo für Liebhaber kein Unterschied mehr besteht, können Kritiker gerade noch erkennen, wo ein Mensch und wo eine Maschine am Werk war: Als in einem Experiment einer Profigeigerin erst eine Iamus-Komposition und anschließend die eines zeitgenössischen Komponisten vorgespielt wurde, konnte sie beide Stücke bereits nach wenigen Sekunden korrekt zuordnen: Das Stück der Maschine habe in ihr viele Gedanken und Fragen ausgelöst, trotzdem sei der Unterschied zu dem Werk des Komponisten enorm, wie von einer Plastikblume zu einer echten. »Beim zweiten Stück«, sagte sie, »konnte ich den Spaß der Musiker hören.«[94]

Als dem legendären New Yorker Kunstkritiker Jerry Saltz Gemälde vorgelegt wurden, die von einer Künstlichen Intelligenz angefertigt worden waren, soll er schockiert gewesen sein, so heftig vermisste er »Würde, Horror und Originalität«.[95]

Google, Sony und andere Konzerne arbeiten seit Jahren an Programmen, bei denen man nur noch zwischen langsam und schnell, traurig und heiter, Klarinette oder Geige wählen muss, bis ein Algorithmus kurze Zeit später den passenden Song ausspuckt. Eine Software, die traurige oder heitere Musik komponiert, ohne selbst traurig oder heiter sein zu können? Für Musikliebhaber ist das ein Schlag ins Gesicht, weil für sie der Zauber von Musik darin besteht, dass sie der rätselhaften Welt von einem fühlenden Geist abgerungen wurde. Kunst ohne Kontext und Mythos hört auf, Kunst zu sein: Wagner hat vierundzwanzig Jahre am *Ring des Nibelungen* gearbeitet, Mozart starb, während er sein *Requiem* komponierte, Smetana erlitt einen Hörsturz, Beethoven wurde taub, Schumann depressiv. Wer Werke dieser Komponisten heute hört, hört ihre Geschichte, ihre Tragödien, ihr Glück, ihre Liebschaften und Seelenqualen immer mit. Vor einigen Monaten wurde der australische Sänger Nick Cave von einem Fan gefragt, ob er glaube, dass künstliche Intelligenz jemals in der Lage sein werde, einen guten Song zu schreiben.

Cave antwortete ihm, dass er es für möglich halte, dass Künstliche Intelligenz in einer gar nicht so fernen Zukunft Musik schreiben könne, die den Hörer exakt das fühlen lasse, was er fühlen wolle, nur intensiver und präziser, ja dass er sich ehrlich gesagt sogar vorstellen könne, dass es eines Tages individuell maßgeschneiderte »KI-Songs« geben werde, die einen wie auf Knopfdruck traurig, wehmütig, glücklich machen könnten, je nachdem wonach man sich sehne. Trotzdem erkenne er einen entscheidenden Unterschied zu einem Song, der von einem Menschen komponiert wurde: Ein großartiges Lied gebe uns ein Gefühl der Ehrfurcht, und das habe einen Grund:

»Ehrfurcht zu empfinden beruht nahezu ausschließlich darauf, dass wir als menschliche Wesen begrenzt sind. Es beruht auf unserem Wagemut als Menschen, über unsere Fähigkeiten hinausgehen zu wollen. Es ist absolut vorstellbar, dass KI ein Lied erzeugen kann, das zum Beispiel die Qualität von Nirvanas *Smells Like Teen Spirit* hat. Ein Lied, das alle Kriterien erfüllt, die nötig sind, damit wir empfinden, was wir empfinden sollten, wenn wir ein Lied wie dieses hören. (...) Aber ich glaube eben nicht, dass wir, wenn wir *Smells Like Teen Spirit* hören, nur das Lied hören. Mir scheint, dass wir eigentlich die Reise eines verschlossenen, einsamen jungen Mannes hören, die in der amerikanischen Kleinstadt Aberdeen beginnt. Ein junger Mann, der nur so strotzte vor Abnormität und menschlicher Begrenztheit. Und der die Kühnheit besaß, seinen Schmerz in ein Mikrofon zu heulen, und damit auf verschlungenen Pfaden die Herzen einer ganzen Generation erreichte. (...) Was wir eigentlich hören, ist die menschliche Begrenztheit und der Wagemut, diese zu überschreiten. KI hat diese Fähigkeit nicht – trotz ihrer unbegrenzten Möglichkeiten.

Wie könnte sie auch? Genau das ist ja die Essenz der Transzendenz. Wenn wir grenzenlose Möglichkeiten haben, was gibt es dann noch zu transzendieren? Wozu dann noch Fantasie? Musik erlaubt uns, die Himmelssphäre mit ihren Fingerspitzen zu berühren. Die Ehrfurcht und das Wunder, das wir erleben, liegen in der verzweifelten Kühnheit des Versuchs, nicht nur in seinem Ergebnis. Wo ist diese Größe noch zu finden, wenn die Möglichkeiten unbegrenzt sind?«[96]

Unberechenbarkeit

»Und schließlich muss nicht
alles Unerwartete uns das Fürchten lehren.«
Frank-Walter Steinmeier

Am 22. Juni 2010 um 18.08 Uhr britischer Sommerzeit begann in Wimbledon das Tennismatch zwischen dem Amerikaner John Isner und dem Franzosen Nicolas Mahut. Es war eine von 64 Erstrundenbegegnungen, ausgetragen auf einem Nebenplatz. Keiner der Zuschauer ahnte, welch unerhörte Begebenheit in diesem Moment ihren Anfang nahm, keiner konnte wissen, dass er Zeuge eines historischen Spektakels, ja eines Mythos werden würde.

Das wundersame Geschehen nahm seinen Lauf, als die Begegnung nach drei Stunden wegen Dunkelheit abgebrochen werden musste. Beide Spieler hatten je zwei Sätze gewonnen, ein fünfter musste am darauffolgenden Tag die Entscheidung bringen – beim Tennis nichts Ungewöhnliches, immer wieder kommt es vor, dass Begegnungen wegen Regens oder Dunkelheit abgebrochen werden.

Am nächsten Tag um 14.05 Uhr wurde das Match fortgesetzt, eine Stunde später stand es 6:6. Wo normalerweise ein Tiebreak innerhalb weniger Minuten die Entscheidung herbeiführt, besagt in Wimbledon eine Tradition, dass so lange weitergespielt werden muss, bis einer der Kontrahenten zwei Spiele hintereinander gewonnen, seinem Gegner also einmal den Aufschlag abgenommen hat. Meistens gehen diese fünften Sätze 8:6 oder 9:7, manchmal auch 10:8 oder 12:10 aus. Die Zuschauer sind verrückt nach ihnen und schätzen sie als nervenaufreibende Spektakel, an deren Ende nicht unbedingt der bessere Spieler, sondern der mit den besseren Nerven als Sieger vom Platz geht.

Die ersten Matchbälle vergab der Amerikaner beim Stand von 10:9, die nächsten bei 33:32, beim Stand von 47:47 versagte die elektronische Anzeige, bei 59:59 musste die Begegnung erneut wegen Dunkelheit abgebrochen werden. Als sie am nächsten Tag fortgesetzt wurde, hielt die Tenniswelt rund um den Globus den Atem an: »Ich weiß nicht mehr, ob ich geweint oder gelacht habe«, sagte Roger Federer. »Es war zu viel für mich. So etwas habe ich noch nie erlebt. Einer wird verlieren, aber in diesem Match werden beide Gewinner sein.«

Am dritten Tag war das Medieninteresse so gigantisch, dass die Turnierleitung das Spiel ohne Probleme auf den Center Court mit 15 000 Zuschauerplätzen verlegen hätte können, die Fans hätten sich um die Karten gerissen. Allein auch dies wurde von einer Wimbledon-Tradition verhindert: Auf dem heiligen Rasen muss jedes Match auf dem Platz zu Ende gespielt werden, auf dem es begonnen wurde. Und so sahen am 24. Juni des Jahres 2010 gerade mal 700 Zuschauer, wie der 2,08-Meter-Riese John Isner nach elf Stunden und fünf Minuten seinen Schläger zu Boden fallen ließ, die Arme in die Höhe reckte, zu Boden ging, sich aufrappelte und zum Netz wankte, um seinen ungläubig dreinschauenden Gegner in die Arme zu schließen. Er hatte das mit Abstand längste Match der Tennisgeschichte mit 6:4, 3:6, 6:7, 7:6 und 70:68 für sich entschieden.

Es war nicht so, dass der eine glücklich und der andere enttäuscht ausgesehen hätte, vielmehr schauten beide irritiert und überfordert, als hätten sie etwas erlebt, dessen Bedeutung sie zu begreifen noch nicht imstande waren. Die Zuschauer, die das Spiel von der ersten bis zur letzten Minute gesehen hatten, waren überwältigt, als hätten sie ein Mysterium durchlebt oder ein Wunder gesehen. Jeder Tennisfan auf der Welt hat von diesem Spiel gehört oder kann sich daran erinnern; es war ergreifend und tragisch, wie eine Wagner-Oper, nur doppelt so lang, einer der Momente, die sich nicht wiederholen oder herstellen lassen, sondern ereignen und von denen man in vielen Jahren seinen Kindern und Enkeln erzählt – leider wird es sie so nicht mehr geben.

Im Jahr 2019 wurde in Wimbledon der Tiebreak für den fünften Satz eingeführt, nicht beim Stand von 6:6, sondern 12:12, trotzdem wird so ein Match nicht mehr möglich sein. Es sei einfach praktischer, sagen die Veranstalter, weil so ein Marathon-Match den reibungslosen Ablauf des Turniers durcheinanderbringe, von der Verletzungsgefahr für die Spieler ganz zu schweigen. Einleuchtende Argumente, die nicht weiter tragisch wären, würde sich in ihnen nicht die irrationale Angst einer ganzen Gesellschaft vor jeglicher Unberechenbarkeit spiegeln, weil wir dabei sind, nicht nur dieses Tennisturnier, sondern unsere gesamte Existenz den Unwahrscheinlichkeiten des Lebens zu entreißen.

Unser Ziel lautet größtmögliche Planbarkeit bei gleichzeitiger Beseitigung sämtlicher Unannehmlichkeiten. Wenn wir Unannehmlichkeiten aber nicht mehr bewältigen, sondern abschaffen, wenn wir uns einbilden, die uneingeschränkte Macht über unsere Geschicke zu haben, indem wir unser

Leben präzise planen, organisieren, strukturieren, zurechtstutzen – wo kämen sie dann her, die beglückenden Umwege, die unverhofften Zufälle, die abrupten Kehrtwendungen, die Momente, in denen ein Wunder, eine Wahrheit, eine Ewigkeit aufscheinen könnte?

Wir schwärmen von der Kindheit als der schönsten Zeit unseres Lebens, wir spüren dem Dämmer früher Tage nach, dem spielerischen Ernst, den weiten Nachmittagen, in denen die Stunden still zu stehen schienen, unten am See, im Garten, im Wald hinterm Haus. Tage ohne Fragen und ohne Zeit, in goldenes Licht getaucht, mit milden Abenden und geheimnisvollen Nächten. Gleichzeitig tun wir alles, um die Voraussetzungen, die unsere Kindheit unbeschwert erscheinen lassen, zu zerstören, indem wir uns eine imprägnierende Schutzhaut überstreifen und unser Leben wie ein Geschäftsmeeting organisieren.

Der Moment, in dem unsere Maschinen endgültig klüger sind als wir, wird Singularität genannt. Wann sie erreicht sein wird, darüber gehen die Meinungen auseinander: Die einen rechnen in den nächsten Monaten, die anderen erst in hundert Jahren damit, alle gemeinsam sind davon überzeugt, dass sich der Prozess nicht aufhalten lässt. Bis es so weit ist, sehnen wir uns nach Überraschungen und verhindern sie, indem wir uns der unerbittlichen Präzision unserer Vorhersage-Gadgets unterwerfen.

Als der KI-Forscher Marvin Minsky vor vielen Jahren gefragt wurde, wie schlaue Maschinen eines Tages die Gesellschaft verändern werden, lautete seine Antwort: »Wenn wir Glück haben, werden sie uns als Haustiere halten.« Die Automatisierung des Lebens schreitet voran, die Willensfreiheit schwindet, uns auf Erfahrungen einzulassen, von denen wir nicht wissen, wie sie ausgehen, gelingt uns immer seltener. Das Risiko des Zeit- oder Gesichtsverlusts, die Gefahr, dass sich etwas am Ende nicht rechnen könnte, ist zu groß, zu schlecht kalkulierbar. Prägende Erfahrungen lassen sich aber nicht herstellen wie ein E-Bike oder eine Zahnbürste, sie müssen sich entwickeln oder ereignen: Begehren, Freundschaft, Liebe, Lust – die tiefen Regungen der menschlichen Existenz sind unverfügbar. Sie passieren ansatzlos; und wer böse Überraschungen verhindern möchte, verhindert gute immer gleich mit. »Dann gibt es nur noch Zwangsläufigkeiten und reine Bürokratie, die alle Winkel der Zivilisation erfasst«[97], schreibt der Dichter Durs Grünbein.

Umwege erhöhen die Ortskenntnis, heißt ein Sprichwort, dem wir immer weniger Glauben schenken, das heißt, eigentlich glauben wir schon noch daran, es ist uns nur gleichgültig, weil die Orte uns immer weniger interessieren. Zu viel Fremdheit strengt an, ungebetener Besuch stresst, ein Geschenk, das wir uns nicht heimlich selbst gewünscht haben, irritiert, eine Reiseroute, die nicht Wochen vorher feststeht, ängstigt uns. Wir kriegen sie nicht mehr hin, die »Offenheit für das Unerbetene« (William F. May). Im Gegenzug boomen die Angebote, die uns zu kontrollierten Bedingungen Dinge erleben lassen, die uns garantiert nicht aus der Bahn werfen: Luxuskreuzfahrten, Wellness-Urlaube, Winterstiefel mit kostenlosem Rückversand, Erfahrungen mit angezogener Handbremse, Freizeitaktivitäten für zwangsverwaltete Leben. Überschreitung sei nur noch als zahmgekämmte »Experience« (Anna Dien) im Dienstleistungsformat erlebbar.

Niemand möchte etwas Falsches sagen, sich den nächsten Schritt verbauen oder im Shitstorm stehen. Die Angst vor dem

Internetarchiv, das alles für immer dokumentiert, erzeuge eine kollektive Lähmung, schreibt die Literaturkritikerin Iris Radisch. Nur in den dunklen Kellern der Anonymität tobe sich die angestaute Wut noch aus. Die Positivität der Wirklichkeit und die Negativität des Netzes bringen einander gegenseitig hervor und erhalten sich wechselseitig am Leben.[98] Das Resultat ist eine Welt im Sagrotan-Modus, ein algorithmisch kuratierter Alltag, ein Leben wie eine Samstagabendshow mit Jörg Pilawa – trudelt vor sich hin, tut niemandem weh, und keiner erinnert sich daran, wenn es vorbei ist.

—

»Bis 12 geklickt, heute da«, verspricht der »Evening-Express« von Amazon, Zeitschriften zeigen die Lektüredauer von Texten an, Navigationsgeräte die verbleibende Reisezeit, Flirtportale die Wahrscheinlichkeit, mit der wir uns verlieben, Querbalken, wie lange es dauert, bis dieses oder jenes Programm auf unseren Computer geladen ist. Was sich einer präzisen Vorhersage entzieht oder unsere Pläne für den weiteren Abend oder das restliche Leben durcheinanderwirbeln könnte, wird gekürzt und beschnitten: Shakespeare-Dramen, Tennismatches, Geburtstagspartys, Bergwanderungen, Bachelor-Studiengänge. Die Ranger im Death Valley in Arizona haben schon einen Begriff für Menschen, die ihrem Navigationsgerät mehr vertrauen als ihrem Verstand: »Tod durch GPS.«

Vor zwanzig Jahren verließ ein Drittel der Besucher eine Website, wenn ihre Ladezeit mindestens acht Sekunden betrug, heute reichen zwei Sekunden. Ein Power Nap dauert fünfzehn, ein Training im EMS-Fitness-Studio (»Deine Zeit.

Dein Körper. Dein Erfolg«) zwanzig Minuten, eigentlich hängen nur in Kirchen keine Uhren, ist aber egal, weil sowieso niemand drinsitzt, und wenn doch, dann für die zehnminütige Kurzandacht, weil die Tante letzte Woche gestorben ist. *C-Date* verspricht 74 Prozent Erfolgsquote beim Flirten, alle elf Sekunden verliebt sich ein Single auf *Parship*, der Erfinder des *Womanizers* verspricht einen »Wirkungsgrad von 98 Prozent«, und die Amazon-Bewertungen der Premiumversion für 189 Euro (inklusive Gleitgel, Klitoris-Sauger und Intim-Stimulator) geben ihm recht – in der gestressten Repräsentationsgesellschaft ist der sexuelle Höhepunkt zum Pausensnack geworden, der Gelegenheitsfick mit dem Plastikteil dauert kaum länger, als sich ein Stück Traubenzucker in den Mund zu schieben:

– »Die Frau ist begeistert. 30 Seconds to Mars.«
– »Beim ersten Test dauerte es nur 8 Sekunden bis zum Orgasmus, mittlerweile zwischen 10 und 30 Sekunden, meistens multiple Orgasmen.«
– »Der Orgasmus, der nicht nur sehr intensiv war, sondern auch länger andauerte, war schon auf Stufe 4 erreicht.«

Auf die Frage, warum die Menschen ins Fußballstadion gehen, antwortete Sepp Herberger, der Trainer der deutschen Nationalmannschaft von 1954: »Weil sie nicht wissen, wie es ausgeht.« Klingt banal, ist aber die Erklärung dafür, warum Fußball den Sprung vom Männerhobby in die gesellschaftliche Mitte geschafft hat. Je mehr Aspekte unseres Lebens vorhersagbar werden, desto größer ist die Anziehungskraft von Unwägbarkeiten: Lebendigkeit, Berührung und Erfahrung entstehen nun mal aus der Begegnung mit dem *Unverfügbaren*, schreibt Hartmut Rosa. »Eine Welt, die vollständig gewusst, geplant und beherrscht wäre, wäre eine tote Welt.«[99]

Die Freiheit von Unwissenheit, der wir täglich hinterherjagen, ist keine Freiheit, darauf weist die Wirtschaftswissenschaftlerin Shoshana Zuboff seit Jahren hin. Demnach ist das Problem von Algorithmen nicht ihre Fehlerhaftigkeit, sondern ihre Fehlerlosigkeit, ihre Fähigkeit, unter Berücksichtigung sämtlicher Parameter gnadenlos korrekte Resultate zu erzielen. Dabei wissen wir doch jetzt schon zu viel, vor allem zu viel Überflüssiges, und was wir nicht wissen, können wir nachschlagen, nachmessen, nachprüfen, während unser Vertrauen schwindet, weil Vertrauen Nichtwissen voraussetzt. So führt die Vergötterung der Daten in ein Menschenmodell, das nach algorithmisch gesteuerten Mustern funktioniert, in dem von der Liebe über das Verlangen bis zum Vertrauen jede menschliche Regung quantifizierbar gemacht wird.

»Die existenziellen Unverfügbarkeiten des Lebens lassen sich nicht nur noch immer nicht berechnen, sie lassen sich sogar weniger berechnen denn je und schon gar nicht in einem notariell beglaubigten Dokument unter Kontrolle bringen«, schreibt Hartmut Rosa. »Auf die je eintretenden Zu- und Wechselfälle des Lebens hörend und antwortend zu reagieren, scheint demgegenüber die weit aussichtsreichere Strategie zu sein.«[100] Es genüge eben nicht, möglichst viele Optionen zur Verfügung zu haben, vielmehr komme es darauf an, sich anrufen zu lassen, affiziert zu werden, damit man von etwas, das außerhalb des eigenen Selbst liege, erreicht werden könne. Das aber gehe nur, wenn man ergebnisoffen durch die Welt schlendere. Solange man Handlungen ausführe, über deren Verlauf und Gelingen man sich sicher sei, werde man vielleicht

Erfolgs-, aber keine Resonanzerlebnisse haben. Es ist nun mal so, dass sich die Aura eines Gemäldes nicht in einer Online-Galerie und das Licht des Grand Canyon nicht durch die Gläser einer Virtual-Reality-Brille erfahren lassen.

Was unterscheidet uns denn noch von Robotern? Doch die Fähigkeit, fünfe grade sein zu lassen und gelegentlich Lösungen zu finden, die – gerade weil sie mathematischen oder juristischen Eindeutigkeiten zuwiderlaufen – charmanter, empathischer, unter Umständen sogar gerechter sind. Es ist die Fähigkeit, in einer konkreten Situation keine berechneten, sondern instinktive Entscheidungen zu treffen, die nur in diesem speziellen Moment und danach nie wieder angemessen sind. Wenn aber immer mehr Aspekte unseres Lebens digital ablaufen, wenn man in endlosen Warteschleifen verzweifelt, mit Computerstimmen sprechen und seitenlange Online-Formulare ausfüllen muss, werden solche menschlichen Verabredungen immer unwahrscheinlicher, weil man immer seltener mit einem Menschen und immer öfter mit einer Maschine zu tun hat, die darauf programmiert ist, bestimmte Dinge zu tun und bestimmte andere Dinge eben nicht, die keine Grautöne, keine Zwischenstufen, keine Ausnahmen, kein Augenzwinkern kennt. »Sie erledigen Ihre Bankgeschäfte lieber von Mensch zu Mensch?«, erkundigt sich die Postbank, und man ahnt, dass sich ein Angebot, das so offensiv angepriesen wird, in ein paar Jahren erledigt haben dürfte.

»Oft weiß man ja gar nicht genau, was man wollen kann und darf, und daher wäre ein persönliches Gespräch nicht schlecht«, schreibt Mark Siemons und warnt davor, dass sich vielleicht bald nur noch die Reichen den Luxus menschlicher Gegenüber inmitten analoger Inseln leisten können, weil nur sie genug Geld haben, um einen persönlichen Assistenten, eine Betreuung im Alter und eine computerfreie Privatschule für ihre Kinder bezahlen zu können, während der Rest sein gewohntes Leben nur noch innerhalb der digitalen Formate fortführen könne.[101]

Neulich fragte ich eine Frau an der Supermarktkasse, ob sie mir eine 2-Euro-Münze wechseln könne. »Würde ich gern machen«, sagte sie, »kann ich aber nicht.« Die Kasse lasse sich nur öffnen, wenn ein Kunde etwas kaufe und bezahle. Wie eine vollständig berechenbare Welt aussähe, hat kaum einer so treffend beschrieben wie Hartmut Böhme:

»Denken wir uns eine Gesellschaft, in der (...) jedes Geheimnis verbannt wäre; denken wir uns ein wissenschaftliches Universum, in welchem es kein Geheimnis mehr gäbe; denken wir uns eine Liebe, in der die Liebenden sich wechselseitig kein Geheimnis wären; denken wir uns die Künste, die nicht mehr über den Zauber und die Magie des Unerklärlichen verfügten; denken wir uns ein Leben in schattenloser Ausleuchtung; denken wir uns die vielen Kulturen ohne ein Verhältnis der Fremdheit zueinander; es wäre ein Himmelreich aus Licht, schlimmer als der furchtbarste Albtraum. Es wäre der absolute Staat. Es wäre die Wüste der Langeweile. Es wäre der augenblickliche Verlust aller Spannkraft. Es wäre eine Welt ohne Liebe, ohne Eros, ohne den Zauber der Attraktion. Es wäre Terror. Es wäre das Wissen als lückenloses Gefängnis.«[102]

—

Über 500 Jahre ist es her, dass der Magister Martinus von Biberach in Heilbronn folgende Verse geschrieben hat:

»Ich leb und waiß nit wie lang/ ich stirb und waiß nit wann/ ich far und waiß nit wohin/ mich wundert das ich frölich bin.«

Heute lautet die Devise: Die Zukunft lässt sich am besten voraussagen, indem man sie gestaltet. Und wer sich nicht von selbst ändert, wird verändert. 1927 veröffentlichte der Psychologe Gustav Großmann ein Buch mit dem Titel *Sich selbst rationalisieren. Lebenserfolg ist erlernbar.* Darin gab er seinen Leserinnen und Lesern den Rat, sich ein sogenanntes Glückstagebuch anzuschaffen und säuberlich zu notieren, was sie am jeweiligen Tag erlebt hätten und am nächsten zu tun gedächten. Und weil Großmann auch Ökonom war, hat er das »Glückstagebuch« nicht nur erfunden, sondern auch selbst gestaltet und verkauft. Präzise Vorsorge und quantifizierendes Denken als Glücksquelle: Die Idee hat sich bewährt. Nicht nur, dass Großmanns Buch gerade in der 28. Auflage erschienen ist, auch die Strategie, ein Problem zu erfinden, dessen Lösung man gegen Geld- oder Datentransfer bereitstellt, scheint vielversprechender denn je.[103]
Einer der schärfsten Kritiker dieser Logik ist der Internet-Pionier Jaron Lanier, der schon vor Jahren die Seiten gewechselt hat und nun durch die Welt reist, um der Menschheit einzubläuen, dass es im Leben nicht um Likes und Follower geht. In seinem Buch *Zehn Gründe, warum du deine Social Media Accounts sofort löschen musst* schreibt er: »Ich mag es nicht, wenn ein Programm zählt, ob ich mehr oder weniger Freunde

als andere habe, ob ich beliebt bin oder auf irgendeine Art besser und cooler, ob ich Chancen habe, reich zu werden, oder was auch immer.«[104]

Der Zufall kann nicht nur bezaubernd, er kann auch klüger und gerechter sein als unsere Absichten. Viele nützliche Produkte sind durch Zufall entstanden, weil jemand einen Fehler gemacht hat oder ein Missverständnis nicht aufgeklärt wurde: Zu Beginn des 20. Jahrhunderts verschickte der britische Kaufmann Thomas Sullivan Teeproben in Seidenbeuteln. Eigentlich für den Transport gedacht, gingen die Empfänger davon aus, dass Sullivan den Tee absichtlich in Seidentäschchen abgefüllt habe, und übernahmen die Technik, die sich bis heute erhalten hat. Penicillin, Teflon, Viagra, Solarzellen – alles Errungenschaften, die uns ungeplant bereichert haben, zur Welt gebracht ohne Ehrgeiz und Ellbogen.

Wir aber wittern und ahnen nichts mehr, lauschen nicht mehr unseren Instinkten oder unserm Bauchgefühl, lassen uns nicht mehr überraschen, überrumpeln, überwältigen, stattdessen haben wir das Erwartungsmanagement erfunden, um die Erfahrungen, die so ein Leben bereithalten könnte, in eine sinnvolle Chronologie zu zwingen. Unsere Leben sind Lebensläufe in Tabellenform: »Ungewollte Kinderlosigkeit, Erkrankungen, Infektionen: Die Unwägbarkeiten des Lebens sollen bereits durch Präventivmaßnahmen verhindert werden, durch Social Freezing, regelmäßige Organspiegelungen oder Familienanamnesen«[105], schreibt der Kulturwissenschaftler Andreas Bernard.

Indem wir sämtliche Aspekte des Lebens evaluieren, züchten wir konforme, sich gegen jegliche Eventualitäten absichernde Menschen, die vor allem am Erhalt des Status quo interessiert sind, egoistisch, temperamentlos, unsolidarisch; Menschen, die mit Listen und Kalendern durchs Leben schleichen und garantiert nicht vergessen, am Abend vor dem Urlaub die E-Mail-Abwesenheitsnotiz zu aktivieren. Es sind Menschen, die in den Wohnungen neben und über uns leben, es sind die Menschen, zu denen wir geworden sind. Vielleicht sehnen wir uns deshalb so nach Prominenten, die sich danebenbenehmen. Vielleicht klicken wir uns deshalb so leidenschaftlich durch Wutreden- und Ausraster-Videos, vielleicht sind die Stinkefinger unserer Politiker, die Kontrollverluste unserer Stars deshalb so tröstlich.

Inzwischen hat sich eine Kaste aus Berufsprovokateuren gebildet, die begriffen haben, dass eine ängstliche und konditionierte Gesellschaft immer den öffentlich schilt und insgeheim verehrt, der sich ihren Regeln widersetzt. Im Sport war das in den letzten Jahren Max Kruse, in der Politik Sahra Wagenknecht, in der Literatur Michel Houellebecq, im Journalismus Jan Fleischhauer.

—

Nachdem die Sowjetunion den ersten Weltraumsatelliten ins All befördert hatte, schrieb Hannah Arendt:

»Dieser zukünftige Mensch, von dem die Naturwissenschaften meinen, er werde in nicht mehr als hundert Jahren die Erde bevölkern, dürfte, wenn er wirklich je entstehen sollte, seine Existenz der Rebellion des Menschen gegen sein eigenes Dasein verdanken, nämlich gegen das, was ihm bei der Geburt als freie Gabe geschenkt war und was er nun gleichsam umzutauschen wünscht gegen Bedingungen, die er selbst schafft.«[106]

Es ist diese Euphorie, die im digitalen Zeitalter unter verschärften Bedingungen die letzten Areale der Innerlichkeit zuschüttet: Was nicht eindeutig bestimmbar, also polyvalent sei, Mystik, Glaube, Religion, Poesie, Kunst, verliere in unserer technisiert-bürokratischen Gesellschaft an Wert, schreibt der Kulturwissenschaftler Thomas Bauer. Dagegen erfahre alles rational Erfassbare, was eindeutige Wahrheiten oder wenigstens exakte Zahlen hervorbringe, eine Steigerung des Ansehens. »Da sich damit aber weniger gut gesellschaftlicher Zusammenhalt stiften lässt, übernimmt eine andere Instanz die Macht, nämlich der Markt, der über die magische Fähigkeit verfügt, allem und jedem einen exakten Wert bis auf viele Stellen hinter dem Komma zuzuordnen.«[107]

Das Resultat ist eine Welt, in der alles bewertet wird, was sich irgendwie (und ehrlich gesagt auch nicht irgendwie) numerisch erfassen lässt: Hotelzimmer, Ärzte, Wohnungen, Katzensitter, Spielfilme, Prostituierte: »100 % Wiederholungsgefahr« meint die Suite mit Meerblick in Rio, den Osteopathen mit den Zauberhänden in Schwabing, aber auch Michelle, die »Analqueen« aus dem Laufhaus im Industriegebiet. Wie unsinnig, auch unwürdig es wird, wenn am Ende sogar Kunst auf Eindeutigkeiten reduziert wird, führt Netflix vor, indem es seine Filme mit Hilfe eines Schlagwortsystems einordnet, um die Abonnenten bei der Auswahl des Abendprogramms zu unterstützen: Alfred Hitchcocks *Psycho* ist »spannend«, *Das Schweigen der Lämmer* »düster und spannend«, *Pulp Fiction* »ausgefallen, brutal und spannend«, *Schindlers Liste* »brutal, düster und bewegend«.

Bis weit ins 20. Jahrhundert hinein stand die Autonomie der Kunst außer Frage, ja es gehörte zum Wesen eines Werks, ein ästhetisches, theoretisches oder moralisches Problem darzustellen und dazu einzuladen, Widersprüche auszuhalten. Heute soll Kunst Probleme lösen statt aufwerfen und möglichst präzise das Gefühl erzeugen, nach dem wir uns gerade sehnen. Störfaktoren werden eliminiert, Denkräume zugeschüttet und Widersprüchlichkeiten homogenisiert. Das Ergebnis ist besenreine und mit moralischem Gütesiegel versehene Gebrauchskunst.

Vielleicht schauen wir deshalb so gern Krimis, weil da am Ende immer ein gelöster Fall, ein überführter Täter, die Wiederherstellung der kurzfristig verlorengegangenen Ordnung steht. Die Fahndung, die Beweisaufnahme, die Überführung mögen verzwickt gewesen sein, am Ende lösen sich die Verwicklungen auf – wir können zufrieden den Wecker auf 6.30 Uhr stellen, einen letzten Blick aufs Handy werfen und die Augen schließen.

Die Inszenierung von Kunstausstellungen unterscheidet sich kaum noch von der Eröffnung eines Apple-Stores, und im Zweifel kann man was von Damien Hirst, Gerhard Richter oder Andy Warhol sehen. Wir konsumieren Kunst. Und wer konsumiert, beansprucht sein Recht, vorher zu wissen, was er hinterher bekommen wird, deswegen sind kulturelle Erzeugnisse so mutlos geworden, deshalb heißen unsere Playlists »80er«, »Party«, »Badewanne« oder »Fitness«, deshalb werden die Filmtrailer von Hollywoodstudios heute so geschnitten, dass sie nicht mehr andeuten, sondern eine lückenlose Inhaltsangabe des Films liefern. Zehn Euro für einen Film zu zahlen, von dem man nicht weiß, ob er einem gefällt, wird von den Besuchern zunehmend als Zumutung empfunden – was für die Produzenten zum Geschäftsrisiko wird.

Es ist ein Unterschied, ob man sich in einem Plattenladen in ein Album einhört oder es sich mit einem Klick bei Amazon bestellt. Es ist ein Unterschied, ob man sich von der Provinz in die nächste Stadt aufmacht, um einen lange angekündigten Film im Kino anzuschauen, oder ihn sich bei Netflix am Samstagnachmittag vom Bett aus runterlädt. Es ist ein Unterschied, ob man Geduld und Engagement aufbringen muss, um etwas zu bekommen, oder ob es einem entgegengeflogen kommt, wenn es sich nicht sowieso schon aufgedrängt hat.

Im Durchschnitt verbringen Museumsbesucher elf Sekunden vor einem Gemälde – das sind elf Sekunden für Jackson Pollocks *No. 5*, elf Sekunden für Gustav Klimts *Der Kuss*, elf Sekunden für Edvard Munchs *Der Schrei*, elf Sekunden für Caravaggios *Die Enthauptung Johannes des Täufers*. Wir lesen *Seneca für Gestresste* und *Sex für Faule und Gestresste: So holen Sie mehr aus Ihrem Liebesleben – mit weniger Aufwand*. Kunst und Sexualität sind zu Feldern geworden, auf denen sich der Druck zur Performance Bahn bricht. Um sich von einer Oper überwältigen zu lassen, genügt aber kein Reinschnuppern, auch keine Kurzfassung auf YouTube, ehrlicherweise genügen auch nicht zwei, drei Opernabende und ein Blick ins Programmheft. Wer eine Kunsterfahrung machen will, muss enormen, unter Umständen jahrelangen Aufwand auf sich und Rückschläge in Kauf nehmen, muss Geduld und Geld mitbringen. Sich im Vorbeigehen erschüttern lassen – das geht im Jemen oder in der Sahelzone, nicht im Opernhaus.

»Aus Schmerzen wird die neue Welt geboren«, schrieb Novalis, »Tiefe Wunden muss man graben, wenn man klares Wasser will«, singt Till Lindemann von Rammstein. Wir geben uns mit Instant-Glück, Schönheit *to go* und Wissen für unterwegs zufrieden. Nur kein Risiko eingehen, keine Mühen auf sich nehmen, nichts anfangen, von dem man nicht weiß, wie lange es dauern wird. Gewinn ohne Verlust, Glück ohne Anstrengung, Genuss ohne Reue – damit können wir uns identifizieren.

In den letzten Jahren sind sämtliche Beschäftigungen, die eine lebenslange Hingabe erfordern, ins Hintertreffen geraten, das reicht vom Briefmarkensammeln über den Glauben bis zur Demokratie, deren Vorzüge meist von den Leuten beschworen werden, die ihre Voraussetzungen – Geduld und Kompromissfähigkeit – immer weniger anzuerkennen bereit sind. Es handelt sich ausnahmslos um Beschäftigungen, die Veränderungen nur langsam und gegen Widerstand zulassen und deren Nutzen sich nicht präzise taxieren lässt.

In Wagners Oper *Lohengrin* kann Elsa von Brabant es nicht ertragen, den Namen ihres Retters nicht zu kennen. Fatalerweise ist genau dies seine Forderung, wenn er bei ihr bleiben soll, nämlich fremd und namenlos zu bleiben:

»Nie sollst du mich befragen,
noch Wissens Sorge tragen,
woher ich kam der Fahrt,
noch wie mein Nam' und Art.«

Sollte sie ihn nach seinem Namen fragen, sei er gezwungen, sie für immer zu verlassen. Dahinter steht seine Sehnsucht, nur einmal nicht als wunderbare Erscheinung, als »erhöhte Natur« bewundert zu werden, sondern durch aufrichtiges Verstehen und echte Liebe aus seiner glänzenden Einsamkeit erlöst zu werden. Elsa versucht es, aber versagt. Weil ihr das

Geheimnis der Liebe nicht genügt, stellt sie dem geheimnisvollen Ritter die verbotene Frage, der daraufhin seine göttliche Identität offenbart: Er ist der Sohn des Gralskönigs Parzival. Und während er seine Geschichte erzählt, schwimmt aus der Ferne ein Schwan mit einem Kahn heran. Als Lohengrin ihn besteigt und in die Welt zurückgleitet, aus der er einst gekommen ist, liegt unendliche Traurigkeit in seinem Blick.

Natürlichkeit

*»Die Vertreibung menschlicher Erlebniserwartungen
aus dem aktuellen Bild unserer Städte ist nur ein kleiner,
wiewohl wahrnehmbarer Teil des umfassenden Prozesses
der Enthumanisierung der Lebenswelt.«*
Alfred Lorenzer

In meiner Kindheit musste ich alle vier Wochen zum Kieferorthopäden, und es gab nur eine Möglichkeit, dorthin zu kommen: über die Bundesstraße 16, die aus der Provinz in die Zivilisation, aus dem Kaff meiner Jugend in die größte Stadt führte, die ich mir vorstellen konnte, weil es in ihr eine Fußgängerzone, einen McDonald's und ein Fußballstadion gab: Regensburg.

Die Straße war kurvig, unübersichtlich und führte durch dichte Nadelwälder, alle paar Wochen raste sich auf ihr ein Motorradfahrer zu Tode. Auf dem Rücksitz des Autos wurde mir meistens nach wenigen Kilometern schlecht, mal übergab ich mich in eine Plastiktüte, mal an den Straßenrand, ständig kreuzten Rehe oder Füchse die Fahrbahn. Man kam an einer Burg aus dem 12. Jahrhundert, einem Steinbruch und Dörfern vorbei, die Wolferszwing, Pfaffenöd oder Mackenschleif heißen, manche bestanden nur aus einem alten Hof und ein paar Scheunen, oft saß ein buckliger Mann auf einer hölzernen Bank und schaute uns mit einem Stock in der Hand hinterher.

Im Winter kam es zu heftigen Schneeverwehungen, manchmal hielt sich der Nebel den ganzen Tag über in den Niederungen; aus dem Fluss, der neben der Straße durch die Landschaft mäanderte, ragten schroffe Felsen, manche spitzkantig, andere flach und kaum zu erkennen, es gab viel zu entdecken, die Fahrt war aufregend, und diese Straße das Symbol für vieles, was ich in meinem Leben gehofft und geahnt hatte, sie war ein Abenteuer, ein Versprechen für alles, was mich später erwarten würde.

Vor zehn Jahren haben sie eine Alternative gebaut, die neue Bundesstraße 16, ein unbarmherziger Strich aus Teer, der meine Heimat in zwei Hälften teilt, kreuzungsfrei, doppelspurig und vollkommen eben, eine Straße, so gnadenlos präzise, als sei sie von einem Algorithmus errechnet worden. Seitdem ist die Fahrt nach Regensburg sicherer geworden, man braucht nur noch dreißig statt fünfzig Minuten und keine Kotztüten mehr. Die Menschen aus der Umgebung sind dankbar; sie sagen, man spare Zeit, die Straße sei praktisch – und haben natürlich recht.

Trotzdem biege ich jedes Mal, wenn ich meine Eltern besuche, auf die Straße meiner Kindheit ab. Kurz vor der Ausfahrt habe ich jedes Mal das Gefühl, als greife mir jemand ins Steuer und drehe es sachte, aber bestimmt nach rechts; es ist ein kaum wahrnehmbarer Druck, aber ich habe ihm nichts entgegenzusetzen. Und natürlich ist es nicht verboten, auf dieser Straße unterwegs zu sein, aber es fühlt sich ein bisschen so an.

Die alte Straße ist verwaist, manchmal kommt einem auf einer Strecke von 45 Kilometern kein einziges Auto entgegen, die Fahrbahn ist rissig und mehrfach ausgebessert, man sieht es an den unterschiedlichen Schattierungen des Teers, die ein geometrisches Gemälde ergeben, an manchen Stellen hat sich Spitzwegerich ans Tageslicht gekämpft, neulich löste sich ein Felsbrocken aus dem Steinbruch und krachte auf die Fahrbahn. »Da hast du aber Glück gehabt«, sagten meine Eltern. »Wieso nimmst du auch die alte Straße?« – »Weil sie mich an früher erinnert«, sagte ich, »und an den Menschen, der ich damals war.«

Natürlich ist es kindisch, aber ich möchte nicht, dass diese Straße dem Vergessen anheimfällt, und empfinde es als Akt der Würdigung und des Widerstands, auf ihr unterwegs zu sein. Sie erinnert mich daran, wie unberechenbar so eine Autofahrt und so ein Leben sein können; am intensivsten ist es nachts. Sobald ich die Wälder meiner Kindheit erahne, kurble ich das Fenster nach unten, schalte das Radio aus und gerate in eine Art Trance, es fühlt sich an, als schlösse sich ein Kreis aus meiner Vergangenheit, Gegenwart und Zukunft.

Die Strecke ist gefährlich, Baumwipfel hängen in die Fahrbahn, vor jeder Kurve muss man abbremsen, aber die Luft ist klar, und ich bin wach und konzentriert, meine Sinne sind geschärft, es ist, als sähe und hörte ich präziser. Lang vergessene Erinnerungen kommen mir in den Sinn, Träume, Erlebnisse, Reisen aus meiner Jugend, Glücksmomente, Missgeschicke, Triumphe und Niederlagen, Siege und Kränkungen, an die ich jahrelang nicht gedacht habe. Noch einmal durchlebe ich Brüche, Weggabelungen, Zäsuren, vor allem aber empfinde ich heftig die Schönheit und Sinnhaftigkeit des Lebens – auf der neuen Bundesstraße spüre ich gar nichts.

—

Neulich bestellte ich bei einem dieser Italiener, bei denen man dem Pizzabäcker bei der Arbeit zusehen kann, eine Pizza Margherita. »Schön viel Käse?«, fragte der Mann hinter der Theke und tauchte seine Finger in eine Schüssel – es war der Moment, in dem mir der Appetit verging.

An der Hand, die sich in den Käse grub, trug der Mann einen Handschuh, eines dieser eng anliegenden Einmaldinger aus Plastik, die es in 100er-Packungen im Drogeriemarkt gibt, mit Latex ohne Latex, mit Puder ohne Puder, seiner war schwarz. Ich konnte erkennen, dass sich Mehl und Käsebrösel in den Fältchen am Handrücken abgelagert hatten. Es sah eklig aus. Der Mann erinnerte mich an einen Biologen, der Bakterienkolonien auf einer Petrischale verteilt, vielleicht noch an den Musterungsarzt, vor dem ich mich vor 25 Jahren bücken musste, auf keinen Fall erinnerte er mich an einen Menschen, der irgendwas mit meiner Schinken-Champignon-Pizza zu tun haben sollte.

Die Rede ist vom Einmalhandschuh aus Polyethylen, der in den letzten Jahren aus der medizinischen in die gastronomische Sphäre hinübergewandert ist. Waren es früher vor allem Chirurgen, die ihn für eine Operation, oder Prostituierte, die ihn für eine Prostatamassage überstreiften, begegnen wir ihm heute beim Bäcker und beim Metzger, in Restaurants und Firmenkantinen. Mit ihm werden unsere Brötchen in die Tüte gepackt, Spargelstauden zu Päckchen geschnürt und Serrano-Schinken in Scheiben geschnitten.

Der urbane Mensch des 21. Jahrhunderts ist ein heuchlerischer Etepetete-Apostel: Er isst für sein Leben gern selbst gebackenes Holzofenbrot, am liebsten sieht er dabei zu, wie eine 85-jährige Bäuerin den Teig in einen rußgeschwärzten Ziegelofen schiebt, gleichzeitig besteht er darauf, dass es im Laden mit Plastikhandschuhen angefasst wird.

Als Junge bekam ich beim Metzger immer eine Scheibe Gelbwurst über die Theke gereicht. Selbstverständlich trug die Verkäuferin keinen Handschuh. Sie hatte Gelbwurst, ich wollte Gelbwurst, sie gab mir ein Stück. Ich kann mich nicht erinnern, dass ich jemals wegen einer Vergiftung in die Klinik gebracht worden wäre. Warum also diese Handschuhe, die es längst in verschiedenen Spezialausführungen gibt, zum Beispiel mit Magnetring am Handgelenk, der sich auf einem zweiten Magneten neben der Kasse parken lässt, um bequemer rein- und rausschlüpfen zu können?

Wir sind umzingelt von Atomkraftwerken, die Meeresspiegel steigen, die Gletscher ziehen sich zurück, aber die Hände unserer Bäckereifachverkäufer baden jeden Tag acht Stunden im Schweiß, damit unsere Croissants auch ja keimfrei bleiben. Dabei ist längst erwiesen, dass Einmalhandschuhe, wenn sie nicht alle fünf Minuten gewechselt werden, keineswegs zu mehr Hygiene, dafür zu Allergien, aufgequollenen Händen und Ekzemen führen. Auch sind die Schneidebretter in Metzgereien und die Schiebestangen der Einkaufswägen viel stärker von Keimen besiedelt als unsere Hände, auf manchen wurden sogar mehr Erreger als in öffentlichen Toiletten gefunden.

Nachdem ich mir das Ganze ein paar Jahre lang irritiert angesehen habe, habe ich meine Strategie gewechselt, weil ich diese Dinger erstens unansehnlich finde und zweitens Mitleid mit den Menschen habe, die sie tragen müssen: »Lassen Sie den Handschuh ruhig weg«, sage ich beim Metzger. »Schon okay, wenn Sie meine Brötchen mit der Hand einpacken«, beim Bäcker. Es kommt mir nicht nur natürlicher vor, sondern auch appetitlicher, irgendwie angemessen.

Wir haben ein verlogenes Verhältnis zum Schmutz. Manchmal, beim Sex, beim Ausgehen oder beim Herbstspaziergang in den neuen Gummistiefeln, sehnen wir uns nach ihm – natürlich nur in einer von uns akzeptierten Dosierung. Mehr noch als das bisschen Schmutz lieben wir eigentlich nur das Ritual seiner Beseitigung: Deswegen lassen wir so viel Geld in Wellness-Hotels mit Bergpanorama und drücken uns nach Langstreckenflügen erleichtert warme Frotteetücher ins Gesicht. Es ist der zeitgemäße Ekel vor fast allem, das nicht ausschließlich von uns selbst angefasst wird, der uns zu immer absurderen Hygieneritualen zwingt. Gut möglich, dass wir gewachst, gecremt und makellos sauber sein werden, wenn uns die Klimakatastrophe eines Tages dahinrafft.

—

2018 stellte das *Zeit-Magazin* die 50 Apps der Stunde vor. Wer sich die Zeit nahm, die Liste aufmerksam durchzulesen, konnte sich prächtig amüsieren: Die empfohlenen Apps halfen unter anderem dabei, sich ohne Internet zu orientieren, Nachbarn zusammenzubringen, Passwörter zu speichern, Frieden in Wohngemeinschaften zu stiften, nicht vor dem Computer zu sitzen, in 5-Minuten-Intervallen die Regenwahrscheinlichkeit anzuzeigen, neugierige Kinder bei Laune zu halten, konzentriert zu lesen, die Wahrnehmung zu trainieren, das Leben zu organisieren und die Zeit zu registrieren, die man am Handy verbringt. Mittlerweile ist tatsächlich jede menschliche Regung von der Geburt bis zum Tod die Basis einer Geschäftsidee, ja im Grunde ist Probleme erfinden, um anschließend ihre Lösung zu verkaufen, *das* Businessmodell der Gegenwart geworden.

Natürlichkeit ist kein absoluter Wert und immer nur das Resultat historischer Prozesse, es gibt nicht *die* Natürlichkeit an sich, trotzdem sind wir dabei, jeden direkten und quasinatürlichen Zugriff aufs Leben zu verlieren. Wir denken die Dinge nicht mehr aus ihrem Kern heraus, sondern unterwerfen sie ihrer Verwertbarkeit. Man muss nur die Trends anschauen, die uns in den letzten Jahren vom Silicon Valley aufgezwängt wurden, die ehedem natürlichen sozialen Rituale, die nach ihrem Verschwinden als bezahlbares Angebot, erwerbbares Produkt oder buchbare Dienstleistung zu uns zurückkehren. Tatsächlich drehen uns die Verleih-, Vermittlungs- und Tauschbörsen wie Facebook (Information), Airbnb (Wohnungen), WirNachbarn (Nachbarschaftshilfe), Joinmymeal (Essen), Nextdoor (Nachbarschaft), Parking Panda (Parkplätze), City Dog Share (Hunde) oder Pinterest (Hobbys) die Annehmlichkeiten an, die uns gleichzeitig abhandenkommen. Es ist absurd: Wir sind jeden Tag damit beschäftigt, uns im Netz zu kaufen, was wir tags zuvor in der Wirklichkeit freiwillig weggegeben haben. Fast alles, was im Netz als Dienstleistung angepriesen wird, war zuvor gängige soziale Praxis: Freunde finden, Wohnungen teilen, berührt werden, richtig atmen, sich verlieben, achtsam sein, Sex haben.

Der urbane, westliche Mensch des 21. Jahrhunderts möchte gesund und lange leben. Er will niemanden ausgrenzen oder schädigen, seine Mitmenschen nicht, das Ökosystem nicht und sich selbst schon gar nicht. Deswegen zählt er Kalorien, Schritte und Herzfrequenz, überwacht seinen Atem- und

Schlafrhythmus mit Sensoren, läuft am Wochenende in Gummistiefeln Waldwege entlang, kocht Marmelade ein und mietet einen alten Bauernhof, um Landleben zu spielen. Er tut alles, um so natürlich wie möglich zu leben, was darauf hindeuten könnte, wie unnatürlich sein Leben ansonsten abläuft. Aus welchem Grund nämlich sollte Bodenständigkeit so vehement inszeniert werden, wenn nicht aus dem, dass man ansonsten der Deformation anheimgefallen ist? In Eckhart Nickels gespenstischem Roman *Hysteria* heißt es:

> »Weil wir uns nichts sehnlicher wünschen, als in den unschuldigen Zustand der absoluten Natürlichkeit zurückzukehren, um die schrecklichen Spuren, die der Mensch im Lauf seiner Geschichte auf der Erde überall hinterlassen hat, zu eliminieren.«[108]

Je schneller unsere Städte wachsen, desto größer wird unsere Sehnsucht nach dem Land. Natürlich lässt sich auch daraus ein hübsches Geschäft machen: Mit dem Slogan »Der Duft der draußen getrockneten Wäsche ist aus unserem Leben leider fast verschwunden. Wir holen ihn zurück« wirbt ein Berliner Unternehmen damit, die Schmutzwäsche der Edelberliner aufs Land zu fahren, damit sie dort an der frischen Luft trocknen kann.

Seit Jahren sind unsere Bestsellerlisten voll mit Büchern über Bäume, Bienen und Wälder, unter dem Motto »Wiederentdeckung der Natur« lassen wir uns zu bukolischen Träumereien verführen. Und doch ist unsere ostentative Naturverehrung nur die Kehrseite unserer Naturentfremdung. Wer sich als Teil der Natur versteht, wer mit ihr und in ihr lebt, liest nicht über sie, sondern hält sich selbstverständlich in ihr auf.

Eine Kampagne des Münchner Tierparks machte sich diese Entfremdung eine Zeit lang zunutze, was lustig, aber vor allem deprimierend war: »Mama, ich wünsch mir so ein Pferd!«, stand auf Plakaten, auf denen eine Giraffe zu sehen war. Seit Jahren florieren Dorfromane, Heimatfilme, Trachtenfeste und Volksmusik mit elektronischen Beats, gleichzeitig verschwinden die Wirtshäuser, die Bräuche, die Lieder und die Geschichten der Menschen, die wissen, wie es früher war. Das Land – für uns ist das meistens politisch fragwürdige Provinz, von Windkraftanlagen durchzogene Weite oder inszenierte Heimeligkeit zwischen gestärkten Tischdecken und dekorativen Bauernhäusern. Dorfleben als sozialer Faktor, als Lebensperspektive, als Entscheidung für ein Dasein in Gemeinschaftlichkeit, Solidarität und Übersichtlichkeit begegnet man eigentlich nur noch in ZDF-Vorabendserien, also in der Regel gar nicht.

Unter der Überschrift »Land in Sicht« veröffentlichte die *Welt am Sonntag* Vorschläge eines Kultur- und Sozialanthropologen gegen Abwanderung, Überalterung und Leerstand in ländlichen Regionen. »Jede Ortschaft muss eine eigene Identität finden«, meinte der und schlug sechs »ländliche Gemeinden von morgen« vor: das »Health-Village« mit medizinischen Service- und Wellness-Angeboten, das »Kommunendorf«, in dem Menschen ihre Ideale vom nachhaltigen Leben verwirklichen könnten, die »Bio-Oase«, in der regionale Öko-Produkte hergestellt und verkauft werden, das »Energiedorf« samt Solarpanels und Windrädern, das »Digitaldorf« mit Co-Working-Spaces in alten Gutshöfen und schließlich das »Aussteiger- oder Downshifting-Dorf« für großstadtmüde Eltern, die mit ihren Kindern ins Grüne ziehen wollen.[109]

Wir verbringen den größten Teil unseres Lebens in klimatisierten Räumen mit digitaler Temperaturanzeige, um am Samstagmorgen das Mountain-Bike aus dem Keller zu holen, damit wir unseren Körper mal wieder spüren. Je seltener wir uns den Widrigkeiten der Natur aussetzen, desto präziser rüsten wir auf. Einen Wald betreten wir mit der gleichen Haltung wie eine Geisterbahn: bestens vorbereitet, ein bisschen aufgeregt und erleichtert, wenn es vorbei ist. Die Heilung aber, die Erlösung stellt sich nicht ein, schreibt der Soziologe Hartmut Rosa, weil wer sich selbst nicht spürt, könne sich die Welt nicht anverwandeln, und wem die Welt stumm und taub geworden sei, dem komme auch das Selbstgefühl abhanden.[110]

Seit Jahrhunderten ist der Wald Sehnsuchtsort, Resonanzraum und Heilmittel für Zivilisationsgebrechen aller Art, in ihm suchen wir eine Auszeit von den Zwängen der Zivilisation. »Der Wald ist nackte, ungehobelte Lebendigkeit«, schreibt Christoph Quarch. »Er ist ein Raum der unberechenbaren Potenzialität, die Brutstätte des Neuen und des Wandels. Wer sich in den wilden Wald begibt, muss damit rechnen, beim Verlassen nicht mehr der zu sein, der er war, als er in ihn eintrat.«[111] Weil uns das zu unsicher ist, haben wir aus ihm eine Freizeitoption gemacht, vergleichbar mit einem Besuch im Erlebnisbad. Wir setzen uns der Natur nicht aus, wir holen sie in domestizierter Form in unsere künstlich belüfteten Lebenswelten: Abgesägte Birkenstämme schmücken unsere Burger-Restaurants, grüne Mooswände unsere Konferenzräume, Origami-Bäumchen unsere Yoga-Studios. Schon verwechseln einige Menschen das künstliche Vogelgezwitscher aus dem Digitalwecker mit dem natürlichen Vorbild.

Im Gegenzug transformieren wir das Vokabular der Wildnis auf unseren Alltag, durchleben »Datenstürme« und »Twitter-Tsunamis«, wappnen uns gegen »Viren« und »Würmer«. Nachdem wir alles Metaphysische ausgerottet haben, schreiben wir der Welt des Digitalen überirdische Qualitäten zu – als wäre die Technologie ein Gott, dessen Prediger Elon Musk, Jeff Bezos und Marc Zuckerberg heißen.

»Die Wildnis schert sich nicht um die Sehnsucht der Menschen nach ihr, nicht um die Träume, Hoffnungen, Nöte derer, die sich in ihr verirren«[112], schreibt Antje Joel. Umso gekränkter sind wir, wenn sich ihre Nicht-Kontrollierbarkeit in Erinnerung ruft, als Verletzung, Krankheit oder Todesfall, als Tornado, Lawine oder Anflug von Traurigkeit, für den man keine Erklärung findet. Unsere Sehnsucht nach der Wildnis stößt erst an eine Grenze, sobald die sich nicht mit präparierten Wanderwegen und Almhütten mit WLAN präsentiert: Seitdem es in Deutschland wieder Wölfe gibt, vergeht kaum ein Tag, an dem nicht panisch berichtet wird, dass wieder irgendwo ein Tier in der Nähe eines Dorfes gesichtet worden sei: »Mann vom Wolf gebissen«, »Wolf attackiert wohl zum ersten Mal einen Menschen« oder »Video zeigt Wolf, der Schafherde reißt« lauten die Schlagzeilen. Bis heute ist nicht bekannt, dass in den letzten Jahren jemals ein Mensch von einem Wolf angegriffen worden wäre. Unsere Angst vor dem Wolf ist unverhältnismäßig, unsere Idee von Natur eine Chimäre, unsere tief empfundene Sehnsucht nach ihr Ausdruck unserer verlogenen Doppelmoral.

»Aktuell denke ich viel an den Wolf«, sagt auch der frühere Bundesumweltminister Klaus Töpfer. »Ich finde, er ist ein Symbol dafür, wie wir Menschen aus einem natürlichen System herauswachsen. Der Wolf ist in der aktuellen Diskussion eben kein Stück authentischer Natur, sondern das, was wir Menschen ihm erlauben zu sein. Er lebt nicht mehr in dem Ökosystem, in das er gehört. Es ist nur logisch, dass es zu gesellschaftlichen Spannungen kommt.«[113]

Fast alles, was wir als natürlich empfinden, ist inszeniert und nachempfunden: unsere Wanderwege, unsere Trachten, unsere Berghütten, unsere Vollmilch. Fast alles, was wir als ursprünglich empfinden, ist domestiziert und konsumierbar gemacht. Fast nichts ist mehr so, wie es ohne uns Menschen mal war. Wer wissen will, was Natur ist, muss sich in Gefahr begeben. Wer bereit ist, sich der Natur auszusetzen, begibt sich immer in Gefahr.

—

»Ein jegliches hat seine Zeit, und alles Vorhaben unter dem Himmel hat seine Stunde. Geboren werden hat seine Zeit, sterben hat seine Zeit.«

Die Worte Salomos galten 3000 Jahre lang, heute klingen sie wie die Erinnerung an eine längst vergangene Zeit, in der man sich gedulden, in der man warten und sich langweilen musste, weil das Leben einem Rhythmus unterworfen war, den man nicht beeinflussen konnte:

Wir werden geboren, werden Säugling, Kind, Erwachsener und Greis, schließlich sterben wir. Bis es so weit ist, atmen wir ein und aus, ein und aus – es ist das Prinzip unseres Herzschlags, der Rhythmus unseres Lebens. Auf den Tag folgt die Nacht, auf den Sommer der Winter, auf die Hitze die Kälte, auf den Regen die Sonne. Zwischen die Wochentage schieben sich Sonntage, Feiertage, Höhepunkte, Geburtstage und Fußball-Weltmeisterschaften. Nichts ist immer da, alles fließt, verändert und wandelt sich – das Leben ein beständiges Pendeln zwischen Wachen und Schlafen, Anspannung und Entspannung, Betriebsamkeit und Müßiggang.

Die Digitalisierung hat diesem Rhythmus den Garaus gemacht und uns zu nervösen ADHS-Patienten, weil das Netz seine Pforten rund um die Uhr geöffnet hat. Natürlich sagen die Tech-Gurus: Wir stellen Tools zur Verfügung, damit du deine Zeit besser managen kannst. Wir arbeiten an Programmen, die dich daran erinnern, Instagram zu verlassen. Wir wollen nicht, dass du dich schlecht fühlst, wenn du unsere Dienstleistungen in Anspruch nimmst. Aber sie sagen es nur, weil sie wissen, dass wir diese Tools nicht haben wollen. Das Netz lässt keine Unterbrechung und kein Ende zu, möchte permanent gefüttert, befragt und konsumiert werden. Das Netz kennt keinen Stillstand, Stillstand ist der Tod.

Erst haben sie das Testbild im Fernsehen abgeschafft, dann die Ladenschlusszeiten nach hinten geschoben und die ICEs mit WLAN ausgestattet. Zu Beginn des 21. Jahrhunderts ist jedes Produkt und jede Dienstleistung rund um die Uhr konsumierbar, auch am Karfreitag um 15 Uhr, der Todesstunde Jesu. Wir ahnen, dass der Dauerstress uns nicht guttut, besorgen uns Ausmalbücher für Erwachsene, aber es nützt nichts. Wir haben uns verirrt in einer Welt, die der amerikanische Schriftsteller Tom Wolfe als »Digiblabla« bezeichnet hat.

Eigentlich bräuchten wir ein paar Tage Abstand, Stille, Bedenkzeit, aber was wir bekommen, sind bessere Handynetze und sinkende Roaming-Gebühren. Ist es Zufall, dass alles, worüber wir uns beklagen, die Gereiztheit auf den Straßen, der Sittenverfall im Netz, der Rechtsruck der Gesellschaft, die schwindende Orientierung, der Abstieg der liberalen Demokratien und der Aufstieg autoritärer Staaten, seinen Anfang in dem Moment genommen hat, in dem unsere Kommunikation begann, digital und in Echtzeit abzulaufen, in dem unser Leben seinen Rhythmus eingebüßt und die Option immerwährender Teilhabe die Illusion genährt hat, noch intensiver am Leben zu sein?

»Etwas funktioniert gut, alle sind zufrieden, es hat sich vernünftig und solide entwickelt – aber sie müssen kaputt machen, was in Ordnung war, und dafür irgendwelche Dinger hinstellen, die niemand mehr begreift«[114],

sagt der obdachlose Charles in *Das Leben des Vernon Subutex 2* von Virginie Despentes. Er müsste dringend telefonieren, erinnert sich an ein Lokal, in dessen Keller früher ein Münzfernsprecher war, aber das Lokal ist modernisiert worden und das Telefon weg, und ein Handy hat er nicht. Die Dinger, die kein Mensch mehr begreift, das sind die Bestellcomputer bei McDonald's, die Trojaner-Viren im MacBook, die TAN-Nummern, die Chatbots am anderen Ende der Service-Hotline und diese Wasserhähne von Dyson, bei denen die Lüftung anspringt, wenn man Wasser haben möchte.

Man möchte seine Vodafone-Partnerkarte kündigen (die man eigentlich nie haben wollte), steigert sich in eine Verzweiflung hinein, wählt eine Servicenummer, hört Musik von Michael Bublé, wartet zehn Minuten, stellt auf laut und legt den Hörer auf den Tisch, wartet weitere zehn Minuten, bis sich eine Stimme meldet, immer öfter stammt sie von einem Computer, aber das merkt man nicht sofort, jedenfalls versteht der Computer einen nicht, wiederholt die Angaben falsch und bietet anschließend fünf Optionen an, von denen man keine einzige haben möchte. Irgendwann legt man verzweifelt auf, läuft zur nächsten Filiale, steht zwanzig Minuten in der Schlange, um dann von einem freundlichen Angestellten mit Namensschild darüber informiert zu werden, dass er einem gern behilflich sei, ihm in diesem Fall aber leider die Hände gebunden seien, weil ein firmeninterner Paragraf ihn daran hindere, ob man so nett sein könne, ausnahmsweise die Service-Hotline anzurufen, er schreibe die Nummer gern auf ein Kärtchen.

Toleranz

*»Ich bin zu dem Schluss gekommen, dass ich nicht
schreiben kann, ohne Menschen vor den Kopf zu stoßen.«*
James Joyce

»Deutschland wird vielfältiger, offener und hip«, schrieb der
Economist im Frühling 2018 – ein charmantes Kompliment,
erst recht von den Briten, die den Deutschen gegenüber tradi-
tionell eher skeptisch eingestellt sind. In diesem Fall konnten
sie nicht anders, weil es ja stimmt, dass auch in Deutschland
ehemals unterrepräsentierte Bevölkerungsteile mehr Aufmerksamkeit bekommen, dass wir toleranter, lässiger und internationaler geworden sind.

Heute erinnert kaum mehr etwas an die kleinbürgerliche
Enge der Kohl-Ära, vergessen sind die Strickwesten, Schrank-
wände und schweren Sonntagsbraten. Heute pflegen wir einen
mediterranen Lebensstil, mit Flip-Flops an den Füßen und Som-
mersalaten mit Walnüssen und Mangospalten. Wir marschieren
nicht mehr, wir schlendern, wir hocken nicht mehr in der Stube,
sondern im Freien, gern Ende Februar, mit einer Decke über
den Knien und Heizpilz daneben. Und diese Entwicklung – der
Legende nach hat sie mit dem Sommermärchen 2006 begonnen – hat unser Land offener und gelassener gemacht; im Sommer rauchen die Menschen Shisha, unsere Sportler tragen exo-
tische Namen, unsere Kinder spielen mit Freunden, deren
Eltern aus Marokko, Kroatien oder Vietnam stammen.

Und doch ist dieses scheinbar lässige Nebeneinander gesellschaftlicher Gruppen oft eine Täuschung und ein bisschen verlogen, weil meistens nur für die Minderheit gekämpft wird, der man selbst angehört oder der man sich verbunden fühlt, und en passant ein Kampf aller gegen alle entstanden ist, der in seiner ideologischen Absolutheit solidaritätszersetzend ist, was man in jeder Talkshow, vor allem aber auf Twitter beobachten kann, wenn jeder jeden beleidigt, beschuldigt und diffamiert.

Vor dieser Zersetzung gesellschaftlicher Solidarität und der »konsequenzlosen Kommunikation zwischen atomisierten Individuen«[115] warnte Ralf Dahrendorf schon vor zwanzig Jahren, als er von sozialen Netzwerken noch nichts wissen konnte. Seine Schlussfolgerung damals: »Ein Jahrhundert des Autoritarismus ist keineswegs die unwahrscheinlichste Prognose für das 21. Jahrhundert.«[116] Und auch Robert Pfaller schreibt: »Vieles, was in der Sache richtig scheint – viele berechtigte Engagements wie Antirassismus oder Antisexismus, Einsatz für minoritäre Positionen aller Art –, ist durch die perfide Funktion, die diese Engagements innerhalb einer neoliberalen Politik innehatten, mit guten Gründen in Verruf geraten.«[117]

Was er meint, sind die Versuche, ursprünglich ehrenwerte Engagements für ökonomische Zwecke zu instrumentalisieren, denn nichts anderes passiert, wenn T-Shirts, auf denen »I stand for something« oder »If everyone were equal we wouldn't need feminism« steht, für 24,99 Euro verkauft werden. Und die Parolen von einst, so Pfaller weiter, seien nicht nur kraftlos und entwertet, sondern zu sozialem Sprengstoff geworden, nur noch geeignet, die untere Hälfte der Gesellschaft weiter zu spalten. Die westliche Welt leide an einer Infantilisierung und Entsolidarisierung; anstatt wie erwachsene Menschen das Allgemeine im Auge zu behalten und sich zusammenzuschließen, wollten die empfindlich Gemachten nur noch ihre eigenen Besorgnisse bevorzugt behandelt oder wertgeschätzt sehen.

Was immer noch zu wenige verstehen, muss also noch einmal erwähnt werden: Das Netz macht die Welt nicht demokratischer, sondern chaotischer, eint die Menschen nicht, sondern dividiert sie auseinander, zieht keine Idealisten, sondern Denunzianten, Gesinnungsethiker, Spielverderber und Extremisten an, deren Waffen alternative Fakten, gefühlte Wahrheiten, heftig empfundene Meinungen und jede Menge Hashtags, Emojis und Kraftausdrücke sind – Botho Strauß spricht vom »Strudel des billigen Meinens«[118].

Längst tummeln sich auf den kommunikativen Schlachtfeldern die Veganer, die Fleischesser, die Radfahrer, die Bienenschützer, die Impfgegner, die Amazon-Verweigerer, die Investmentbanker, die jungen Feministinnen, die alten Machos, die neuen Rechten, die alten Linken, die da oben und die da unten. Wenn sich in einer Gesellschaft unzählige Teilgruppen eine homogene Identität einreden und nach absoluter Verwirklichung streben, passiert dies notwendigerweise auf Kosten aller anderen Teilgruppen, von denen sich jede nach symbolischer Anerkennung strebend auf ihr Klischee reduzieren lässt: die Guten, die Bösen, die Anständigen, die Unanständigen, die Gestrigen, die Zeitgemäßen.

Michel Foucault sagte »Regieren durch Individualisieren« dazu und erkannte darin eine Strategie, die alles umfasst, »was das Individuum absondert, seine Verbindung zu anderen abschneidet, das Gemeinschaftsleben spaltet, das Individuum auf sich selbst zurückwirft und zwanghaft an seine Identität fesselt«. Es war die überfällige, aber am Ende immer undifferenzierter geführte MeToo-Debatte, die das Muster des Aufschreis geprägt hat, die Neigung zur reflexhaften Empörung, die alarmistische Denunziation, die den Austausch von Argumenten so schwierig macht und regelmäßig zur Diskursverweigerung führt, bei der das Urteil immer öfter auf dem »internationalen Gerichtshof Twitter«[119] gesprochen wird.

»Nationalsozialisten und Kommunisten taten nur, was andere auch tun wollten, aber dazu nicht entschlossen und rücksichtslos genug waren. Und was wir heute immer noch tun, wenn auch auf weniger spektakuläre und abstoßende Weise. (...) Die Distanzierung und Automatisierung des Umgangs mit ihnen, die wir weiterhin betreiben. Alle heutigen Technologien laufen darauf hinaus. Es wird als Fortschritt betrachtet, den menschlichen Kontakt möglichst zu vermeiden. Die Folge davon ist, dass unser Handeln mehr und mehr von den Skrupeln befreit wird, die man unweigerlich hat, wenn man jemandem persönlich gegenübersteht«[120],

schreibt Zygmunt Bauman, der als polnischer Jude 1942 mit seiner Familie in die Sowjetunion floh. Auf den ersten Blick wirkt es absurd, wenn er die digitalisierte Gegenwart mit den großen Diktaturen des 20. Jahrhunderts vergleicht, bei näherer Betrachtung wird klar, was er meint, weil für ihn das nationalsozialistische Projekt eben kein »Rückfall in die Barbarei«, auch keine »Rebellion gegen die Moderne«, sondern deren konsequente Fortführung war.

Wenn sie sich in der dauerbeleidigten Gesellschaft umblicke, schreibt auch die Publizistin Thea Dorn, sei sie sich nicht mehr sicher, ob Intoleranz wirklich nur das Charaktermerkmal von Mullahs, Evangelikalen, Stalinisten und reaktionären Hardlinern sei. Vielmehr müsse man sich fragen, ob mittlerweile nicht auch das Verhalten der sich selbst für liberal und aufgeschlossen Haltenden mehr und mehr dem unausgesprochenen Motto »Ich hab ja für vieles kein Verständnis« gehorche.[121]

Das Ressentiment triumphiert, die Sensibilität steigert sich ins Bedrohliche, schon bilden sich Kommunikativghettos, um tief empfundene Identitäten und Betroffenheiten gegeneinander in Stellung zu bringen: Geschlecht, Rasse, Klassenzugehörigkeit – ständig wird das eine gegen das andere ausgespielt mit der Folge, dass jeder gegen jeden in die große Ideenschlacht zieht, am liebsten im Netz, weil man sich da nur seelische Narben holen kann.

»Wir müssen die Infrastruktur bauen, damit die Zivilisation die nächste Stufe erreicht und wir die Stammesfehden der Gegenwart hinter uns lassen können«, sagte Marc Zuckerberg vor ein paar Jahren. Anschließend sorgte er dafür, die Stammesfehden der Zukunft voranzutreiben. Inzwischen werden die zermürbenden Emanzipationskämpfe von Minderheiten gegen Minderheiten ausgetragen, mit der Konsequenz, dass der Einsatz für wirklich relevante Anliegen wie Antirassismus und soziale Gerechtigkeit in den Hintergrund rückt. Mit anderen Worten: Die himmelschreienden Ungerechtigkeiten unserer Zeit werden umso weniger in Angriff genommen, je öfter sich junge Feministinnen und alte Männer Bosheiten an den Kopf twittern.

Während ehemals solidarische Milieus wie die Arbeiterklasse oder das Bildungsbürgertum verschwinden, herrscht auf sämtlichen Kommunikationskanälen ein Gesinnungsterror, der abweichende Meinungen reflexhaft als Bedrohung empfindet. »Der Andere wird nicht mehr als die Bedingung, sondern als die Grenze meiner Freiheit aufgefasst«[122], schreibt Guillaume Paoli. So ist ein Wettbewerb um die Frage entstanden, welche Gruppe am heftigsten stigmatisiert wird, ein Wettrennen mit dem Ziel, die krasseste Diskriminierung für sich zu beanspruchen – der Journalist Tilman Krause schrieb polemisch, aber nicht ganz falsch von einer »Opferolympiade«.[123]

Dass sämtliche Gruppen ständig definieren müssen, wer sie sind, macht sie sich ähnlicher, als den meisten lieb ist: »Die Queeren und die Konservativen ähneln sich deshalb sehr – denn wenn man sagen muss, wer man ist, verliert man seine Plausibilität«, schreibt der Soziologe Armin Nassehi. »Wer die Heimat erklären muss, wer die konfessionelle Bindung oder die regionale Zugehörigkeit erklären muss, dem fehlen normalerweise die Worte (...) Deshalb ist der Quotenfeminismus ebenso reaktionär wie die Festlegung des Abweichlers auf die Abweichung.«[124]

Man könnte es auch einfacher ausdrücken: Eigentlich sollte es egal sein, wie alt, jung, weiß oder schwarz, männlich oder weiblich jemand ist, es ist aber immer weniger egal. Wir sind davon überzeugt, dass alle Menschen, wenn wir nur lange genug tolerant daherreden, irgendwann tatsächlich gleichgestellt sind, dabei formulierte der Wirtschaftswissenschaftler Milton Friedman schon vor Jahren, dass Freiheit nicht automatisch zu mehr Gleichheit führt, sie aber die bessere Voraussetzung für die Verwirklichung von Gleichheit ist als die Beschränkung von Freiheit im Namen der Gleichheit.

Der Grad, in dem wir unsere Empfindungen ernst nehmen, hat alberne Züge angenommen; immer öfter steigert er sich zur Ideologie. Dabei bekommt die größte Aufmerksamkeit, wer aggressiv oder dünnhäutig ist, garantiert übersehen werden Diskretion, Charakter und gute Manieren: »Wer heute nicht empört ist, wer nicht ansatzlos zu toben beginnt, wer sich nicht aus dem kleinsten Anlass in seiner Meinungsfreiheit oder in seiner Minderheitenehre angegriffen und berechtigt fühlt, mit jedem verfügbaren Untergriff zurückzuschlagen – so einer wirkt wie scheintot«[125], schreibt die Schriftstellerin Eva Menasse. Wann hat es angefangen, dass wir nicht mehr versuchen, Dinge nicht persönlich zu nehmen und souverän zu bleiben, sondern im Gegenteil: sich von jeder noch so unbedachten Bemerkung kränken zu lassen und an die Decke zu gehen?

Im Meinungsklima der sozialen Netzwerke ist nichts lohnender als Blendertum, nichts überflüssiger als Gelassenheit. Oder wie Nassehi schreibt: »Wo alle nur noch sagen, wer sie sind, möchte man schweigen.«[126] Wenn wir aber schweigen, verdient am anderen Ende der Welt niemand Geld. Die Betreiber der sozialen Netzwerke leben prächtig von unserer Wut und unseren Kränkungen. Würden sie die Welt friedlicher machen wollen, wie sie ständig behaupten, müssten sie bereit sein, auf Milliarden von Dollars zu verzichten. Bisher deutet nichts darauf hin, dass auch nur einer von ihnen jemals darüber nachgedacht hat.

Wer liegt denn noch auf einer Wiese und schaut den Wolken hinterher? Wer lehnt an der Ecke und wartet auf niemanden? Wer ist nicht erschöpft, sondern erschütterbar? Wer hat den Mut, bedenkenlos zu leben, zu glauben, zu irren? Wer bleibt mutig, wer konsequent, auch wenn die anderen sich abwenden, erst auf Twitter, dann im Leben? Wer kann sich noch ein Leben ohne Netz vorstellen? Als der depressive Agraringenieur

Florent-Claude in Houellebecqs letzten Roman *Serotonin* für vier Wochen eine Ferienwohnung ohne WLAN bucht, schaut ihn der Vermieter derart irritiert an, dass der Gast sich genötigt fühlt hinzuzufügen, dass er sich keine Sorgen zu machen brauche, er habe nicht vor, sich umzubringen, »jedenfalls nicht gleich«.[127]

Wir schließen uns lieber zu Interessengruppen zusammen, in denen wir uns gegenseitig zurufen, wie dufte wir uns finden. Wir besaufen uns mit der Vielfalt der Optionen, die uns rund um die Uhr zur Verfügung stehen. Wir chatten, ersteigern, erwerben, posten und liken – der Anpassungsstress ist enorm, die Online-Blockwarte schlafen nie, irgendwo ist immer einer wach, das Resultat ist destruktiver Konsens, wo konstruktiver Dissens viel gewinnbringender wäre. Der Philosoph Byung-Chul Han erkennt den Verlust des Anstands, der Anständigkeit, ja der *Abständigkeit* in der westlichen Gesellschaft, also die Fähigkeit, den Anderen auf seine Andersheit hin zu erfahren.[128] Und so wirken alle mit an der großen Symphonie der infantilen Dauerempörung – es ist die Grundmelodie des digitalen Zeitalters.

—

Ich kann mich gut daran erinnern, wie ich im November 2016 ins Büro kam – in der Nacht zuvor war Donald Trump zum 45. Präsidenten der Vereinigten Staaten gewählt worden. Es war Mittwoch, 10 Uhr morgens, die Atmosphäre war gespenstisch, die Kollegen saßen konsterniert um den Konferenztisch, manche waren die ganze Nacht wach geblieben, kaum einer sagte was, niemand traute sich, einen Witz zu machen, zu ernst war die Lage, zu bedrohlich erschien die Zukunft, es klingt verrückt, aber es lag ein Hauch von Apokalypse in der Luft.

Irgendwann ergriff ein junger Kollege das Wort: »Das ist das Ende der Demokratie«, sagte er und blickte in die Runde. Ich schaute ihn verwirrt an, weil mir nicht klar war, worauf er hinauswollte.

»Bist du nicht frustriert?«, fragte er.

»Doch«, sagte ich, aber wenn ich ehrlich bin, habe ich gelogen. Ich war nicht frustriert, eher skeptisch, auch enttäuscht, aber eines wusste ich: dass dieser Sieg Donald Trumps nicht das Ende der Demokratie, sondern ihr Ergebnis gewesen war, dass er die Wahl zu Recht gewonnen hatte, weil ihm die meisten Amerikaner ihre Stimme gegeben hatten. Natürlich war Trump ein vulgärer Gernegroß, natürlich wünschte ich mir einen anderen Menschen an der Spitze Amerikas, natürlich würde es zu Verwerfungen, vielleicht sogar zu Krisen und Kriegen kommen, aber er hatte, daran bestand kein Zweifel, eine demokratische Wahl gewonnen.

Ich habe in den letzten Jahren immer wieder Fälle erlebt, in denen Menschen eine Diskussion vor allem dann als demokratisch empfanden, wenn sie mit ihrem Verlauf und Resultat einverstanden waren. Oft nahmen ausgerechnet diejenigen die Abzweigung in die Diskursverweigerung, die sonst am lautesten für Meinungsfreiheit eintreten. In den Zeitungen häufen sich die Berichte über Autoren, Künstler und Professoren, die angegriffen, gemobbt oder von Podien ausgeladen werden, offenbar aus Angst, der vorgeschriebene Konsens könne auf die Probe gestellt oder gesprengt werden, obwohl sie vielleicht fragwürdige, aber keine strafrechtlich relevanten Meinungen vertreten: Studenten verwüsteten die Bürotür des amerikanischen

Politikwissenschaftlers Samuel J. Abrams, manche forderten sogar seine Entlassung (vom renommierten Sarah Lawrence College), nachdem er in der *New York Times* einen Artikel veröffentlicht hatte, in dem er problematisierte, dass die meisten Universitätsverwaltungen linksliberal eingestellt seien.[129]

Angela Merkel entfernte Emil Noldes Gemälde *Blumengarten* aus dem Kanzleramt, nachdem bekannt geworden war, dass der Maler tiefer ins nationalsozialistische Regime verstrickt war als angenommen. Radiosender boykottierten Songs von Michael Jackson, nachdem sich die Missbrauchsvorwürfe gegen ihn erhärtet hatten. Natürlich sähe man lieber darüber hinweg, aber tatsächlich waren viele unserer Genies – Gottfried Benn, Richard Wagner, Rainer Maria Rilke, Pablo Picasso, Bertolt Brecht – Rassisten, Antisemiten, Sexisten und autoritäre Arschlöcher. Ethik und Ästhetik gehen nicht immer Hand in Hand: Man kann Dinge schön finden, die von gemeinen, bösen, kriminellen Menschen erschaffen wurden, und gemeine, böse, kriminelle Menschen können schöne Dinge erschaffen – sie aus dem Kanon zu tilgen, nicht zu drucken, zu spielen, aufzuführen ist der falsche Umgang, angemessener wäre es, sie zuzulassen und die problematischen Aspekte zu besprechen und kommentierend einzuordnen.

»Heute dominiert der Typus des gendersensiblen Bücklings, der sich nicht ins Leben hineinwagt, weil dort zu viele Gefahren lauern. Und weil man zu viel falsch machen kann in dem Versuch, sich auszurichten an den Meinungs- und Haltungsvorgaben des inquisitorischen Umfelds«[130], sagte der Maler Neo Rauch in einem Interview.

Unter einem enormen Anpassungsdruck scheinen immer mehr Menschen die Ansicht zu vertreten, dass man durch die

Konfrontation mit Positionen, die man ablehnt, gleichsam kontaminiert werde, dass die Gegenseite bereits in dem Moment eine Stärkung erfahre, in dem man ihr Raum und Aufmerksamkeit zugesteht. Im Namen der Toleranz verbreitet sich so eine Kultur der Intoleranz.

Der Journalist Thomas Thiel schreibt, dass politische Debatten zunehmend nach medizinischem Muster geführt würden: »Der Gegner hat nicht recht oder unrecht, bessere oder schlechtere Argumente, sondern ist toxisch und unberührbar.«[131] Dabei sei paradoxerweise zu beobachten, dass der eigene Anspruch auf Unverletztheit aggressiv vorgetragen werde, während die Empfindlichkeiten zunähmen. Äußerlich präsentiere sich diese Politik als wertfrei und aufgeschlossen, während sie in der Praxis einen intoleranten Ansatz gegenüber Verhalten verfolge, welches ihre Normen verletze. Rhetorisch predige man Diversität, in der Praxis weigere man sich, Diversität von Meinungen zu tolerieren.

—

Als der Rasierklingenhersteller Gillette Anfang 2019 seinen neuen Werbespot online stellte, der sich vom Bild des selbstverliebten Machos verabschiedet, um den zeitgemäßen, verantwortungsbewussten Mann zu feiern, fühlten sich so viele Männer angegriffen, dass sich innerhalb von 48 Stunden 200 000 Kommentare zum Shitstorm des Jahres zusammenbrauten: »Verräter!«, »Boykottiert Gillette!«, »Bravo! Sie haben sich gerade mit ihren eigenen Klingen die Eier abgeschnitten!«, »Soll ich meine drei Söhne entmannen, damit ein paar lesbische Katzendamen mit ihrem Scheißleben besser klarkommen?«

Als Barbara Schöneberger auf dem Cover des nach ihr benannten Frauenmagazins in einem hautfarbenen Fatsuit posierte, der sie extrem übergewichtig erscheinen ließ, und sich im dazugehörigen Instagram-Werbevideo an einem Buffet stehend den Salat mit der Kelle direkt aus der Schüssel in den Mund stopfte, war die Gemeinschaft der Dicken empört und warf der Moderatorin Geschmacklosigkeit vor.

Als die amerikanische Sängerin Pink ein Foto ihres zweijährigen Sohnes ohne Badehose auf Instagram stellte, regten sich so viele darüber auf, dass sie den (winzigen) Penis schwärzte und den »Tastatur-Kriegern« entgegnete: »Ist das euer Ernst? Mit vielen von euch da draußen ist etwas ernsthaft nicht in Ordnung. Ihr regt euch über den Penis meines Babys auf?«

Oft genügt ein einziges Wort, damit in den sozialen Netzwerken »die Geysire der Empörung« (Richard Schuberth) in die Höhe schießen: Mauer, Feminismus, Trump, Flüchtlinge, Vegan, Männer, Quote – lauter semantische Stimuli, die garantiert Streit nach sich ziehen. Über die Beleidigungen des amerikanischen Präsidenten regen wir uns auf, dabei machen wir jeden Tag das Gleiche, mit dem Unterschied, dass es weniger Leute mitkriegen. Ein nicht hundertprozentig ausgewogener und jegliche Eventualitäten berücksichtigender Satz, und man kann sicher sein, dass irgendjemand beleidigt ist und man selbst raus aus der Gefühlsgemeinschaft der vernünftigen Mitte, fortgeschwemmt von dieser Erregungswelle oder jener Ad-hoc-Skandalisierung.

Wenn aber jeder alles persönlich nimmt und niemand mehr verletzt sein darf, gibt es auch keinen Humor, keine Ironie, keine Schlagfertigkeit und keine Momente spontaner Ausgelassenheit mehr, nur gleichgeschaltete Reaktionen und neue

Gräben, die das stetig beschworene Narrativ der Gleichheit weiter ausfransen lassen, und als Kollateralschäden: Gereiztheit, Kränkungen und Argwohn.

Als zu Beginn des Jahres am Düsseldorfer Hauptbahnhof ein Zug ausfiel, rannte ein Mann mit Klappmesser über den Bahnsteig und schrie: »Drecks-Bundesbahn, wo seid ihr? Euch müsste man alle abschlachten und ausbluten lassen!«[132] Fast jeden Tag liest man neue Geschichten von Schiedsrichtern, die von Kreisligazuschauern bedroht, oder Busfahrern, die von Fahrgästen verprügelt werden, weil sie nicht auf individuelle Haltewünsche eingehen. In einer Gesellschaft, die Durchsetzungsfähigkeit und Eigennutz proklamiert, werden die Übergriffe hemmungsloser, gleichzeitig verschwindet unsere Fähigkeit, problematische Situationen durch Menschlichkeit und Souveränität zu entspannen.

Dass der Humor in unserem Land auf dem Rückzug ist, sieht man schon daran, dass man sich Harald Schmidt auf *Spiegel Online* filmchenweise kaufen muss, während Dutzende ARD- und ZDF-Kabarettisten zur besten Sendezeit vor die Kamera dürfen, um Scherze abzusondern, die garantiert niemandem wehtun außer AfD-Politikern, Claudia Roth und Christian Lindner. Wir waren schon mal weiter, was das Lachen angeht, wir haben uns schon mal weniger dankbare Gegner ausgesucht, bevor wir Humor durch Komik und Kontext durch Pointen ersetzt haben.

In seiner Late-Night-Show teilte Harald Schmidt in sämtliche Richtungen aus, immer überraschend, fantasievoll, gebildet, unverschämt, unsentimental, nie moralisierend, sich mit nichts und niemandem gemeinmachend, auch nicht mit dem scheinbar Guten. Gleichzeitig war hinter seiner zynischen

Fassade ein intaktes Wertegerüst, eine zugrunde liegende Moral, ein tieferer Anstand zu erkennen, und zwar umso deutlicher, je weniger er davon offenbarte. Bei aktuellen Comedy-Formaten ist es umgekehrt. Dort wird moralisch argumentiert von Menschen, bei denen man keine Ahnung hat, wie sie jenseits ihrer Rolle zu den verhandelten Themen stehen. Erst im Sommer äußerte Harald Schmidt Zweifel, ob seine Show unter den momentanen Bedingungen eine Chance auf Ausstrahlung hätte:

> »Mit den heutigen Maßstäben, auch der Political Correctness, der Sprachpolizei und des linksliberalen Mainstreams hätte ich meine Show nach einer Woche abgenommen bekommen.«[133]

Wir formulieren geschlechtsneutral bis zur Sprachentstellung – in manchen Zeitungen wird inzwischen von einer »Gästin« gesprochen, wenn Annegret Kramp-Karrenbauer bei Anne Will sitzt –, seltsamerweise wird das Binnen-I nie gefordert, wenn es um Terroristen, Dealer oder Müllmänner geht. Abgemilderte Worte aber ziehen niemals bessere Wirklichkeiten nach sich, so Robert Pfaller, vielmehr verunmöglichen und ersetzen sie diese.[134]

In seinem Buch *Narzissmus und Konformität* erzählt Richard Schuberth von den Beleidigungen, die er in seiner Jugend sowohl austeilte als auch erleiden musste: sich gegenseitig aufziehen und verarschen habe man das genannt und diesen »Spießrutenlauf durch wohldosierte Kränkungen« nicht weiter ernst genommen; ein Spiel sei es gewesen, vor allem aber eine Schule fürs Leben, sein »gottverdammtes Ego« nicht zu ernst zu nehmen.[135] Heute, da alle nur noch das Spiel des Selbstseins beherrschten, empfinde man alles, was einen nicht bestätige, als Kränkung. Ob ein Karikaturist nicht qua Profession Gefühle verletzen müsse, wurde Robert Gernhardt mal gefragt: Genau, antwortete er, denn wenn er es nicht tue, könne er gleich Heiligenbilder machen.

Hinter der politischen Korrektheit verbirgt sich oft Gleichgültigkeit, Unwissen oder die Bequemlichkeit, alles gleich gültig zu finden. Toleranz, schreibt die Schriftstellerin Thea Dorn, sei doch die Haltung des erwachsenen, zu einer gewissen Komplexität fähigen Menschen, der unterscheiden könne zwischen dem, was er tatsächlich befürworte, und dem, was er mit Blick auf den gesellschaftlichen Frieden lediglich ertrage, obwohl er es eigentlich ablehne.[136] Toleranz, sagt auch der Schriftsteller Navid Kermani, könne überhaupt nur Bedeutung haben, wenn etwas gelte, das etwas anderes gelten lassen könnte. Wenn alles gleich gut und gültig, also gleichgültig sei, erübrige sich Toleranz.[137] Wohin die gegenwärtige Normlosigkeit in unserer Gesellschaft führen kann, davon hat er mir mal halb besorgt, halb belustigt erzählt: In einem Schulgottesdienst sei seine muslimische Tochter nach dem Vortrag einer Fürbitte unglücklich in der Nähe des Pfarrers gestanden, und irgendwie sei es dann passiert, eine Lehrerin habe sie ermutigt, während der Eucharistie einen Schritt nach vorne zu gehen und den Leib Christi zu empfangen.

Wer nichts von der Heiligkeit der Eucharistie weiß, wird die Geste nachvollziehbar, vielleicht sogar liebenswert finden, tatsächlich ist sie respektlos in mehrfacher Hinsicht, ein Akt falsch verstandener Nächstenliebe, für gläubige Christen und Muslime eine unverzeihliche Geste, unter Umständen eine Katastrophe. Aber Kermani ist nicht nur ein frommer, sondern auch ein sympathischer Mensch. Er wisse schon, wie so eine »Nachlässigkeit im multikulturellen Alltag« passiere: »Man möchte das muslimische Mädchen aus sozialen Gründen nicht ausschließen.«[138] Das sei lieb gemeint, aber natürlich falsch.

Authentizität

»Jeder hat eine einzigartige Geschichte
und deswegen ein einzigartiges Publikum.
Überlege genau, wer du bist und wofür du stehst.
Was ist deine Identität, Marke und Person,
die du vorantreiben möchtest.«
Adam Mosseri, Instagram-CEO

»Was für eine faszinierende Person! So ehrlich, so authentisch!«, ist eine Aussage, die man nicht nur in Talkshows regelmäßig hört, man begegnet ihr ständig und überall: »6 Dinge, die Sie authentisch machen« oder »Ich-bin-ich-Check – Wie authentisch wirken Sie?«, titeln Zeitschriften, Coaching-Experten behaupten: »Echt ist das neue schön«, Therapeuten raten zu authentischem Auftreten, Schauspieler, Musiker und Politiker behaupten, die oder der geblieben zu sein, die oder der man immer schon war, als ob das erstens möglich und zweitens erstrebenswert wäre. »Die Leute haben vielleicht viel über mich gelesen«, sagte Carsten Maschmeyer vor dem Start der Castingshow *Die Höhle der Löwen,* »wenn sie mich jetzt in der Sendung authentisch erleben, können sie sich ihr eigenes Bild machen.« Pech für ihn, dass er recht hatte.

Seit ein paar Jahren wollen alle Menschen authentisch sein oder noch authentischer werden. Wir kochen authentisch, streiten authentisch, reisen authentisch, lieben authentisch; es deutet einiges darauf hin, dass diese Verehrung des vermeintlich

Echten eine Ahnung davon gibt, wie falsch, künstlich und verlogen wir ansonsten vor uns hin leben und wie bedroht unsere Identität zwischen Plattformen, Chatrooms und Castingshows ist. Gut ist, was unanfechtbare Wahrheit, also auf einen Nenner zu bringen ist: unsere Politiker, unsere Promis, unsere Gefühle, unsere Pornos, sogar der Geschmack unserer Tiefkühlpizza – als könnte es so etwas wie den unverfälschten Kern, einen von äußeren Einflüssen unberührten Urzustand des Menschen geben, als sei unsere Identität nicht dauernd im Fluss, ein soziales Konstrukt, eine neurobiologische Illusion, als ahnten wir nicht, dass unsere Liebe zum Authentischen nur das Symptom einer Identitätskrise ist, weil wir es immer weniger schaffen, unser Selbstbild mit unserem Fremdbild in Einklang zu bringen.

Authentizität leitet sich vom griechischen Wort »authentikós« ab, einer Zusammensetzung aus »autós« (selbst) und »ontos« (sein), und bedeutet so viel wie: man selbst sein. Wo früher aber ein Blick in den Spiegel genügte, braucht es in der digitalisierten Gesellschaft den wohlwollenden Blick des anderen, das Gesehenwerden von möglichst vielen. Und sollte es so was wie Authentizität überhaupt geben, ist sie nur noch für Menschen erreichbar, die jenseits der Kontaminationen der Informationsgesellschaft existieren, Kleinkinder, alte Menschen, kranke Menschen, einsame Menschen, behinderte Menschen, Außenseiter, Sonderlinge, Landstreicher, Mönche und Ordensschwestern.

»Verwirkliche dein wahres Selbst« lautet der Imperativ unserer Zeit, dabei stellte der Soziologe Richard Sennet schon vor Jahren fest, dass Zivilisiertheit vor allem bedeute, die anderen mit der Last des eigenen Selbst zu verschonen.[139] Das habe man einmal Bürgerlichkeit genannt, schreibt auch Armin Nassehi, »die Fähigkeit, von der Person abzusehen, die Menschen auf ihre Leistung zu reduzieren, sich nicht zu sehr für sie zu interessieren, indifferent zu sein. Eher taktvoll als überzeugend. Eher distanziert als gemeinschaftlich. Eher gepflegt desinteressiert als vereinnahmend zugewandt, mit einem Primat der Fremdheit vor der Vertrautheit, mit einer eher exklusiven als inklusiven Auswahl von Freundschaften, mit einem bewussten Absehen von Peinlichkeiten und Differenzen, mit Selbstdisziplin statt der Disziplinierung des Anderen mit den eigenen Vorstellungen.«[140] Stimmt die Definition, leben wir im unzivilisiertesten Zeitalter der Menschheitsgeschichte.

In den letzten Jahren begegnete man dem Lob der Authentizität nirgendwo so verlässlich wie im RTL-Dschungelcamp, das sich vor allem um die Frage dreht, welche der Kandidaten echt sind und welche lediglich vorgeben, echt zu sein. Den »Stars« im australischen Busch geht es weniger um die Dschungelkrone oder das Preisgeld, sondern um die Möglichkeit, sich so zu präsentieren, wie man zu sein meint und vom Publikum wahrgenommen werden möchte: »Es geht darum, dass ich zeigen wollte, wer ich wirklich bin. Das war meine Mission, das war meine Hauptmission«, sagte der Mentalcoach Bastian Yotta in der letzten Staffel.

Der Haken aber ist, dass man sich Authentizität nicht selbst zuschreiben kann. Unsere Sehnsucht nach ihr scheint unserem Narzissmus zu entspringen, der uns Ichfremdes immer schwieriger ertragen und nur noch anerkennen lässt, was einen Bezug zu uns selbst hat. Richard Sennet erkannte in dieser Tendenz den Grund, warum wir uns immer schwerer mit feierlichen und formellen Handlungen und Ritualen tun, weil deren Sinn eben darin bestehe, den Einzelnen zu übersteigen, um etwas Metaphysisches, etwas Größeres entstehen zu lassen.

Das wahre Selbst ist eine problematische Formel: Der Philosoph Helmut Plessner formulierte bereits zu Beginn des 20. Jahrhunderts, dass der Mensch in nichts seine Freiheit reiner beweisen könne als in der Distanz zu sich selbst. Verliere er diese Distanz, falle er ins »Unergründliche« des Selbst – eine diskrete Umschreibung für das Symptom, das wir mit Psychopharmaka, Psychotherapien und Besuchen in Fastenkliniken zu lindern suchen. »Welche innere Wahrheit?«, fragt auch der Philosoph Slavoj Žižek: »Ich glaube, dass alles, was wir in uns finden, innere Lügen sind.«[141] Er empfehle Selbstvergessenheit statt Selbstsuche und aufgesetzte Manieren statt echter Vulgarität. Unsere Masken seien echter als die dümmliche Psychologie, die wir uns von uns selbst machten. Einer seiner Lieblingsfilme sei *Die Maske* mit Jim Carrey, da gehe es genau darum: »Wir faken, wenn wir keine Maske aufhaben, erst die Maske erlaubt einem, man selbst zu sein.«[142] Der Kulturwissenschaftler Thomas Bauer erkennt in unserer Sehnsucht nach Authentizität gar eine perfide Masche des Kapitalismus:

»Allerdings läuft dieses wahre Selbst auf ein Selbst als Konsument hinaus, auf den Menschen, der gerade dann er selbst ist, wenn er das konsumiert, was seinen ›authentischen‹ Bedürfnissen entspricht und ihm damit zu seiner Identität verhilft. Dann sei der ›individuelle Duft‹ in Millionenauflage kein Widerspruch mehr, weil die Werbewirtschaft genau auf den Konsumenten abziele, der im Konsum von Massenware seine Identität findet.«[143]

Und so schunkeln wir in Lederhose und Dirndl auf dem Oktoberfest, jubeln im Dortmund-Trikot im Signal Iduna Park, hocken im Kapuzenpullover in der Eckkneipe und reisen in einer dieser Leinenhosen mit Elefantenaufdruck durch Thailand. Pausenlos passen wir uns an, camouflieren und verkleiden uns, um in jeder Situation, in der wir uns gerade befinden, als authentisch durchzugehen.

—

»Wer leidet, ist am Glück dringender interessiert, als wer nicht leidet«, schrieb der Philosoph Herbert Marcuse. Wenn das stimmt, müssen wir einen Schritt vor dem Nervenzusammenbruch stehen, so voll sind unsere Buchhandlungen mit Ratgeberliteratur, die *Mein Glück in 100 Listen* oder *Das Glücklichmacher-Tagebuch* heißen.

Vor allem gewiefte Geschäftemacher aus Skandinavien behelligen jeden, der das Pech hat, südlich von Stockholm leben zu müssen, mit ihren Glücksprinzipien *hygge* (»heimelig«) und *lagom* (»nicht zu viel und nicht zu wenig«). Es gibt sogar eine Zeitschrift, die *hygge* heißt, und ja, man muss davon ausgehen, dass es dabei vor allem, nein, eigentlich ausschließlich um den Verkauf von Produkten geht, die vorher kein Mensch vermisst hat: »Hygge ist ein Ganzjahresphänomen, das Sie sowohl beim gemütlichen Sommerpicknick im Park als auch an kalten Tagen vor dem Kamin leben können«, heißt es auf der Website von Tchibo, auf der man Einrichtungsgegenstände in »hyggeligen Materialien« für »besondere Kuschelmomente« bestellen kann. Im Klappentext des Weltbestsellers *Hygge – ein Lebensgefühl, das einfach glücklich macht* wird dieses Lebensgefühl so beschrieben:

»Von ›Kunst der Innigkeit‹ über ›Gemütlichkeit der Seele‹ und ›Abwesenheit jeglicher Störfaktoren‹ bis hin zu ›Freude an der Gegenwart beruhigender Dinge‹, ›gemütliches Beisammensein‹ oder ›Kakao bei Kerzenschein‹ – Hygge ist warmes Licht und ein kuscheliges Sofa, Picknicken im Sommer und Glögg-Trinken im Winter. Und Hygge ist eine Haltung, die man lernen kann!«[144]

Da lerne ich ehrlich gesagt lieber stricken, weil ich es nirgendwo so langweile finde wie in Schweden oder Norwegen: Zwischen Möbelklassikern, Granola-Bowls und Menschen, die alle wie Produktdesigner oder Teilzeitmodels aussehen, habe ich nie das Gefühl, dass irgendwas Unvorhergesehenes oder Bemerkenswertes passieren könnte, das mich erschüttern oder verstören könnte. Stattdessen legt sich angesichts der permanenten Picknickatmosphäre schon beim ersten Stadtbummel eine Mischung aus Wut und Traurigkeit auf mein Gemüt, die Lust zu schreien oder etwas kaputt zu machen. Kein Wunder, dass fast alle Black-Metal-Bands aus Skandinavien kommen.

—

Einmal im Jahr kürt das *Time Magazine* die Person des Jahres: 1963 fiel die Wahl auf Martin Luther King, 1970 auf Willy Brandt, 1994 auf Papst Johannes Paul II., 2018 auf den ermordeten saudi-arabischen Journalisten Jamal Kashoggi.

2006 ernannte die Redaktion »You« zur Person des Jahres. Damals könnte er entstanden sein, der »Konformismus des Andersseins« (Sloterdijk), der Virus des Hyper-Individualismus, der in jedem von uns seinen idealen Wirt gefunden hat, weil auf einmal jeder Mensch das Recht (und die Bürde) hatte, sich als Nachfolger bedeutender Persönlichkeiten zu wähnen; plötzlich gab es nicht mehr einige besondere Menschen hier und Milliarden gewöhnliche dort, auf einmal traten 8 Milliarden Hammerexemplare der Menschheit auf den Plan, so aufregend, dass sich jeder von ihnen ermuntert fühlte, allen anderen von sich zu erzählen. *Ich* hieß eine Zeit lang nur die Autobiografie von Oliver Kahn, inzwischen arbeitet jeder an seiner eigenen grandiosen Lebensgeschichte, nicht zwischen zwei Buchdeckeln, sondern im Netz und jeden Tag an jedem Ort in jeder Lage. Neulich bin ich an einem Friseursalon vorbeigelaufen, der mit dem Slogan warb: »Saving ordinary people from themselves.«

Man müsse das gewöhnliche Leben verteidigen, weil der Zeitgeist den Menschen in seiner Gewöhnlichkeit nicht in Ruhe lasse, weil er einem dauernd einrede: »Du bist ein Star, tritt endlich auf!«, fordert der Philosoph Matthias C. Müller.[145] Wir sind die, die seinen Rat falsch verstanden, die nicht nur den Mut, sondern auch die Demut verloren haben. Wir sind die, deren Selbstsuche zur Selbstsucht geworden ist, die verlernt haben, auf die Knie zu gehen, und keine Furcht mehr spüren, weil sie keine Ehrfurcht mehr kennen. Man selbst zu sein, einer unter vielen, das genügt uns schon lange nicht mehr, ehrlich gesagt empfinden wir es als Demütigung. Der therapeutische Zeitgeist ermuntert uns dazu, dass wir uns immer verzweifelter an uns selbst klammern. Seitdem sich Wahrheit und Inszenierung übergangslos überlappen, ist unser authentisches Ich die letzte Instanz der Wahrhaftigkeit, die es zu pflegen gilt.

»Heute verlangt die Gesellschaft nicht mehr von Ihnen, ein guter Soldat, ein guter Kommunist oder ein guter Christ zu sein«, sagt Slavoj Žižek. »Die Botschaft ist ein vager, aufgeklärter Hedonismus: Versuche, wirklich du selbst zu sein! Erkenne deine Potentiale!«[146] Im 21. Jahrhundert ist Authentizität zu *der* Forderung im Leistungskatalog des zeitgemäßen Menschen geworden. Authentizität ist »das letzte Stück Heiligkeit in säkularisierten Zeiten« (Thomas Noetzel) – der Mensch, wie er wirklich sei, als Ersatz für Gott.

Wenn wir ehrlich sind, wären wir schon gern besonders, auf jeden Fall anders als die anderen. Warum sonst sollten wir Bilder unserer Urlaubsorte, Feierabenddrinks und Ausgeh-Outfits in den sozialen Netzwerken zur allgemeinen Bewunderung freischalten? Warum sonst sollten wir jede Kauzigkeit unserer Psyche zur extravaganten Anomalie stilisieren? Warum sonst kann man kaum noch eine Unterhaltung führen, ohne von Zusammenbruch- und Burn-out-Storys belästigt zu werden; meistens entbrennt sogar ein Wettkampf um die Frage, wer kaputter, kränker, mehr *psycho* ist. Der Schriftsteller Clemens J. Setz schreibt dazu:

»Fast überall, wo zwei oder drei jüngere Menschen aufeinandertreffen, werden heute Gebrechen und Autoimmunkrankheiten ausgetauscht. Panikattackentrigger und Schwimmstrategien für die schwierigsten Stunden, DIY-Heilungsversuche, anzestrale Diätanläufe und allgemeine Ursachenvermutungen. Die Romantik dieser Generation ist Gesundwerdenwollen.«[147]

Die sozialen Medien bilden die Hauptarena dieser Arbeit an der Besonderheit, schreibt der Soziologe Andreas Reckwitz. Das Subjekt bewege sich auf einem umfassenden sozialen

Attraktivitätsmarkt, auf dem ein Kampf um Sichtbarkeit ausgetragen werde, die nur das ungewöhnlich Erscheinende verspreche. Die Spätmoderne erweise sich als eine *Kultur des Authentischen*, die zugleich eine *Kultur des Attraktiven* sei.[148]

Vor allem von jungen Menschen werden die vielfältigen Möglichkeiten der Selbstinszenierung gnaden- und bedenkenlos umgesetzt: »Das war der i-Punkt der Veränderung meines eigenen Typs«, jubelte eine Teilnehmerin von *Germany's Next Topmodel* über ihre neue Frisur, während eine Stimme aus dem Off raunte: »Wie werden Family und Friends auf die neuen Frisuren reagieren?«

—

In einer Gesellschaft, in der alles privat und öffentlich, echt und virtuell, wahrhaftig und *fake* zugleich ist, ist die Forderung nach Authentizität problematisch: Donald Trump ist zum Beispiel einer der authentischsten Spitzenpolitiker der Geschichte. Er streut Lügen, besticht Gegner, beleidigt Frauen, beschimpft Minderheiten – und gibt gerade deswegen ein unverfälschtes Bild seiner Persönlichkeit ab. Im Wahlkampf benahm er sich stillos und manipulativ, aber authentisch, während seine demokratische Kontrahentin Hillary Clinton als heuchlerische Vertreterin einer elitären Oberschicht wahrgenommen wurde.

Wer »authentic leadership« bei Google eingibt, erhält 82 Millionen Treffer, dabei ist es absurd, von einer Führungskraft Authentizität einzufordern, weil sich ein authentischer Chef oder eine authentische Chefin keine zwei Wochen im Amt halten könnte. Es ist umgekehrt: Will eine Führungskraft ihrer Verantwortung gerecht werden, muss sie sich notwendigerweise eine zweite Persönlichkeit zulegen, die Sicherheit ausstrahlt, indem sie vertrauensvoll und zuverlässig agiert, aber Zweifel, Ängste und Kränkungen für sich behält. Es ist das Geheimnis des Erfolgs von Angela Merkel, die vor allem deshalb als authentische Politikerin wahrgenommen wird, weil sie sich an den Aufgeregtheiten der Berliner Republik nicht beteiligt. Es ist mitnichten so, dass sie den Deutschen ihr wahres Ich präsentiert, sie zeigt ihnen aber auch kein falsches, sondern gar keins. Wer führt, muss in der Lage sein, auf das Ausleben der eigenen Persönlichkeit zu verzichten.

Der Soziologe Erving Goffman hat sein Leben damit verbracht zu erforschen, wie Menschen vielfältige Rollen zu besetzen lernen und gerade dadurch den Anforderungen einer modernen Gesellschaft gerecht werden können. Eine seiner Grundthesen besagt, dass der Mensch eben nicht in seiner jeweiligen Rolle aufgehe, sondern gerade aus einer Rolle heraus kritisch betrachten könne, was er in einer anderen zu tun oder sagen gezwungen sei. Der Einzelne freilich glaube selbst an den Anschein der Wirklichkeit, den er bei seiner Umgebung hervorzurufen trachtet. Demnach sind multiple Rollen kein Beleg für fehlende Echtheit, sondern die Voraussetzung dafür, sich in der komplexen Informations- und Meinungsgesellschaft des 21. Jahrhunderts zurechtzufinden.

In den letzten Jahren stolperten gleich zwei SPD-Kanzlerkandidaten über ihren Anspruch, einen authentischen Wahlkampf zu führen: 2013 bewies Peer Steinbrück mit seinem Stinkefinger auf dem Cover des *SZ-Magazins*, dass er genauso viel Feingefühl hat, wie man immer befürchtet hat, vier Jahre später scheiterte Martin Schulz auf fast rührende Weise an der

Kaltschnäuzigkeit Angela Merkels. Es gebe in Deutschland eine »Sehnsucht nach authentischen, glaubwürdigen Politikern«, sagte er im Wahlkampf. »Ich glaube, dass ich so einer bin. Ich bin leidenschaftlich, ich bin echt. Kein Sprechautomat.« Sein Problem war, dass es diese Sehnsucht tatsächlich gibt, sie aber jeden zu Fall bringt, der meint, sie bedienen zu müssen, auch wenn er noch so viele Currywürste mit Ketchup und Mayo verdrückt.

Wer Kanzler werden wolle, müsse dafür trainieren, sagt Stefan Wachtel, der seit Jahren DAX-Vorstände in Führungsfragen berät. Der Fehler von Stoiber, Steinmeier, Steinbrück und Schulz sei gewesen, dass sie auf Teufel komm raus sie selbst sein wollten. »Wären sie ein bisschen Schauspieler gewesen, wäre einer von ihnen womöglich Kanzler geworden.«[149] Natürlichkeit und Unverstelltheit genügten nicht im Kampf um die Macht, was man schon daran sehe, dass Elvis Presley mal aus Spaß bei einem Elvis-Presley-Double-Wettbewerb teilgenommen habe und auf dem vierten von 17 Plätzen gelandet sei. Offenbar waren drei Fake-Varianten von Elvis authentischer als das Original.

Fehlt noch die Pointe in der Tragödie um Martin Schulz, den Buchliebhaber aus Würselen, der sich vorgenommen hatte, die Deutschen mit seiner authentischen Art für sich zu erobern, aber im Laufe des Wahlkampfs von seinen Beratern gezwungen wurde, seinem Vorsatz untreu zu werden. In seinem Buch *Die Schulz-Story* beschreibt der *Spiegel*-Reporter Markus Feldenkirchen, wie der SPD-Kanzlerkandidat am 7. August 2017 in ein Tonstudio der Firma Slaughterhouse GmbH in Berlin gerufen wurde, man müsse ein letztes Mal an den Wahlkampfspots feilen, die bald im Fernsehen rauf und runter laufen würden, seinem Team sei ein Fehler aufgefallen, nichts Großes, nichts, das sich nicht in ein paar Stunden beheben lasse.[150]

Der erste Spot sei astrein, gute Arbeit, man habe lediglich den Himmel blauer und die Sonne intensiver gemacht, beim zweiten aber, der ein paar Kinder beim ausgelassenen Spielen zeige, gebe es ein Problem, genau genommen gehe es um ein einziges Wort im Kommentar aus dem Off:

»Manche behaupten ja, Gerechtigkeit sei heute kein Thema mehr.«

Als Martin Schulz diesen Satz ein paar Wochen zuvor eingesprochen hatte, hatte er »manche« wie »mansche« ausgesprochen, Schulz kommt aus der Nähe von Aachen, die Menschen sprechen dort so. Er hatte sich nichts dabei gedacht. Warum sollte er seinen Heimatdialekt verleugnen? Ausgerechnet er, der sich vom Alkoholiker zum Präsidenten des Europäischen Parlaments, vom Provinzheini zum Weltbürger und Kanzlerkandidaten nach oben gekämpft hat, der fließend Englisch, Französisch, Italienisch spricht?

Seine Berater aber haben Bedenken: Die meisten Menschen in Deutschland kommen nicht aus der Nähe von Aachen und könnten irritiert sein, wenn einer, der sich anschickt, eine der führenden Wirtschaftsnationen der Welt zu regieren, provinziell daherredet. Irgendwann steht fest: Ob er will oder nicht, Schulz muss noch mal ins Tonstudio und den Satz neu einsprechen, damit der Spot perfektioniert werden kann.

Schulz hält es für Humbug, aber fügt sich und gibt sein Bestes: Erst klingt es zu gekünstelt, dann zu wenig freundlich. Als man ihm anbietet, er solle »einige« statt »manche« sagen, lehnt er ab; nach weiteren zehn Versuchen klingt es zu sachlich, außerdem fehlen Druck und Selbstbewusstsein. Schulz wird ungehalten, Schulz wehrt sich:

»Wisst ihr was, Leute. Lasst das mit dem ›Mansche‹. Das interessiert da draußen keine Socke. Die alte Aufnahme war gut. Ich bin halt so. Ich sprech so (...) Zur Perfektion gehört Authentizität.«

Aber er kann sich nicht durchsetzen. Er muss noch ein paar Mal versuchen, »manche« zu sagen, irgendwann gelingt es ihm, aber seine Stimme ist zu hoch, vier Wochen vorher sei sie tiefer gewesen, sagen seine Berater, offenbar gebe es einen Unterschied zwischen seiner Morgen- und seiner Nachmittagsstimme. Nach einer Stunde sind nicht nur alle am Ende mit den Nerven, sondern auch einigermaßen zufrieden, ein neu aufgenommenes »manche« kann in die Morgenstimme von damals geschnitten werden. Der Spot kann in die Welt; genützt hat es nichts, die SPD landet bei 20,5 Prozent – und Martin Schulz auf einer der hinteren Bänke im Bundestag. Ein Jahr danach beschrieb der Medienwissenschaftler Bernhard Pörksen die fatalen Folgen einer auf Authentizität und Perfektion programmierten Gesellschaft:

»Und sie züchtet, ob sie will oder nicht, den Typus des kleinmütigen, visionsfeindlichen, sich hinter Phrasen verschanzenden Angstpolitikers, den sie dann verachtet. Gegenwärtig prallen die Sehnsucht nach der Lichtgestalt und Erlöserfigur – man denke nur an den Hype um Martin Schulz und Friedrich Merz – und das Bedürfnis nach Nahbarkeit auf die allgemeine Lust an der Demontage aufeinander.«[151]

Ein gelungenes Fest, eine rauschende Party, ein geglücktes Zusammenkommen von Menschen erfordert die unausgesprochene Vereinbarung aller, eine unterhaltsame Rolle zu spielen und alles Mögliche zu sein, nur bitte nicht man selbst. Erwünscht sind Flirts mit Identitäten, kleine Übertreibungen, unterhaltsame Lügen, fragwürdige Anekdoten; hinderlich sind zur Schau getragener guter Geschmack, rigide Moralvorstellungen und der Vorsatz, sich um jeden Preis als der Mensch zu präsentieren, der man zu sein glaubt. Das ist schwierig geworden in einer Zeit, in der alle mit sich selbst kongruent sein wollen.

Zivilisiertheit erfordert nun mal ein Mindestmaß an Normen und Selbstkontrolle. Ohne die Bereitschaft, in eine sozial erwünschte Rolle zu schlüpfen, ist sie nicht zu haben. Kultur ist demnach die Definition von Nicht-Authentizität. Der Schriftsteller Thomas Melle definiert Authentizität als »völlig literaturferne Kategorie«, die Kunstlosigkeit heraufbeschwören möchte:

»Je kunstloser, desto authentischer, so die spontane Idee. Es gibt aber keine Äußerung ohne die Form, die sie schon mitbringt (...) und wenn irgendein Modeblogger seinen neuesten Shopping-Exzess mitstreamt und live und direkt mit den Followern teilt, ist das, Sekunde für Sekunde, völlig wirklich und dann doch komplett unwirklich, gestellt, von zehntausend Misstönen und Falschheiten durchzogen und ganz und gar unwahrhaftig.«[152]

Kultur und Selbstverwirklichung schließen einander aus, denn Kultur engt ein, Kultur erfordert den Willen zur Form, Disziplin und Sublimierung. Wir sind rund um die Uhr damit beschäftigt, der Authentizität hinterherzuhecheln. Weil die immer einen Schritt voraus ist, *faken* wir sie, dabei wäre es nicht nur unterhaltsamer, sondern auch gewinnbringender, wenn wir endlich begriffen, dass ein Leben ohne Täuschung nicht möglich und auch nicht wünschenswert ist. Man verhält sich nun mal unterschiedlich, je nachdem ob man gerade mit dem Chef, dem Partner, den Eltern, den Kindern oder dem alten Schulfreund zu tun hat. »Das Geheimnis, das durch negative oder positive Mittel getragene Verbergen von Wirklichkeiten, ist eine der größten Errungenschaften der Menschheit«, schrieb Georg Simmel. »Gegenüber dem kindischen Zustand, in dem jede Vorstellung sofort ausgesprochen, jedes Unternehmen allen Blicken zugänglich ist, wird durch das Geheimnis eine ungeheure Erweiterung des Lebens erreicht.«[153]

Harald Schmidt sagte mal, dass er überhaupt nicht daran interessiert sei, wer er wirklich sei, sondern sich als »Charaktermaske« akzeptiere: »Ich wünsche mir, mehr Leute würden sich als Kunstfigur erfinden und mich nicht mit dem belästigen, was sie als authentisch empfinden.«[154]

Möbel- und Modefirmen produzieren Stühle, Regale und Klamotten, die aussehen, als seien sie zehn, zwanzig, dreißig Jahre alt, Art-Direktoren von Food- und Designmagazinen bestellen bei Fotografen »inszenierte Authentizität«, was nichts anderes heißt, als dass beim Shooting eine Schar von Stylisten dafür sorgt, dass die Bilder am Ende so aussehen, als seien sie ohne Aufwand, praktisch nebenbei entstanden. Wer als authentisch wahrgenommen werden möchte, muss enormen Aufwand betreiben; die meisten sind bereit dazu, denn wer sein wahres Gesicht zeigt, läuft Gefahr, Follower zu verlieren. Und das wäre alles nur albern, wenn der Authentizitätskult nicht längst Areale erreicht hätte, die nicht authentisch sein können, wie die

Literatur und das Theater, die fiktive Geschichten erzählen, aus Freude an der Fantasie, als Mittel des Erkenntnisgewinns:

Während feste Ensembles verkleinert oder abgebaut werden und das klassische Schauspiel zunehmend von postdramatischen, performativen und dokumentarischen Formen abgelöst wird, um zwischen Bühne und Publikum eine größere Nähe zu simulieren, steht immer öfter ein sogenanntes Memoir an der Spitze der Literatur-Bestsellerlisten, also die autobiografische Verarbeitung des eigenen Lebens, das fiktive Weiterspinnen realer Ereignisse.

Wieso Geschichten erfinden, wenn das Leben doch die besten schreibt? Ist es nicht unmoralisch, den *Wallenstein* auf die Bühne zu bringen, während im Mittelmeer Menschen ertrinken? Echte Menschen, echte Standpunkte, echte Schicksale bevölkern unsere Bücher, Talkshows, Theater- und Opernbühnen, die der komplexen Gegenwart mit Diskussionsabenden, moralisierender Gebrauchskunst und jeder Menge ins Rampenlicht geschobener Laien zu Leibe rücken.

»Wir sollen nicht fühlen, schon gar nicht uns einfühlen – wir sollen denken, hinterfragen, uns allzeit die Theatersituation im Theater bewusst machen«, schreibt die Theaterkritikerin Christine Dössel. »Daher die vielen Ironisierungen der Stücke und Stoffe, die Brüche, Zusatzinformationen und performativen Einschübe.«[155] Die Skepsis für das »als ob« und überhaupt alles Fiktive ist einer der Gründe, warum das Fernsehen bei Teenagern an Relevanz einbüßt: Sie schaffen es nicht mehr, sich mit Geschichten und Schicksalen zu identifizieren, die sich jemand am Schreibtisch ausgedacht hat. Nach der Premiere des ersten YouTube-Kinofilms erklärten drei Mädchen, dass Fernsehformate für sie nicht interessant seien, weil die Menschen darin so stark schauspielerten. Auf YouTube dagegen könne man »normalen Jugendlichen mit normalen Problemen« zusehen.

Dass wir immer weniger bereit sind, einen fiktiven Stoff anzunehmen, zeigte sich zuletzt in den Hassmails Zehntausender *Game-of-Thrones*-Fans, die nach der letzten Folge so enttäuscht waren, dass sie ein anderes Ende der Saga forderten. Irritiert und verzweifelt über den Tod ihrer Heldin Daenerys Targaryen, schimpften sie die sozialen Netzwerke voll. Es gab sogar Fans, die alternative Versionen der Geschichte verfassten, weil sie davon überzeugt waren, »Besseres verdient« zu haben. Was sich auch ein bisschen lustig anhört, deutet auf ein massives Missverständnis, eine pathologische Überidentifizierung hin: Wir nehmen unsere Gefühle, unsere Stimmungen und Moralvorstellungen so ernst, dass wir es nicht mehr aushalten können, eine Geschichte vorgesetzt zu bekommen, ohne mitbestimmen zu können, eine Geschichte, in der sich unsere Empfindungen nicht genügend spiegeln, in denen wir uns zu wenig gemeint fühlen. Und so hinterlässt die erfolgreichste Serie der Menschheitsgeschichte Zehntausende gekränkter Kinder, die seit Monaten darüber nachdenken, ob sie sich eine Fortsetzung der Geschichte wünschen oder lieber nicht.

—

Wer in München lebt und seinen Körper als Ressource begreift, trainiert im Leo's Sports Club in Schwabing und lässt sich durch Panoramafenster von Spaziergängern dabei beobachten: Rechtsanwälte, Unternehmensberater, Teilzeitmodels und viele, die so tun, als könnten sie welche sein.

Das zweigeschossige Fitness-Studio ist ein kleiner Mythos, es bietet ein Heer von Personal Trainern und Ernährungsberatern, verschiedene Saunen, ein Dampfbad, ein Yogastudio, und wer seine Kinder während der Spinning-Lesson betreuen lassen möchte, kann sie in die professionelle Obhut einer Mitarbeiterin geben. Das Leo's ist ein Tempel der Selbstoptimierung, ein Arkadien für Narzissten oder wie Richard Schuberth schreibt: für »die zombiehafte Endzeitparodie des freien Menschen: sportlich, hedonistisch, sexuell befreit, konsumbereit, mobil, die Lust von Pulsgürteln eingeschnürt, in den Augen die Angst«.[156]

Vor Kurzem hat sich im Leo's ein Paradigmenwechsel vollzogen: Jahrelang hing neben dem Empfang, an dem man von 6 Uhr morgens bis 23 Uhr abends von gut aussehenden Menschen begrüßt wird, ein Schaukasten mit den Setcards der Models, die im Leo's trainierten: junge Frauen mit makellosen Bikinifiguren und hervortretenden Hüftknochen, athletische Männer mit Dreitagebart, mal im Businesslook, mal in Badehose; eine Galerie der Makellosigkeit, an der jeder Normalsterbliche auf dem Weg zu den Umkleidekabinen vorbeimusste. In all den Jahren habe ich es nicht ein Mal erlebt, dass jemand stehen blieb, um sich die Fotos anzuschauen, gleichzeitig schaffte es aber auch kaum jemand, im Vorbeigehen nicht zumindest einen verstohlenen Blick auf die Bilder zu werfen: Der Schaukasten mit den perfekt inszenierten Traumkörpern hatte die Funktion eines Heiligtums, diese Bilder waren anziehend und furchteinflößend, motivierend und deprimierend zugleich, sie erinnerten daran, warum man an diesen Ort gekommen war, und führten einem zugleich die eigenen Defizite vor Augen.

Vor zwei Jahren wurde er abmontiert und durch gemälde-
artige Fotografien der Personal Trainer des Studios ersetzt,
nicht mehr lächelnd wie früher, sondern im Moment extrem-
ster Anstrengung, beim Klimmzug, im Liegestütz, beim Ge-
wichtheben, der Körper verschwitzt, das Gesicht zur Fratze
verzerrt, die Lippen verkrampft, dazu der Slogan: »Du hast nie
besser ausgesehen.« Das Ideal der unerreichbaren Schönheit
ist dem erzwingbarer Fitness gewichen.

Die Gesellschaft hat sich verändert, von analog zu digital,
von gelassen zu diszipliniert, von *Das gönne ich mir* zu *Darauf
verzichte ich jetzt.* »Mit Datenbrille, Fitnessarmband und Kopfhörer läuft dieser Mensch dem Gefängnis seiner Biografie und
seines Körpers davon – direkt in sein Verderben. Er trägt das
neue Gefängnis am eigenen Körper mit sich herum«[157] – mit
sichtbaren Konsequenzen für unser Körperideal, und auch für
das Stadtbild:

Wenn ich dreißig Jahre zurückdenke, an meine Pubertät
und die Heftchen und Träume, die mich dabei begleiteten,
dann drehte sich irgendwie alles um Brüste. Nie wäre ich auf
die Idee gekommen, mir Gedanken darüber zu machen, wie
der Hintern von Samantha Fox, Pamela Anderson oder Sophie
Marceau aussieht. Ihre Brüste aber waren so allgegenwärtig,
dass ich sie heute noch ohne Google-Bildersuche vor Augen
habe: die von Samantha Fox waren üppig und leicht hängend,
die von Pamela Anderson unnatürlich prall, die von Sophie
Marceau kindlich und spitz. Ein Hintern war für mich einfach
ein Körperteil, vergleichbar einer Nase oder einem Unter-
schenkel, nur unappetitlicher, weil man damit aufs Klo ging.
Im Fernsehen liefen *Tutti Frutti* und *Baywatch*, von der *Bild* lächelte das Seite-1-Girl, die Wonderbra-Kampagne führte welt-

weit zu Massenkarambolagen auf den Straßen, man staunte über Busenwunder wie Katie Price oder Lolo Ferrari, aber von einem Popowunder war, soweit ich mich erinnern kann, nie die Rede.

Das hat sich so radikal ins Gegenteil verkehrt, dass ich mich neulich dabei ertappte, wie ich bei nackten Brüsten zuerst an eine Femen-Demonstration dachte. Manchmal fühle ich mich umzingelt von Hintern, im Netz, auf der Straße, im Fitness-Studio, im Café um die Ecke. Wer mal eine halbe Stunde auf Instagram verbracht und ein so harmloses Schlagwort wie »Fitness« eingegeben hat, weiß, wovon die Rede ist: Ärsche in Micro-Bikinis, Ärsche in Leggins, Ärsche in Stretch-Jeans; braune Ärsche, weiße Ärsche, schwarze Ärsche, trockene Ärsche, eingeölte Ärsche, zur Schau gestellt und zur Ansicht freigegeben von jungen, hübschen, durchtrainierten Frauen, die brav ins Hohlkreuz gehen, damit man ja nicht auf die Idee kommt, es könnte hier um irgendetwas anderes gehen als den besten, den trainiertesten, den definitiv *most sexy* Arsch der Welt. Und das sind nur die Fotos, in der Wirklichkeit geht es weiter, seitdem die Städte voll sind mit Frauen, die in ultrakurzen Jeansshorts und hautengen Yoga-Pants zum Bio-Markt, in die Uni-Bibliothek oder einfach nur am Fluss entlangspazieren.

Das Körperideal der Gegenwart sei »skulptural«, sagt die Soziologin Paula-Irene Villa. Wie »Marmorstatuen« sähen viele Influencer auf Instagram aus. »Es soll nichts hängen, nichts auslaufen, sich nichts bewegen«[158], im Grunde gehe es um Kontrolle. Und weil so ein Hintern von drei Muskeln gebildet wird, scheint er in einer auf Leistung ausgerichteten Gesellschaft das geeignetere Repräsentationsobjekt zu sein, das eine gesteigerte Form der Selbstdarstellung ermöglicht: Der fitte

Körper nicht nur als Hingucker, sondern als Kapital, Einstellungsargument und Ausweis der eigenen Tauglichkeit.

Brüste dagegen sind nicht nur mütterlicher als Pobacken, sie verhalten sich auch anarchischer. Sie machen, was sie wollen, und das im Laufe eines Lebens immer überzeugender. Anarchisches, Störrisches, Renitentes aber sieht die Kontrollgesellschaft des 21. Jahrhunderts nicht so gern, man denke an die allgegenwärtige Forderung der Frauen an sich selbst, nach der Geburt möglichst schnell wieder in Form zu kommen. Falten, Unebenheiten, Körperteile, die sich natürlich verhalten, sind der Feind, gegen den es mobilzumachen gilt.

Was wir erleben, ist der Kampf gegen den eigenen Körper, gegen den ewigen Rhythmus des Werdens und Vergehens. Oder warum wird man beim Zahnarzt dauernd aufgefordert, wenigstens mal darüber nachzudenken, ob man nicht was für die optimale Helligkeit seiner Zähne tun wolle, das sei inzwischen kein großes Ding mehr und auch gar nicht so teuer, wie man denke, man könne beim Rausgehen gern einen Blick in die Smile-to-go-Broschüre werfen. Es ist dies eine Logik, die jede natürliche Regung optimieren, jeden Schmerz lindern und jedes negative Gefühl beseitigen will: Müdigkeit? Kein Problem, wenn man die richtigen Pillen nimmt. Schmerz? Kann abgestellt werden. Traurigkeit? Auch.

Im Leo's streift mich regelmäßig die Ahnung, dass irgendwas faul ist, dass etwas nicht stimmt, als sei ich durch einen geheimen Zugang in eine alternative Wirklichkeit gelangt, eine Art Matrix; alle sind freundlich und hilfsbereit, trotzdem wirken sie so fremd, so weit weg, so bedrohlich in ihrer Disziplin und ihrem Eifer. Oft muss ich an den Roman *Alles, was wir geben mussten* von Kazuo Ishiguro denken, der als gewöhnliche

Internatsgeschichte in England beginnt und den Leser erst allmählich ahnen lässt, dass die Jugendlichen, mit denen man seitenlang mitgefiebert hat, keine Menschen, sondern künstlich gezeugte Materiallager sind, deren Existenzberechtigung ausschließlich darin besteht, makellos gesunde Organe zu entwickeln, die ihnen entnommen werden, bevor sie für immer abgeschaltet werden. Diese armen Geschöpfe kommen mir in den Sinn, wenn ich die durchtrainierten, enthaarten Fitness-Menschen auf den Laufbändern sehe, wie sie, In-Ear-Plugs in den Ohrmuscheln, gnadenlos synchron ins Leere laufen.

Nähe

»*Du bist so nahe,*

als weiltest du nicht hier.«

Paul Celan

Seitdem in der westlichen Welt die Krise zum Normalzustand
geworden ist, seitdem der urbane Mensch sein Leben vor allem bewältigt, kriegt er nicht genug davon, angefasst zu werden, am liebsten von Menschen, die er kaum kennt und denen
er Geld dafür zahlt: Scheue Frauen aus Thailand massieren
seinen Rücken, aufgedrehte Friseure seine Kopfhaut. Er liebt
den Duft von Rosen und Zedern; längst ist er süchtig nach diesem Stündchen Nähe, diesem Stückchen Trost.

45 Zentimeter, haben Wissenschaftler herausgefunden, so
nahe dürfen uns fremde Menschen in der U-Bahn gerade noch
kommen, damit wir uns nicht belästigt fühlen. Weil wir uns
aber trotzdem nach Nähe sehnen, erscheint die Hot-Stone-
Massage für 72 Euro wie eine Erlösung: Augen zu, nichts geben, nur nehmen.

Als Ersatz für fehlende Körperlichkeit haben wir die Wellness-Industrie bekommen, die sich von unserem Stress nährt
und uns die Streicheleinheiten zur Verfügung stellt, mit denen
wir uns früher gegenseitig beschenkt haben: Je digitalisierter
unser Alltag, je körperloser unsere Beziehungen, je entstoff-
lichter unser Dasein, desto entschlossener sind wir bereit, uns
diese Berührungen mit der Kreditkarte zu erkaufen. Ist ja auch

angenehmer, wenn man die Kontrolle hat und sagen kann, wo genau, wie fest und wie lange eine Niedriglohnarbeiterin aus Südostasien an uns herumdrücken darf.

Man muss schon in die ärmsten Regionen dieser Erde reisen, die wir mit Entwicklungshilfemaßnahmen unterstützen, damit ihre Bewohner nicht auf die Idee kommen, sich in einem Schlauchboot nach Europa aufzumachen, um eine Ahnung davon zu bekommen, wie angstfrei auch wir noch vor ein paar Jahrzehnten zusammengelebt haben:

Zwei, drei, vier Geschwister schlafen in einem Bett, fünf-, sechs-, siebenköpfige Familien wohnen in einem Zimmer, die Mutter bürstet das Haar der Tochter, die Tochter das der Mutter, der Sohn massiert den Rücken des Vaters, der Enkel wechselt die Windel der Oma. In Äthiopien sind die Straßen voll mit jungen Männern, die Händchen halten, nicht weil sie schwul, sondern weil sie befreundet sind.

In Puerto Rico tauschen die Menschen während eines Gesprächs etwa 180 Berührungen in der Stunde aus[159], in Frankreich hat man 110 in einer halben Stunde gezählt, in den USA zwei.[160] Wir sehnen uns nach Nähe und sind unfähig, sie zu ertragen, ehrlich gesagt spüren wir einen Anflug von Panik, wenn es am Sonntagabend an der Tür klingelt, fragen uns, ob wir aufmachen sollen, und wenn ja, wie wir den Überraschungsbesuch vor dem *Tatort* wieder nach draußen befördern können. Anfang des 20. Jahrhunderts schrieb der Soziologe Georg Simmel über das Leben in Großstädten:

»Wenn ich mich nicht täusche, ist die Innenseite dieser äußeren Reserve nicht nur Gleichgültigkeit, sondern (...) eine leise Aversion, eine gegenseitige Fremdheit und Abstoßung, die in dem Augenblick einer irgendwie veranlaßten nahen Berührung sogleich in Haß und Kampf ausschlagen würde.«[161]

Seitdem ist es schlimmer geworden: Begegnen wir einem Facebook-Freund im Supermarkt, verstecken wir uns hinter dem Nudelregal, auf einer Hochzeit platziert zu werden, ohne die Chance, diesem lauten oder jenem langweiligen Tischnachbarn zu entkommen, empfinden wir als Zumutung. Kaum geraten wir in eine soziale Situation, fühlen wir uns belästigt. Das Risiko, in eine Entmündigung zu geraten, erscheint uns zu groß. Lieber verschließen wir uns wie eine Muschel, um nicht aus dem Tritt zu kommen. Und so twittern, posten und skypen wir, aber die Welt antwortet nicht mehr, das Echo bleibt aus, der Sinn, die Resonanz. Stattdessen besorgen wir uns schallabsorbierende Noise-Cancelling-Kopfhörer für 200 Euro, die uns die Wirklichkeit mit Hilfe von Wasserplätschern, Vogelgezwitscher oder »weißem Rauschen« vom Leib halten. So etwas wie eine Spontankommunikation auf einer Parkbank oder in der U-Bahn findet kaum noch statt. Wir schauen uns nicht mehr in die Augen, nehmen uns nicht mehr wahr, müssen uns nicht mehr anfassen, in der Liebe nicht und im Krieg erst recht nicht.

Eine menschliche Beziehung ist aber das Gegenteil von Endlosunterhaltung. Indem wir wegklicken, ignorieren und entscheiden können, welcher sozialen Situation wir uns aussetzen und welcher nicht, gehen wir echten Beziehungen aus dem Weg. Wer abends in einer Stadt spazieren geht, erkennt im Dunkeln von Displays erhellte Gesichter, roboterhaft, abwesend, gefährdet. *Alles ist erleuchtet* heißt ein Bestsellerroman von Jonathan Safran Foer, er könnte von einem Abendspaziergang durch eine deutsche Stadt handeln.

Wer einmal mit schreienden Säuglingen, stillenden Müttern, schwitzenden Männern und gackernden Hühnern im Kleinbus durch Afrika oder Indien gefahren ist, weiß, wie es sich anfühlt, wenn sich für Stunden eine Gemeinschaft aus Menschen zusammenfindet, die einander noch nie zuvor begegnet sind, aber ohne Umschweife miteinander ins Gespräch kommen, dazu das Licht, die Musik, die Steppe, der Dschungel, die Reifenpanne, das Warten und die Ahnungslosigkeit, wann es weitergeht, während es dämmert, dunkel wird und draußen die Tiere zu schreien beginnen. So eine Fahrt ist quälend anstrengend, man gelangt an die Grenze seiner Belastbarkeit, das Nervenkostüm wird strapaziert, der Nacken schmerzt, aber man fühlt sich lebendig und am Leben wie seit Jahren nicht. Und wenn man Wochen später auf der Sofalandschaft liegt, drei Fernbedienungen vor sich, das Smartphone griffbereit, das Gesicht gewaschen und gecremt, fühlt man sich im falschen Leben und am falschen Ort, bis die Erinnerungen verblassen und die Sehnsucht versiegt.

Nicht einmal jeder fünfte Deutsche lädt noch regelmäßig Freunde zu sich ein, vor zwanzig Jahren waren es vier Mal so viele. Stattdessen geben wir als Lieblingsbeschäftigungen an: »ausschlafen«, »sich in Ruhe pflegen«, »Internet«.[162] Ein Kaffee aus dem Nichts, ohne Termin oder Anmeldung, das gibt es fast nicht mehr, stattdessen Stress, keine Zeit, vielleicht nächste Woche, schmaler werdende Zeitfenster; so was Abenteuerliches wie ein Feierabendbier klappt oft erst im dritten Anlauf und nachdem zwanzig SMS mit Planänderungen hin- und hergeschickt worden sind. Es war Margaret Thatcher, die gesagt hat, dass es so etwas wie eine Gesellschaft nicht gibt, nur einzelne Männer, Frauen und Familien. Wir liefern den traurigen Beweis, dass sie recht hatte.

In den letzten 70 Jahren hat sich der Wohnraum der Deutschen verdreifacht. Eine Nation fantasieloser Selbstverwirklicher macht es sich gemütlich, am liebsten mit Duschschaum von Kiehl's, einem Kaffeevollautomaten, einem Familienmagazin und einem Hund oder einer Katze auf dem Sofa, weil die viel geben und wenig fordern. Gegen die quälende Eintönigkeit lassen wir uns alle paar Wochen in einen *Escape Room* mit Rost an den Wänden und Fleischerhaken an der Decke sperren; der Nervenkitzel beginnt, wenn wir gezahlt und uns für eine Spielvariante entschieden haben – »Dr. Kannibal« soll im Moment gut laufen.

Als Junge habe ich keine Nachricht an die WhatsApp-Gruppe verschickt, ich habe das Rad genommen, bin zu einem Kumpel gefahren, habe geklingelt, und wenn der erste keine Zeit hatte, bin ich zum zweiten, irgendwann hatte ich meinen Kameraden, mit dem ich den Nachmittag totschlagen konnte. Ich war ein Tagedieb, man könnte auch sagen: ein normales Kind. Wir sind durch die Straßen gezogen, haben Bands gegründet, ohne dass wir ein Instrument spielen konnten, und tags darauf wieder aufgelöst, haben fremde Menschen mit Telefonstreichen in den Wahnsinn getrieben, im Garten geraucht, Wodka an der Tankstelle gekauft, unser Taschengeld an Automaten verspielt, Porno- und Horrorfilme geschaut und Nachmittage lang in der Küche auf dem Fußboden gesessen und den Kühlschrank leer geräumt. Es war eine Welt ohne Erwachsene, und wenn sich doch mal die Mutter oder der große Bruder eines Freundes zeigte, grüßte man höflich und verschwand wieder im Zimmer. Wie wir aufwuchsen, was wir machten, was von uns zu erwarten sei, darüber hat niemand gesprochen, es war kein Thema, es wurde einfach nur Tag und wieder Nacht, und klar musste man zur Schule oder zum Fußballtraining, aber meistens lebten wir in den Tag hinein, ohne irgendjemandem Rechenschaft darüber abzulegen.

Ich wurde nicht gefilmt, als ich das erste Mal »Mama« stammelte, ich musste nicht warten, bis alle Gäste ihre Handys parat hatten, bis ich die Kerzen auf der Geburtstagstorte ausblasen durfte, niemand installierte *KidGuard* auf meinem Handy oder dokumentierte meine Erfolge und Missgeschicke auf Instagram; ich war draußen, ich war frei, und wer was von mir wollte, musste mich schon suchen. Heute werden alle Kinder auf den Druck vorbereitet, der ihnen demnächst ins Haus steht, und angehalten, stündlich eine Nachricht an die Eltern zu schreiben, dass alles in Ordnung ist.

—

Mitte des 19. Jahrhunderts schrieb der französische Historiker Alexis de Tocqueville:

»Ich will entwerfen, unter welchen neuen Zügen der Despotismus sich in der Welt einstellen könnte: Ich sehe eine unübersehbare Menge ähnlicher und gleicher Menschen, die sich rastlos um sich selbst drehen, um sich kleine und gewöhnliche Freuden zu verschaffen, die ihr Herz ausfüllen. Jeder von ihnen ist, ganz auf sich zurückgezogen, dem Schicksal aller anderen gegenüber wie unbeteiligt: seine Kinder und seine besonderen Freunde sind für ihn die ganze Menschheit; was seine übrigen Mitbürger angeht, so ist er zwar bei ihnen, aber er sieht sie nicht; er berührt sie, aber er spürt sie nicht; er lebt nur in sich und für sich selbst, und wenn ihm auch noch eine Familie bleibt, so kann man doch zumindest sagen, ein Vaterland hat er nicht mehr.«[163]

150 Jahre später schreibt der Journalist Sebastian Junger in seinem Buch *Tribe – Das verlorene Wissen um Gemeinschaft und Menschlichkeit*:

»Schönheit und Tragödie der modernen Welt zeigen sich darin, dass sie viele Situationen eliminiert, in denen von den Menschen verlangt wird, Einsatz für das kollektive Wohl zu zeigen. Von Polizei und Feuerwehr beschützt und befreit von den meisten Anforderungen, das Überleben zu meistern, könnte ein urbaner Mann sein Leben hinter sich bringen, ohne jemals einer Person zu Hilfe kommen zu müssen, die sich in Gefahr befindet – oder gar je auf sein Abendessen verzichten zu müssen.«[164]

Junger interviewte für sein Buch Menschen, die sich über einen längeren Zeitraum in einem Kriegsgebiet aufgehalten hatten. Obwohl alle den Krieg verurteilten, sehnten sich viele nach dem Zusammenhalt, dem Gemeinschaftsgefühl und dem intensiveren Leben zurück, das sie während des Krieges erlebt hatten. »Irgendwas vom Krieg fehlt mir«, erzählte ihm eine bosnische Journalistin, die mit siebzehn von einem Granatsplitter verletzt wurde und mit anderen Jugendlichen wochenlang in Luftschutzbunkern ausharren musste. Phasenweise seien sie überglücklich gewesen, definitiv habe man mehr gelacht. »Aber ich glaube auch, dass die Welt, in der wir leben – und der Frieden, den wir haben –, ziemlich beschissen sein müssen, wenn jemand den Krieg vermisst. Und das tun viele.«[165] Viele Kriegsheimkehrer berichten davon, wie schwierig es sei, in eine Gesellschaft zurückzukehren, die friedlich, aber von elementaren Erfahrungen entfremdet sei. Fertigkeiten, auf die sie im Krieg angewiesen gewesen seien, hätten auf einmal keine Bedeutung mehr, stattdessen seien Qualitäten gefragt, die sie in Gefahrensituationen von den Kameraden entfremdet, womöglich sogar in Todesgefahr gebracht hätten.

—

Die zwei großen Versprechen unserer Zeit heißen: *get connected* und *share*, sich verbinden und teilen. Zusammen ergeben sie das Mantra des 21. Jahrhunderts, das Heilsversprechen der digitalen Ära. In den letzten Jahren verging kein Tag, an dem nicht hymnisch darüber berichtet wurde, dass die Menschen endlich gelernt haben zu teilen, statt immer nur besitzen zu wollen. »Endlich ein Auto, das nicht uns gehört«, lautet der Slogan eines Carsharing-Anbieters.

Ein weltumspannendes Netz der Solidarität werde entstehen, wenn erst mal jeder mit jedem in Verbindung stehe, eine Art digitaler Sozialismus. Die Sharing Economy, heißt es, sei eine postkapitalistische Wirtschaftsform, mit der die drängendsten Probleme der Menschheit gelöst werden könnten. Der amerikanische Star-Ökonom Jeremy Rifkin schwärmt vom Untergang des Kapitalismus und dem Beginn einer Ära des Sozialen, die seit Jahren von globalen Großkonzernen beschworen wird:

- »Eine Frage kann verbinden« (Google)
- »Life's better when we're connected« (Bank of America)
- »Reach out and touch someone« (AT&T)
- »Life's for sharing« (Telekom)
- »Connecting people« (Nokia)

Die Botschaft ist eindeutig: Wer sich mit anderen verbindet, wer seine Ressourcen, Informationen, Katzenfotos oder den alten Volvo teilt, hat sich für die richtige Seite entschieden, ist modern, moralisch einwandfrei, eine gesellschaftliche Kraft des Guten. Nicht zufällig finden sich beide Begriffe – *connect* und *share* – auf der Startseite von Facebook; längst sind sie die Metapher für das beste aller Leben, dabei sind sie ein Missverständnis, ja eine schamlose Lüge, weil die Monopolisten aus dem Silicon Valley seit Jahren die Idee des Sozialstaats untergraben und unser Bedürfnis nach Zugehörigkeit ausnützen, indem sie kaum Steuern zahlen und Daten von den Menschen abschöpfen, denen die Steuermilliarden zugutekommen sollten. Tatsächlich erleben wir Vereinzelung, Zersplitterung und fragwürdige Methoden, sich trösten, ablenken und aufmuntern zu lassen.

»Heute (...) ist der omnipotente, kreative User (...) zu einem zombieähnlichen Content-Junkie verkommen, süchtig danach, ständig und überall zu scrollen und zu liken, für immer und ewig gefangen in den unsichtbaren Käfigen der Datenbroker. Der ehrenwerte Versuch, jeden von uns zu einem Ehrenmitglied des innersten Zirkels der kulturellen Elite zu machen, hat uns stattdessen alle in die unauslöschlichen Listen der *Cambridge Analytica* verdammt«,[166] schimpfte der Publizist Evgeny Morozov, nachdem bekannt geworden war, dass Cambridge

Analytica mit den Daten von Millionen von Facebook-Mitgliedern die amerikanischen Präsidentschaftswahlen zu beeinflussen versucht hatte. Die Vision, die noch vor wenigen Jahren die spielerische Selbstermächtigung jedes Einzelnen versprochen hatte, sie hat sich nicht nur nicht bewahrheitet, sondern in ihr Gegenteil verkehrt: Die absolute Selbstverwirklichung eines jeden Einzelnen scheint in die totale Selbstentfremdung zu münden.

Teilen, so die Hoffnung, mache unsere Welt gerechter, fairer, nachhaltiger und umweltfreundlicher. Tatsächlich verdienen ein paar Konzerne mit verhältnismäßig wenigen Beschäftigten Milliarden, was okay wäre, wenn sie nicht gleichzeitig ziemlich aggressiv Regeln formulieren, uns zu kalkulierenden Marktteilnehmern degradieren und permanenten Konsum einfordern würden – eine Tendenz, die sich verstärkt, wenn der Konsum vom Besitz entkoppelt wird, weil, wer nicht mehr kaufen muss, um konsumieren zu können, noch mehr, noch schneller, noch öfter konsumieren kann – freilich ohne eine Beziehung zu den Dingen aufzubauen, immer öfter handelt es sich übrigens um ein Tier oder einen Menschen, die man sich ausleiht, um für ein, zwei Stunden ein bisschen Liebe, ein bisschen Nähe abzubekommen.

Natürlich ist es praktisch, wenn man mit der Tochter in Australien skypen oder seine Traumwohnung auf Facebook finden kann, natürlich sind wir durch soziale Netzwerke auch zum Guten miteinander verbunden, aber halt auch sehr wirkungsvoll aneinandergekettet, zur Nähe verdammt, zum Dauerkontakt verurteilt. »Man macht Lärm und glaubt sich zu unterhalten. Man macht Grimassen und glaubt sich zu verstehen«, hat T. S. Eliot geschrieben.

In der asiatischen Philosophie gibt es das Bild, dass sich zwei Menschen nur nahe sein können, wenn sie voneinander entfernt sind. Nähe ist eine dialektische Größe. Sie muss immer wieder neu austariert werden und beinhaltet die Erfahrung der Sehnsucht, des Wartens, der Enttäuschung, der Erfüllung und der Verschmelzung. Wenn jeder mit jedem zu jedem Zeitpunkt vernetzt ist, der Freund mit der Freundin, die Eltern mit den Kindern, die Chefs mit den Mitarbeitern, der Präsident mit dem Volk, werden aus Menschen, die sich auf der Basis von Vertrauen mal nah und mal weniger nah sind, siamesische Zwillinge, Drillinge, Vierlinge, die ihrerseits mit Millionen anderer siamesischer Zwillinge, Drillinge, Vierlinge vernetzt sind. In einer derart symbiotischen Beziehung entsteht aber keine Spannung, sondern Überdruss, keine Intensität, sondern Lärm, keine Freiheit, sondern Abhängigkeit. Vertrauen wird ersetzt durch Kontrolle, zielgerichtetes Denken ist nicht mehr möglich. Eine Welt, in der jeder mit jedem *connected* ist, ist eine Welt ohne Bindung und Geheimnis, eine Gesellschaft aus Einzelwesen, die, wenn es ihnen zum Vorteil gereicht, sich momentweise zusammentun, für einen Abend, ein Event, ein Projekt. Unsere Angst, entbehrlich zu sein, frisst uns auf. Seltsam nur, dass wir uns in einem so gequälten Zustand als frei empfinden.

Die Theorie der Selbstdetermination kennt drei Voraussetzungen für Zufriedenheit. Erstens: seine Arbeit kompetent verrichten zu können. Zweitens: das eigene Leben als authentisch zu empfinden. Drittens: mit anderen Menschen in Verbindung zu stehen. Wir verhindern diese Voraussetzungen: Die westliche Welt leidet an einer Entfremdung durch Dauernähe, an einer Übersättigung durch Dauerbeschallung, an einer

Erschlaffung durch Dauerstress. »Faktisch haben die Menschen einen Körper mit langer hominider Geschichte in eine überfütterte, mangelernährte, sesshafte, sonnenarme, von Schlafmangel geprägte, vom Wettbewerb getriebene, ungleiche und sozial isolierende Lebenswelt gezerrt«[167], heißt es im *Journal of Affective Disorders*.

Im Begriff »oversexed and underfucked« (Robert Pfaller) lässt sich das Dilemma des spätmodernen Menschen auf den Punkt bringen: Männer onanieren lustlos zu Drei-Minuten-Pornos aus dem Netz, Frauen drücken sich auf der Bürotoilette den *Womanizer* zwischen die Schenkel. In unserer Sexualkultur benötigt keiner mehr die Berührung des anderen, um einen Höhepunkt zu erleben. Die sexuelle Befreiung hat uns vom Druck befreit, einen Partner befriedigen, ja einen haben zu müssen. Und der Markt jubelt, weil wieder zwei Menschen frustriert auf der Suche nach etwas sind, das er ihnen nur allzu gern bereitstellt. So überfällig und erlösend die sexuelle Befreiung war, sie ist immer auch Ursache für die Zerstörung von Familien, Paaren und Gemeinschaftlichkeit, die »Zerstörung dieser letzten Gemeinschaftsformen«, »der letzten Zwischenstufen, die das Individuum vom Markt trennen«[168], wie Michel Houellebecq in *Elementarteilchen* schreibt.

Für Paare, die Sexualität tatsächlich noch gemeinsam erleben wollen, aber nicht können, weil er als Journalist in Hamburg und sie als Unternehmensberaterin in Berlin arbeitet, gibt es den *Panty Buster*, den »flachsten Auflegevibrator der Welt«, der mit einer App aus der Entfernung gesteuert werden kann. Wer danach immer noch bedürftig ist, legt sich ein Profil auf C-Date an – die Präzision, mit der wir unsere Sexpartner in digitalen Bestellkatalogen auswählen, die Geduld, mit der wir Profile nach Deckungsgleichheiten, Haarfarbe, Körpergröße, Oberweite, Intimbehaarung, Penislänge und Hobbys durchkämmen, hat einen beschämenden Grad an Albernheit erreicht, seitdem man uns eingeredet hat, dass sich Liebe aus einer Zahl messbarer Eigenschaften komponieren lässt. Unser Sex ist eine Angelegenheit auf der Basis einer Kosten-Nutzen-Rechnung geworden, und Verliebte reden über ihre Liebe tatsächlich wie »Kreditberater über eine Immobilienfinanzierung«.[169]

»Wo sie lieben, begehren sie nicht, und wo sie begehren, können sie nicht lieben«[170], schrieb Sigmund Freud vor hundert Jahren. Wir sehnen uns danach, diesen Widerspruch aufzulösen, stürzen uns hinein ins Abenteuer Liebe, fachen den Sexualtrieb ein ums andere Mal an – und werden immer wieder enttäuscht. Selbst mit den wunderbarsten Errungenschaften modernster Technologie, sagt der Sexualforscher Volkmar Sigusch, werde das sexuelle Elend im Kern bleiben, wie es ist: »aufgepeitschte Nerven, enttäuschte Liebe, unendliche Einsamkeit.«[171]

—

In einer alten persischen Geschichte spielt ein Flötenspieler zwanzig Jahre lang nur einen einzigen Ton. Als ihm seine Frau eines Tages erzählt, dass die anderen Flötenspieler verschiedene Töne spielten, aus denen sie ganze Melodien zusammenstellten, was doch viel schöner und abwechslungsreicher sei, antwortet der Mann, dass es nicht sein Problem sei, dass er den Ton schon gefunden habe, nach dem die anderen noch suchten.

Wir sind der Chor der Flötenspieler, süchtig nach Abwechslung und so laut, dass sich die einzelnen Musiker nicht mehr gegenseitig hören, weil jeder mit seiner eigenen Melodie beschäftigt ist und hofft, dass irgendwo auf der Welt jemand zuhört.

»Hört ihr mich? Seht ihr mich?«, singt der Rammstein-Sänger Till Lindemann. »Hört ihr mich? Seht ihr mich?«, flüstert Helene Fischer aus dem Off ins Mikrofon, bevor sie auf die Bühne kommt. »Hört ihr mich? Seht ihr mich?«, schreien wir uns gegenseitig in den sozialen Netzwerken zu. Zu Beginn des 21. Jahrhunderts ist es *die* Formel der Selbstvergewisserung. Wer nicht wahrgenommen wird, den gibt es nicht. Ohne Zeugenschaft kein Leben. Ohne Applaus kein Glück. Entstanden ist ein kakophonischer Hallraum, ein überwältigendes Gefühl der Orientierungslosigkeit.

Einsamkeit ist der Preis der Freiheit und Einsamkeitsfähigkeit ihre Bedingung, schreibt der Publizist Norbert Bolz.[172] Wir sind nicht einsamkeitsfähig, sondern in Sorge, dass uns jemand für einsam halten könnte. Deshalb wischen wir panisch übers Handy, sobald wir fünf Minuten auf eine Verabredung warten. In George Orwells *1984* heißt es: »Irgendetwas zu tun, das auf einen Hang zur Einsamkeit schließen ließ, bereits alleine spazieren zu gehen konnte schon gefährlich sein.«[173]

Eine soziale Verbindung setzt Offenheit voraus. Wie aber sollen wir offen sein, wenn wir es nicht schaffen, eine Stunde lang nicht auf unser Smartphone zu schauen? Für den flüchtigen Blick aufs Display braucht es längst keine Werbepause mehr, es genügt eine rote Ampel, zähfließender Verkehr, eine Gesprächspause. Wer schafft es noch, nicht sein Telefon aus der Tasche zu ziehen, wenn das Gegenüber für zwei Minuten auf der Toilette verschwindet? Wer bleibt sitzen, lässt den Blick schweifen, die Gedanken, die Fantasie? »Hebt man den Blick, so sieht man keine Grenzen«, heißt ein japanisches Sprichwort. Kein Wunder, dass unsere Welt immer enger wird.

Mit dem Smartphone in der Hand, stolpern wir über Bordsteine, laufen ineinander, checken unsere Augenringe im Display; auf dem Klo, dem Laufband und dem Zahnarztstuhl umklammern wir es. Wir tasten nach ihm, wenn wir am Morgen die Augen aufschlagen und am Abend ins Bett fallen. In den Stunden dazwischen ist es unser treuer Begleiter, die Schulter des Freundes, an die wir uns lehnen, weil sie uns das Gefühl gibt, dass wir nicht allein auf der Welt sind. Sobald das Flugzeug gelandet ist, entriegeln wir es gierig, als habe uns ein höheres Wesen den Befehl dazu gegeben, nur die Alten und die Kinder schauen noch wild in die Welt, die letzten Würdenträger, die letzten Punks.

Eine täglich wiederkehrende Szene: Wir tasten in der Jackentasche danach, spüren nichts, fassen ins Leere, werden nervös, dann hysterisch, blicken panisch durch die Gegend, entdecken es unter einem Aktenstapel und atmen auf – für einen Moment hat sich der Verlust existenziell angefühlt, wie eine Trennung oder ein Todesfall. Was früher als Zwangsneurose therapiert worden wäre, ist gesellschaftlich akzeptierte Normalität. Wir verfeinern unsere Profile wie Tizian seine Leinwände, hier ein Strich, da ein Schatten, wir modellieren unsere Identitäten, Gesichter, Körper, sind Verkäufer, Lobbyist, Produkt und Kampagne in einem, nur so können wir dem dauernden Repräsentationsdruck standhalten. Wir sind Ratten in der Skinner-Box, weil der soziale Druck erst nachlässt, wenn wir schlafen oder tot sind.

Beim Börsengang von Facebook schrieb Marc Zuckerberg, dass Facebook die soziale Mission erfüllen wolle, »die Welt offener zu machen und enger zu verbinden«. Es geht aber nicht, etwas gleichzeitig offener zu machen und enger zu verbinden, seine zwei Ziele heben sich gegenseitig auf. Zuckerbergs heilsgeschichtliche Vision von der »globalen Gemeinschaft« und sein Gestammel vom »Wohlbefinden der Menschheit« nehmen immer konkretere Züge einer autoritären Ideologie an, er selbst erinnert zunehmend an einen verwirrten Führer, der sich von der Wirklichkeit gelöst hat, ein Kim Jong-Un im Kapuzenpullover.

»Marc Zuckerberg ist komplett skrupellos, ohne ein Fünkchen Moral und bereit, alles zu tun, um jemanden zu bescheißen«[174], sagte der Unternehmer Cameron Winklevoss im Jahr 2010. Was, wenn er recht hat? Wussten wir nie oder haben wir verdrängt, dass es in Zuckerbergs erster Version von Facebook, die er in seiner Studentenbude programmiert hatte, darum ging, die Gesichter von Kommilitoninnen zu bewerten und mit Nutztieren zu vergleichen?

Seit Jahren wenden sich Internetpioniere der ersten Stunde von ihrer einstigen Vision ab und warnen vor den Gefahren moderner Technologie: Ein Smartphone mit Facebook, YouTube und Snapchat löse eine Erosion menschlichen Denkens aus, sagt der frühere Google-Designer Tristan Harris.[175] »Ich wache immer wieder mal schweißgebadet auf und überlege, was haben wir bloß auf die Welt gebracht?«[176], der iPhone-Designer Tody Fadell. Facebook sei bewusst so konstruiert worden, um »eine Schwäche der menschlichen Psychologie auszunutzen«, der Internetunternehmer Sean Parker. Likes und Kommentare führten bei den Nutzern zur Ausschüttung von

Glückshormonen, sodass sie immer noch mehr Zeit mit dem sozialen Netzwerk verbrächten: »Uns war das bewusst. Und wir haben es trotzdem gemacht. Gott weiß, was das mit den Gehirnen unserer Kinder anrichtet.«[177]

Keiner von ihnen macht einen Hehl daraus, dass wir süchtig gemacht werden sollen. Mit 2,3 Milliarden Mitgliedern kontrolliert Facebook das Kommunikationsverhalten eines relevanten Teils der Weltbevölkerung. In Deutschland sind 600 000 junge Menschen medienabhängig, in den USA ist fast ein Drittel der 18- bis 24-Jährigen süchtig nach irgendwas Digitalem. Kein Wunder, dass so viele Menschen über Konzentrations- und Schlafstörungen, Leistungsabfall, Depressionen, Vereinsamung, Verwahrlosung und Essstörungen klagen.

—

Wer sich leicht aus Bindungen lösen könne, strenge sich nicht an, sie zu erhalten. Dahinter stehe der Glaube, dauerhafte Bindungen stünden der Suche nach Glück entgegen, schrieb der Soziologe Zygmunt Bauman, der sein Leben lang vor dem Verlust menschlicher Bindungen gewarnt hat:

> »Die Gefahr ist, dass das Muster von Beziehungen so wird wie das Verhältnis zu einem Gebrauchsgegenstand. (...) Es ist wie bei der Barbiepuppe. Kommt die neue Version auf den Markt, tauscht man die alte gegen diese aus.«[178]

Seine Befürchtung hat sich bewahrheitet: Die Repräsentanten des Weltstädtertums, die Hipster, Consultants und Permanent Traveller sind intelligent und flexibel, aber ohne Gespür für

Erfahrungen, Traditionen und Werte, die zu erhalten sich lohnen könnte. Temperament bringen sie vor allem für die eigene Sache auf, Bindungen ersetzen sie durch Eigenverantwortung oder Abmachungen auf Zeit, Kurzfristverträge und Win-win-Geschäfte. Es ist dieses jederzeit modifizierbare Handeln, das auf dem globalisierten Markt der unendlichen Möglichkeiten die größten Erfolgschancen verspricht. Zusagen, die nicht am nächsten Tag mit einer E-Mail rückgängig gemacht werden können, sind der Bremsklotz des eigenen Fortkommens, die Sandkörner im Getriebe der Entfaltungsmöglichkeiten.

Wenn sich langfristige Bindungen auflösen, vereinsamen wir, und wer einsam ist, wird radikal oder gleichgültig. Deshalb leben wir im Zeitalter des Fundamentalismus und der Gleichgültigkeit. Zusammen ergeben sie die Blaupause einer orientierungslosen Gesellschaft, die in unzählige Teilidentitäten zersplittert ihr Heil in der totalen Selbstverwirklichung des Einzelnen und der Maximierung von allem sucht, um das Ende des Elends der eigenen biologischen Voraussetzungen zu feiern, die genetische Verfeinerung der Leistungsfähigkeit, die Transformation des menschlichen Organismus in ein fehlerloses System.

Die technischen Möglichkeiten der Selbstoptimierung ziehen keine Freiheit nach sich, sondern lassen die Verantwortung für das eigene Schicksal explosionsartig ansteigen: In einer paradoxen Wende, schreibt der Philosoph Michael J. Sandel, könnte dies »unseren Sinn für Solidarität mit denen, die weniger Glück haben als wir, mindern. Je bewusster uns die zufällige Natur unseres Loses ist, desto mehr Grund haben wir, unser Schicksal mit anderen zu teilen (...). Das Ergebnis heißt Gegenseitigkeit aufgrund von Ungewissheit.«[179]

Gelebt werden Bindungen nur noch auf den unteren Skalen der Gesellschaft, in Problemvierteln, unter Migranten, in Ländern, die wir mit Moskito-Spray bereisen. Nach unserer Rückkehr sind wir beseelt vom Zusammenhalt der Menschen, denen wir begegnet sind, und nehmen uns vor, wenigstens ein paar Erfahrungen in unseren Alltag hinüberzuretten, ja vielleicht sogar ein bisschen so zu werden wie sie – es ist ein Plan, der nie aufgeht. Je tröstlicher wir das Gemeinschaftsgefühl in Dritte-Welt-Ländern empfinden, desto rigoroser ersetzen wir die Idee der Gemeinschaft durch die des flüchtigen Netzwerks. Zygmunt Bauman sagte in einem Interview:

»Eine Gesellschaft zeichnet sich dadurch aus, dass es schwierig ist, in sie einzutreten. (...) Auch der Austritt aus einer Gemeinschaft ist schwierig. Will man menschliche Bindungen brechen, braucht es eine Menge Einfallsreichtum. Im sozialen Netzwerk, auf Facebook, ist das anders. Es ist sehr leicht, einzusteigen und mitzumachen. Und ebenso leicht auszusteigen. Netzwerk ist ein modischer Begriff, eine Totalität zu beschreiben, die anders ist als jede der Vergangenheit, wo man in eine Gemeinschaft hineingeboren wurde, seinen Platz darin hatte und dazu verurteilt war, den Rest seines Lebens da zu verbleiben. Im Netzwerk ist es umgekehrt. Ich kann es umgestalten, wenn mir etwas nicht gefällt, Leute nach Belieben ausblenden, wenn ich sie nicht mag, ihre Messages nicht beantworten oder blockieren.«[180]

Dem Netzwerk ist es gleichgültig, ob es jemanden gibt oder nicht. Seine Mitglieder müssen weder Opfer bringen noch Verantwortung übernehmen. Wie aber soll jemand in der Lage sein, den Wert einer Gemeinschaft zu erkennen, wenn er nie gezwungen ist, etwas in sie einzubringen? Wie soll jemand ein Dazugehörigkeitsgefühl empfinden, wenn er ständig den Finger heben, den Mund aufreißen, sein Innenleben ausstellen muss, um von seiner Peergroup nicht vergessen zu werden?

Ein soziales Netzwerk ist ein opportunistischer Zusammenschluss aus Einzelkämpfern, die ihre Vorteile privatisieren und Nachteile sozialisieren, ihre Rechte einfordern und Pflichten ignorieren. Das Netzwerk belohnt keine Solidarität, sondern Smartness, Lautstärke, Marktförmigkeit. Es prämiert Egoismus, gaukelt Gemeinschaft vor und wirft seine Mitglieder auf sich selbst zurück. Im Gegensatz zur gewachsenen Gemeinschaft, die auf einem Gefühl von Zugehörigkeit basiert, ist auf das Netzwerk kein Verlass, wenn man sich aus einer Notlage heraus an seine Mitglieder wendet. Es handelt sich um einen unsolidarischen Zusammenschluss, der Aufsteiger fördert und Absteiger aussortiert. Dazu passt, dass Verbindlichkeit nicht mehr als Wert, sondern Anachronismus empfunden, ja bestraft wird: Wer Pay-TV-Sendern, Fitnessstudios und Mobilfunkunternehmen jahrelang die Treue hält, hat nach zehn Jahren mehr Geld ausgegeben als Kunden, die ihr Abo jedes Jahr kündigen, um kurz darauf ein neues zu verbesserten Konditionen abzuschließen.

»Der neue Mensch (...) darf oder soll aus allen natürlichen oder ähnlich unhintergehbaren Bindungen gelöst werden – aus Erbgut, Familie, Geschlecht, er wird im Reagenzglas gezeugt, in gekauften Mutterkörpern ausgetragen, nach Bedarf und Ermessen getötet«, schreibt Jens Jessen. »Nur eines darf mit ihm augenscheinlich nicht geschehen: Er darf nicht aus den Arbeits- und Produktionsbedingungen herausgelöst werden, in denen er, nach Lage der Dinge im westlichen Wirtschaftsleben, vornehmlich als Angestellter tätig ist.«[181]

Der Neoliberalismus hätte »so etwas wie Familie, Freundschaft, jede Form autonomer Sozialbeziehung nie erfinden können; genau deshalb versucht er auch, alles zu zerstören, was sich dem Markt nicht fügt«, schreibt der Soziologe Harald Welzer. Umgekehrt seien nichtinstrumentelle Beziehungen von Menschen zueinander prinzipiell Widerstandsnester gegen den Konsumismus und die Totalisierung des Marktes. Man stelle sich einen Augenblick lang den Faschismus mit Facebook vor: »Kein einziger Jude wäre versteckt worden, kein einziger Verfolgter entkommen.«[182]

In den letzten Jahren gab es mehrere Versuche, mit Hilfe der sozialen Medien eine demokratische Neuordnung gesellschaftlicher Verhältnisse zu erzwingen: der Arabische Frühling, die Occupy-Bewegung, die Piratenpartei, die Aufstehen-Bewegung. Alle sind gescheitert, weil ein digitalisiertes Sich-Verbinden nicht ausreicht, wenn das Vorgehen unklar und die Ziele im Dunkeln bleiben. Entscheidend ist nicht die Verbindung, sondern das gemeinsame Wollen, ein Engagement im tieferen Sinne, ein Gefühl der Solidarität, die Bereitschaft zu einem Opfer, dies aber wird im Chaos der Partikularinteressen zerredet. Richard Schuberth schreibt dazu:

»Politisches Engagement auf Facebook ist wie ein täglicher Muttertag, ein täglicher 1. Mai, ein täglicher Internationaler Women's Day, ein täglicher Holocaustgedenktag. Es politisiert unpolitische und entpolitisiert politische Menschen, verflacht das Denken, übersättigt die Sinne, potenziert die Eitelkeit, stumpft gegen die Realität ab, schafft Gemeinschaften und zieht zugleich Ghettomauern um sie hoch, wiederholt das Offensichtliche so oft, bis das bildschirmgeplagte Auge auch blind dafür wird, und hält als feile Ausrede dafür, nicht mehr mit beiden Händen ins pralle Leben wie in die Brennnessel greifen zu müssen, die User in einem Dauerreaktionsmodus, mit dem sie sich schon zu Lebzeiten in ihre Gräber schrauben.«[183]

Wir sehnen uns nach Gemeinschaft, aber halten sie kaum aus. Unsere Bedürfnisse nach Solidarität und Individualität ziehen gegeneinander in die Schlacht. Meistens leben wir im hedonistischen Rausch vor uns hin, bis uns eine Notlage dazu zwingt, Solidarität einzufordern. Und wenn wir uns dann wirklich zusammenschließen wie nach dem Terroranschlag in Paris 2015, tun wir es nur für ein paar Stunden oder Tage, versammeln uns an historischen Plätzen, skandieren Slogans, die eine Minute später viral gehen und einen Tag später auf T-Shirts gedruckt werden: *Je suis Charlie* war eine schöne Sache, aber wer ist heute noch Charlie? Und was hat es bedeutet, Charlie zu sein? Was als weltumspannendes Symbol der Solidarität begann, ist zu einer leeren Formel geworden. Vor dem Terroranschlag auf die Redaktion von *Charlie Hebdo* kannte in Deutschland kein Mensch die Satirezeitschrift. In den Wochen danach war sie in aller Munde. 2016 wurde eine deutsche Ausgabe mit einer Auflage von 200 000 Exemplaren auf den Markt gebracht – und ein Jahr später eingestellt.

—

Seit einigen Jahren lässt sich in deutschen Großstädten ein Phänomen beobachten, dem man kaum noch entkommen kann, vor allem nicht in den Vierteln des gehobenen Mittelstands, in denen es einen Bauernmarkt, ein Programmkino und mindestens ein veganes Restaurant gibt: Es ging damit los, dass die Menschen ihre Klamotten, Möbel und Bücher, die sie nicht mehr brauchten, auf den Gehweg stellten, daneben ein Schild: Zu verschenken!

Mittlerweile erinnern manche Straßen an apokalyptische Flohmärkte, denn Menschen, die die Ware feilböten, lassen sich nicht entdecken, stattdessen Nachtkästchen und Ikea-Lampen, rostiges Besteck, Stofftiere, Schallplatten, Bierkrüge und jede Menge Bildbände und Romane von John Grisham. Bei meinem letzten Abendspaziergang um den Block waren es ein Laserdrucker, in dessen Ausgabefach sich nasses Laub gesammelt hatte, ein Stoffdelfin mit Flecken, eine versiffte Matratze, ein documenta-Katalog von 2013, eine Kiste mit T-Shirts, ein Vogelkäfig sowie zwei Stühle, die mit etwas gutem Willen an Entwürfe von Arne Jacobsen erinnerten. Weil die Dinge eine ziemlich konkrete Vorstellung davon gaben, was zehn Jahre zuvor der letzte Schrei gewesen war, kann man davon ausgehen, dass im Jahr 2030 iPhones, Jutebeutel und Bas Kasts *Ernährungskompass* vor unseren Haustüren liegen werden.

Was auf den ersten Blick sympathisch wirkt, ließ mich nach wenigen Tagen nachdenklich zurück, nachdem Morgenfrost und Nieselregen den Dingen zugesetzt hatten, die mal Geschenke oder Mitbringsel waren und jetzt ihren Wert und ihre Bedeutung verloren hatten, deprimierende Stillleben, leblose Tableaus, die unseren Überfluss verdeutlichen und uns mahnend an das Zeug erinnern, das sich in unseren Kellern,

Speichern und Schubladen sammelt. Im Schnitt besitzt jeder Europäer 10 000 Gegenstände, jede Frau allein 118 Kleidungsstücke, jeder Mann 73 – Socken nicht mitgerechnet. Wir teilen und schenken so viel wie nie zuvor, aber meistens Dinge, die wir nicht mehr brauchen, gerade nicht benötigen oder um im Gegenzug etwas anderes geschenkt zu bekommen. Das ist nicht verkehrt und schon gar nicht verboten, aber was uns wirklich wichtig ist und wovon wir immer weniger haben, das verschenken wir nicht, nämlich Zeit.

Dabei wäre verschenkte Zeit der geeignetere Gradmesser für unsere Nächstenliebe. Stattdessen hocken wir auf unseren Stunden wie Gollum auf seinem Schatz, jederzeit bereit, die Zähne zu fletschen, sollte jemand vorbeikommen, der uns ein paar Minuten davon wegnehmen möchte. Lieber rein mit dem 20-Euro-Schein ins Misereor-Tütchen und rüber mit den Ski-Anoraks ins Flüchtlingsheim als selbst vorbeischauen. Lieber lesen wir Achtsamkeitsratgeber und suchen doch nur die Pflege der eigenen geschundenen Seele. Lieber erklären wir uns für nicht zuständig und teilen, was wir ohnehin nicht brauchen, um uns die Mitmenschen vom Leib und unser Gewissen rein zu halten.

Was hat es zu bedeuten, wenn wir unser halbes Leben vor die Tür stellen? Ist es Zufall, dass man nie jemanden dabei beobachtet? Geschieht es nachts? Wollen die, die es tun, nicht gesehen werden, und wenn ja, warum? Es gibt Oxfam-Filialen, Altkleidersammlungen, Wertstoffhöfe, Second-Hand-Läden, eBay und Hofflohmärkte, auf denen Kinder selbst gebackene Waffeln verkaufen. Warum nehmen Menschen, die alles zu haben scheinen, diese Angebote nicht wahr? Wollen sie die Bedürftigen direkt, also ohne Umweg über Zwischenhändler, erreichen? Haben sie keine Zeit, oder sind sie zu faul, ihre alte Matratze zum Wertstoffhof oder runter zum Fluss zu tragen, wo die Obdachlosen unter der Brücke schlafen?

Es gibt viele Menschen, die sich über unsere abgelegten Sachen aufrichtig freuen würden, es sind nicht die, die mit *Coffee to go* durchs Viertel hetzen. Die Gegenstände scheinen in einer Art bürgerlichen Kreislaufs gefangen zu bleiben, ohne je bedürftige Empfänger zu erreichen. Deswegen sind diese heimatlos gewordenen Gegenstände vor allem ein Ausdruck unseres schlechten Gewissens gegenüber Menschen, denen es schlechter geht als uns, auch einer Selbstberuhigung, eines Wunsches zu helfen, am besten ohne Opfer zu bringen, unseres chronischen Zeitmangels, unserer Verrohung und Doppelmoral. Es ist nun mal ein Unterschied, ob man einen Gegenstand verschenken oder loswerden möchte.

In Erich Kästners Roman *Fabian* bekommt der gleichnamige Protagonist Besuch von seiner Mutter aus der Provinz. Als sie wieder weg ist, bemerken beide, dass jeder dem anderen diskret einen Zwanzigmarkschein in die Börse geschummelt hat:

»Mathematisch gesehen, war das Ergebnis gleich Null. Denn nun besaßen beide dieselbe Summe wie vorher. Aber gute Taten lassen sich nicht stornieren. Die moralische Gleichung verläuft anders als die arithmetische.«[184]

Ich habe Freunde, Kollegen und Wissenschaftler gefragt, was sie von den anonymen Geschenken halten. Einen erinnerte das Phänomen an die Essenstafeln: Die machten die Menschen zwar satt, verfestigten aber gleichzeitig ihre Armut. Ein anderer erkannte darin eine zeitgemäße Form des karitativen Wesens: Während man auf dem Land abgelegte Hemden an die Putzhilfe gebe, legten die Städter sie vor die Tür, weil sie nicht wüssten, wem sie sie schenken könnten. Oft bestehe kein Kontakt zu Menschen aus ärmeren Milieus. Wie aus dem Krämerladen erst das Kaufhaus und aus dem Kaufhaus Amazon geworden sei, habe sich auch die Fürsorge anonymisiert, eine Art Caritas 2.0 mit allen Segnungen und Schwierigkeiten, die entstünden, weil man die Menschen nicht mehr persönlich kenne, ja nicht einmal mehr zu Gesicht bekomme.

Ein dritter, fast 80-jähriger Althistoriker, erkannte in der Art, wie wir uns die ehemals im Ausstattungsrausch erworbenen Güter vom Halse schafften, eine soziale Feigheit: Nie komme es zu einer Begegnung, einem Gespräch oder einem Austausch; nie zu einer Horizonterweiterung, einer Irritation oder Weiterentwicklung. Man hoffe nur, dass diese Dinge ihren Gebrauchswert auf der Straße von allein wiederherstellen könnten. »Ein Gegenstand aber, der für den, der ihn loswerden möchte, keinen Wert mehr hat und sich an niemanden richtet, der also keine Adresse und nichts im Sinn hat, ist kein Geschenk.«

Er plädierte dafür, von einer »pauschalen Entledigung« zu sprechen, im Grunde bewege sich das Ganze an der Grenze zur Herablassung, weil diese Menschen ihre Dinge heimatlos machten und gleichzeitig ihren eigenen sozialen Wert erhöhten.

Selbstbestimmung

»Denn die kapitalistischen Gesellschaften
produzieren ja beides zugleich:
die Erfahrung von Freiheit und Teilhabe
und Ungleichheit und Ungerechtigkeit.
Die Steigerung des individuellen Glücks
und die Zerstörung der Welt.«
Harald Welzer

Ich arbeite für das Magazin einer deutschen Tageszeitung, deren Verlagshaus sich jahrzehntelang in der Münchner Innenstadt befand, genau da, wo vor ein paar Jahren eine riesige Abercrombie-&-Fitch-Filiale eröffnet hat.

Ich kann mich gut daran erinnern, wie dankbar ich vor fünfzehn Jahren war, für ein so traditionsreiches Haus arbeiten zu dürfen. Das Beste an meinen ersten Berufsjahren aber war die Atmosphäre, die ganze Branche war irgendwie freier, lässiger, liberaler, auch verrückter und leidenschaftlicher; wir haben mehr gestritten und geschrien, auch mehr Alkohol getrunken, geraucht und diskutiert. Wenn ein Kollege etwas Kritisches sagte, begann er nicht mit dem Satz »Ich mein es nicht böse, aber...«, überhaupt musste man nicht so aufpassen, etwas Falsches zu sagen, zu schreiben oder auf eine Art und Weise auf einem Stuhl zu sitzen, von der sich jemand belästigt fühlen könnte, es kommt mir vor, als seien wir alle zusammen ein bisschen lockerer, menschlicher und ehrlicher gewesen.

In dieser fernen Zeit also überlegte ich jeden Tag gegen 13 Uhr, wo ich diesmal wieder mit ein paar Kollegen essen gehen könnte. Natürlich gab es eine Kantine, ich schaute auch gelegentlich vorbei, aber meistens zog es mich ins Freie, es gab so viele Möglichkeiten, so viele schöne Orte und Plätze, die Suppenküche auf dem Viktualienmarkt, der Augustiner in der Fußgängerzone, der Italiener am Rindermarkt, Dutzende vietnamesischer und griechischer Restaurants. Und dann saß man da gemeinsam mit Touristen aus Japan oder Nordrhein-Westfalen und konnte sicher sein, dass irgendwo im Eck ein übrig gebliebener Stenz im Trenchcoat einen Espresso trank und die *Abendzeitung* durchblätterte.

An guten Tagen hatte ich das Gefühl, im Paradies gelandet zu sein, an schlechten plagte mich das Gewissen, weil ich die Hälfte meines Gehalts in den Mittagspausen verprasste, aber nur kurz, danach fühlte sich mein Leben gleich wieder leicht an, als wäre Sonntag, dabei war Montag oder Mittwoch. Es waren denkwürdige Stunden des Müßiggangs, die tägliche kleine Illusion, dass man frei sein könnte, obwohl man einen Vertrag unterschrieben und nur noch vier Urlaubstage bis Jahresende hatte. Natürlich traf man gelegentlich Kollegen, die man schwierig fand, aber das war nicht schlimm, man nickte kurz und ging seines Weges, und wenn nicht, setzte man sich halt zusammen und tat so, als verstünde man sich einigermaßen, was man komischerweise meistens auch tat.

Das alles änderte sich vor zehn Jahren, als der Verlag an den östlichen Stadtrand zog. Seitdem steht mein Schreibtisch im neunten Stock eines knapp hundert Meter hohen Neubaus, mit 553 Tiefgaragenstellplätzen im Untergeschoss, zweifellos ein eindrucksvolles Stück Architektur aus Stahl und Glas.

»Wow!«, sagen Besucher, die das erste Mal im Atrium stehen und nach oben schauen.

Ich erinnere mich gut an mein Verlorenheitsgefühl, als ich das erste Mal in der Eingangshalle stand: So also sieht die Zukunft aus, dachte ich, schick, aber irgendwie bedrohlich, fast unmenschlich, weil ich mir so klein vorkam, als tue es nichts zur Sache, ob ich da war oder nicht. Nicht nur war ich auf einmal von einem Autobahnzubringer, einer Speditionsfirma und einer Harley-Davidson-Filiale umgeben, ich war auch jeden Tag gezwungen, mein Essen auf einem grauen Plastiktablett durch die Kantine zu balancieren und mich so lange um die eigene Achse drehend nach einem leeren Tisch Ausschau zu halten, bis die Kollegen aus dem Wirtschaftsressort ihr Tiramisu fertiggelöffelt hatten. In guten Momenten kam ich mir vor wie ein Arbeitnehmer, in schlechten wie ein Häftling, der nichts verbrochen hatte.

In der ersten Woche machten sie ein Foto von mir und druckten es auf eine rechteckige Plastikkarte, die bis heute neben anderen Plastikkarten in meinem Portemonnaie steckt. Den Hausausweis braucht man, um durch eine Schranke zu den Aufzügen zu gelangen. Ein zweiter Ausweis verschafft mir Zugang zu den Parkplätzen in der Tiefgarage. Jeden Abend, wenn ich das Verlagsgebäude verlasse, halte ich ihn vor eine Lichtschranke, jeden Abend werden 1,50 Euro von einem unsichtbaren Konto abgebucht, bevor ich die Musik aufdrehe und mich in den Verkehrsstrom einreihe.

Ist man ins Innere des Verlagshauses vorgedrungen, wartet das Haus mit einer Reihe technischer Errungenschaften auf, die mir jeden Tag zu schaffen machen: Wer nach oben möchte, muss auf einem Touchscreen das gewünschte Stockwerk antippen, um einen der sechs Aufzüge zugewiesen zu bekommen, die A, B, C, D, E und F heißen. Sobald sich die Türen geschlossen haben, lässt sich kein anderes Ziel mehr ansteuern und kein Knopf betätigen. Man ist gefangen in einem System, das man nicht versteht, und vielleicht gibt es Menschen, die das praktisch finden, aber ich finde es entwürdigend, und offenbar bin ich damit nicht allein, weil der Computerexperte Joseph Weizenbaum schon 1977 beschrieben hat, dass der Programmierer der Schöpfer von Universen sei, deren alleiniger Gesetzgeber er selbst ist.

Während ich am Schreibtisch vor meinem Computer sitze, registriert ein Sensor die Sonneneinstrahlung und sorgt dafür, dass mein Büro genau so hell oder dunkel ist, wie es sich ein Programmierer vor zehn Jahren ausgedacht hat. Es ist gespenstisch, weil sich die Jalousieblätter wie von Geisterhand mit einem mechanischen Surren bewegen, leider immer so, dass sich irgendetwas verschlechtert: Wenn ich mich freue, dass die Strahlen einer aufmunternden Morgensonne ins Zimmer fallen, gleitet die Jalousie nach unten, denke ich an einem verregneten Herbstabend: Ach, wie gemütlich, das dunkle Zimmer im Schein der Schreibtischlampe, bewegt sie sich nach oben. Eigentlich passiert immer das, was nicht passieren soll.

Wenn ich friere, kann ich die Heizung nicht richtig aufdrehen, die Zimmertemperatur lässt sich nur innerhalb eines festgelegten Korridors variieren, zwei Stufen rauf, zwei Stufen runter, und sollte ich mich eines Tages aus Verzweiflung aus dem 9. Stock stürzen wollen, werde ich auch daran scheitern, weil sich die Fenster nicht öffnen lassen, und selbst wenn es mir gelänge, einen Ziegelstein ins Verlagsgebäude zu schmuggeln und gegen die Scheibe zu schleudern, ich wäre zum Weiterleben verdammt – weil doppelt verglaste Sicherheitsfenster nun mal nicht so leicht einzuschlagen sind.

»Aus dem Werk seiner Hände, bestimmt, ihm zu dienen und ihn zu beglücken, wird eine ihm entfremdete Welt, der er demütig und ohnmächtig gehorcht«, schrieb Erich Fromm über die Wechselwirkung von Ohnmacht, Angst und Wut. Der Mensch produziere eine Welt der »großartigsten und wunderbarsten Dinge; aber diese seine eigenen Geschöpfe stehen ihm fremd und drohend gegenüber; sind sie geschaffen, so fühlt er sich nicht mehr als ihr Herr, sondern als ihr Diener«.[185] Schlimm also, dass ich nicht nur Upload-Filtern, Trojaner-Viren und Spähprogrammen, sondern auch ansonsten zunehmend Algorithmen ausgeliefert bin – ungefähr das muss Günther Anders mit der »Auslieferung des Menschen an die Welt« gemeint haben, also ein System, in dem nicht nur alles, was der Einzelne zu tun hat, festgelegt ist, sondern auch alles, was er tut und was in ihm vorgeht, dem Auge der Macht ausgeliefert, also kontrolliert sein soll.[186]

Warum kann ich die Dinge um mich herum immer weniger beeinflussen? Warum werden mir Entscheidungen abgenommen, die ich gern selbst träfe? Warum tun alle so, als seien sie an meinem Wohlergehen interessiert, obwohl sie nur mein Geld und meine Daten wollen? Warum habe ich jahrelang Anweisungen von Eltern, Lehrern und Polizisten befolgt, um als Erwachsener permanent von einer Software bevormundet zu werden? Warum schwärmen alle von der freien Welt, wenn die nur noch aus Kameras, Drohnen, Passwörtern und Spy-Software besteht?

»Wo Abhörapparate mit Selbstverständlichkeit verwendet werden, da ist die Hauptvoraussetzung für Totalitarismus geschaffen; und damit dieser selbst«[187], hat Günther Anders geschrieben. Die unüberprüfbare Möglichkeit des Überprüftseins habe entscheidende Prägekraft. Sie präge die Bevölkerung als ganze. Und da jede Form der Überprüfung körperlos und gewaltfrei abläuft, überspannt uns der informationelle Totalitarismus wie eine gläserne Kuppel, unter der wir uns frei, ja manchmal sogar glücklich fühlen können:

»Die Terrorlosigkeit beweist, daß die Mächte von heute es sich leisten können, auf Terror zu verzichten«, schreibt Günther Anders weiter. »Und das können sie deshalb, weil eben ihr Rohstoff: der Mensch, heute bereits bearbeitet *ist*; weil wir Opfer unserer Opfer, und nicht nur das sacrificium intellectus, sondern das unserer Privatheit und unserer Autonomie, immer schon gebracht *haben*, ohne dies als Opfer erkannt zu haben. Kurz: weil wir Bespitzelte immer schon, noch ehe wir unter aktueller Bespitzelung stehen, Bundesgenossen der Spitzel sind.«[188]

Der Grad, in dem wir uns freiwillig in eine Hörigkeit gegenüber unseren Apps und Lieblingsgadgets hineinmanövriert haben, hat ein bizarres Ausmaß erreicht. Gleichzeitig geht der Autonomieverlust mit Überwachung, Bespitzelung und dem Verlust der Privatsphäre einher, weil die smarten Geräte unablässig Daten an Server senden, von denen wir nicht wissen, wo sie stehen und wer sie bedient. Vor einiger Zeit ging das Zitat eines Beraters der Kfz-Versicherungsbranche durch die Medien:

»Den meisten Amerikanern ist klar, dass es zwei Gruppen gibt, die bei ihren Bewegungen im Land regelmäßig überwacht werden. Die erste Gruppe wird gegen ihren Willen auf der Grundlage eines Gerichtsbeschlusses überwacht, der sie zum Tragen einer elektronischen Fußfessel verpflichtet. Die zweite Gruppe umfasst alle anderen.«[189]

Welche Zustände der westlichen Gesellschaft blühen könnten, lässt sich heute schon in China beobachten, wo der Versuch, 1,3 Milliarden Menschen zu perfekten Staatsbürgern zu erziehen, erste Erfolge zeitigt: Das Projekt heißt *Citizen Score* und ist ein Bonus-Malus-System, mit dem ab 2020 alle chinesischen Staatsbürger mit Hilfe von Software, Kameras und Drohnen beobachtet und in ihrem Alltagsverhalten bewertet werden sollen. Ziel der Massenüberwachung ist ein Sozialkreditsystem, mit dem die chinesische Gesellschaft zu mehr Aufrichtigkeit erzogen werden soll:

Wird die Arbeitszeit effizient genutzt? Wird der Müll vorschriftsmäßig entsorgt? Werden die Verkehrsregeln eingehalten? Vernachlässigt man seine Eltern? Das System erhebt Tausende persönliche Daten aus sämtlichen Lebensbereichen, um sie anschließend auszuwerten und zu archivieren. Wer alles richtig macht, dem winken Prämien, zum Beispiel die Ausweitung der Reisefreiheit, wer unproduktiv oder renitent ist, wird mit dem Entzug der Privilegien bestraft, die der ersten Gruppe gewährt werden.

Allein im April 2018 landeten gut zehn Millionen Chinesen auf der Schwarzen Liste des Obersten Gerichtshofs, nachdem sie Geldstrafen nicht bezahlt hatten.[190] Zur Strafe durften sie keine Flugtickets, Wohnungen oder Fahrscheine für Hochgeschwindigkeitszüge kaufen. Wer unter ein bestimmtes Niveau sinkt, dem können der Zugang zu Schulen und Online-Konten oder der Aufstieg in einem Staatsunternehmen verweigert werden. Dass sich ein derartiges System der Dauerbeobachtung auf die Atmosphäre einer Gesellschaft destruktiv auswirkt, versteht sich, weil Menschen in einem Klima der Denunziation jegliche Freiheit des Handelns aufgeben und die Vorschriften und Verbote verinnerlichen. In China entsteht gerade die perfekte Verschmelzung aus Kapitalismus und Leninismus, in der jeder jeden beobachtet, maßregelt, erzieht und unterdrückt. Die Kommunistische Partei muss nur noch die Rahmenbedingungen bereitstellen und gelegentlich einen Parteitag abhalten.

Im Moment werden die Chinesen beim Zugfahren noch per Durchsage daran erinnert, den eigenen Punktestand im Kopf zu haben: »Achtung!«, heißt es dann. »Rauchen Sie nicht in den Waggons, und fahren Sie nicht schwarz – Verstöße werden mit einem Eintrag in der Liste der Vertrauensbrecher geahndet.« Solche Ansagen werden bald nicht mehr nötig sein – in einer Studie gaben 18 Prozent der befragten Chinesen an, sie würden seit der Etablierung des Überwachungssystems andere Inhalte über soziale Netzwerke verbreiten, mehr als ein Sechstel hat sich in sozialen Netzwerken von Freunden mit niedrigem Punktestand getrennt.[191]

—

Ich verstehe immer weniger, wie es Menschen gelingt, sich im Alltag einer westlichen Industrienation frei zu fühlen, während sie permanent in Bahnen gelenkt, zurechtgewiesen und mit Bedenken, Ängsten und eventuellen Konsequenzen konfrontiert werden, wo Freiheit doch gerade dort zu erhoffen wäre, wo der freie Wille walten kann, wenigstens als Illusion, wo man also das Gefühl hat, sich eigenständig entscheiden zu können und zu müssen.

In seiner Novelle *Der Auftrag oder vom Beobachten des Beobachters der Beobachter* entwarf Friedrich Dürrenmatt eine Welt der absoluten Transparenz. Über einen der Protagonisten, den Logiker D., heißt es: »Dieses Unbeobachtet-Sein würde ihn mit der Zeit mehr quälen als das Beobachtet-Sein vorher, er würde die Steine gegen sein Haus geradezu herbeisehnen, nicht mehr beobachtet, käme er sich nicht beachtenswert, nicht beachtenswert nicht geachtet, nicht geachtet bedeutungslos, bedeutungslos sinnlos vor, er würde, stelle er sich vor, in eine hoffnungslose Depression geraten.«[192]

Dauernd beobachtet zu werden, im Mittelpunkt zu stehen, unsere Mini-Erfolge ausstellen zu können, ist aber nur eine unserer heimlichen Freuden, wir haben noch andere, wir nennen sie Leidenschaften oder Gewohnheiten. Überhaupt sind wir talentiert darin, unseren Frust mit kleinen Süchten zu kompensieren, zu denen sich immer neue gesellen, die Sucht nach Anerkennung, die Sucht nach Erschöpfung, die Sucht nach Nasenspray, die Sucht nach Stress, die Sucht nach Computerspielen, die Sucht nach Netflix-Serien, die Sucht nach Aufmerksamkeit, die Sucht nach Pornos, die Sucht nach Sportwetten, die Sucht nach Schmerz, die Sucht nach Fitness.

Früher habe es den Obrigkeitsstaat, das Patriarchat, die Kirchen, die totalitären Parteien und noch ein paar andere Großkontrolleure gegeben, schreibt Iris Radisch, seitdem Normierung und Kontrolle nicht mehr von oben eingefordert, sondern von jedem Einzelnen freiwillig an sich selbst verübt würden, ergieße sich das uneigentliche und heuchlerische Sprechen wie der süße Brei im Grimm'schen Märchen bis in den letzten

Winkel der Gesellschaft.[193] Was sie meint: Wir sehnen uns nach Freiheit, aber kommen nicht mit ihr zurecht. Wir fordern Autonomie, aber nur theoretisch, weil wir praktisch abhängig davon sind, für gut oder wenigstens besser als der Rest befunden zu werden. Tatsächlich sind wir bereit, für ein bisschen Bequemlichkeit fast sämtliche Freiheiten aufzugeben. Warum muss ich ständig Programme, Bilder, Texte aktualisieren, updaten, downloaden, abspeichern? Wo verstecken sich die Cookies, wie sehen sie aus, wer programmiert, steuert, entschlüsselt sie? Weiß jemand, wo das Darknet ist und wer es kontrolliert? Wo ist die Cloud, von der alle reden, und wer hat Zugriff auf sie? Wie finde ich sichere Passwörter für meine Konten, und wie kann ich sie mir verdammt noch mal merken? Und warum habe ich mir schon wieder ein Smartphone mit längerer Batterielaufzeit, größerem Display und leistungsfähigerem Speicherchip gekauft, obwohl das alte astrein funktioniert hat?

Auf einmal ist alles smart, unser Büro, unser Haus, unser Auto, unsere Zahnbürste, unser Rasenmäher – Smartness ist *die* Forderung des 21. Jahrhunderts, dabei schwingt in dem unscheinbaren Wörtchen immer ein Stück Verschlagenheit mit, die Bereitschaft, den eigenen Standpunkt bedenkenlos gegen einen Vorteil einzutauschen. Wer smart ist, führt etwas im Schilde, aber wenn wir ehrlich sind, haben wir keinen Schimmer, nach welchen Kriterien die smarten Algorithmen unser Leben steuern. Sie ermöglichen uns nicht mehr, die Rechtmäßigkeit von Entscheidungen nachzuvollziehen, weil wir dafür Einblick in Vorgänge und Kriterien haben müssten, der uns zunehmend verwehrt wird. Je smarter unsere Geräte, desto würdeloser die Menschen, desto altmodischer auch das Konzept von Willensfreiheit, vielleicht können wir uns irgendwann nicht mehr daran erinnern, was das mal gewesen sein soll: sich entscheiden, ein Risiko eingehen, eine Unsicherheit in Kauf nehmen, die Konsequenzen unseres Tuns tragen.

Unsere Menschenwürde wird kontaminiert, indem wir zu *Self-Empowerment* angehalten und in einen Zustand permanenter Berechnung versetzt werden. Dienstleistungen, die jahrzehntelang gängige soziale Praxis waren, werden zu Geschäftsideen aufgeblasen, indem uns digitale Plattformen ermöglichen, nicht nur den eigenen Beruf auszuüben, sondern nebenbei auch Hoteliers, Hundesitter, Supermarktkassierer und Taxifahrer zu sein, indem uns also permanent in Aussicht gestellt wird, ein bisschen Geld dazuzuverdienen, wenn wir unsere Wohnung, unser Auto oder unseren Golden Retriever mit Fremden teilen: Nebenbei fünfzig Euro verdienen, das klingt reizvoll, macht aber aus normalen Bürgern kalkulierende Geschäftemacher, die nicht mehr aufhören, über Verdienstmöglichkeiten nach Feierabend nachzudenken. Aus Menschen, die ihre Freizeit gestalten, sich langweilen oder auf eine Wiese legen und eindösen konnten, sind vernetzte Dauerverdiener geworden.

—

In dem Science-Fiction-Drama *Her* von Spike Jonze treibt die softwaregesteuerte Sprachassistentin Samantha den schüchternen Theodore in die emotionale Abhängigkeit. Was als gegenseitige Faszination beginnt, entwickelt sich zu einer Freundschaft, einer Beziehung und schließlich einer Master-Slave-Beziehung. Zum Beispiel empfindet Theodore heftige Eifersucht, als Samantha eine Zweitbeziehung mit einem anderen Betriebssystem aufbaut oder eine Weile aufgrund eines Software-Updates off-line und dadurch nicht erreichbar ist. Als er sie fragt, ob sie noch andere Beziehungen aufgebaut habe, antwortet Samantha, sie stehe mit 8316 weiteren Menschen und Betriebssystemen in Kontakt und sei in 641 von ihnen verliebt.

In George Orwells Roman *1984* ist es der Televisor, der als Sende- und Empfangsgerät die Wohnungen der Menschen sowie sämtliche öffentlichen Plätze und Arbeitsstätten der Menschen überwacht. Heute heißt der Televisor Alexa.

Ich kenne Menschen, bei denen Alexa in der Küche steht. Ich kenne auch den Werbespot, in dem Alexa einem Mann mit Dreitagebart erklärt, dass sie Musik abspielen und Wettervorhersagen treffen kann – was er »cool« findet. Digitale Assistenten sind die Bediensteten des 21. Jahrhunderts, mit dem Unterschied, dass sie nicht nur dem Adel, sondern auch mittleren Angestellten zur Verfügung stehen, die heimlich einen Genuss daraus ziehen können, endlich auch mal Befehle zu geben, die widerstandslos ausgeführt werden.

Trotzdem schaffe ich es nicht, in diesem Gerät einen Fortschritt, einen Vorteil oder eine Errungenschaft zu erkennen, ja ich schaffe es noch nicht mal, wenn ich für einen Moment vergesse, dass es meine Unterhaltungen aufzeichnet und nach Kalifornien sendet. Stand heute habe ich noch niemanden eine anständige Unterhaltung mit einem digitalen Assistenten führen hören. Alexa wärmt meine Spaghetti in der Mikrowelle auf? Alexa wählt die Nummer meiner Freundin? Ein digitaler Teekocher wählt die passende Brühmethode für die jeweilige Teesorte aus? Das kann man amüsant finden, aber auch überflüssig. Interessanter ist da schon, dass die UNESCO monierte, dass Sprachassistenten Gender-Stereotype reproduzierten, weil sie »unterwürfig, gehorsam und stets höflich«[194] seien. In der Tat tragen sämtliche virtuellen Hausangestellten weibliche Namen: Alexa, Siri, Cortana – auch der neutrale Google Assistant hat eine weibliche Stimme.

Wenn mir ein digitaler Assistent in Florenz oder Barcelona die »richtige Stadttour« vorschlüge, bekäme ich große Lust, in die entgegengesetzte Richtung zu marschieren. Denn was ist die »richtige Stadttour«? Kann es sie überhaupt geben? Oder umgekehrt: Kann es eine falsche geben? Wer entscheidet, was heute, morgen, nachmittags, unter diesen oder jenen Umständen richtig für mich ist? Und ist auf Reisen nicht jeder Weg der richtige? KI-Experten gehen davon aus, dass uns künstliche Intelligenz von monotonen Aufgaben befreien und die Möglichkeit geben wird, uns auf unsere wahre Bestimmung zu konzentrieren: die Kreativität. Die meisten Menschen, denen ich begegne, sind aber nicht kreativ und werden es – da bin ich mir ziemlich sicher – auch nicht werden.

Was ist das eigentlich: monotone Arbeit? Rückspiegel an Autos montieren? Großraumbüros sauber machen? Soziale Netzwerke programmieren? Alte Menschen mit Apfelmus füttern? Menschen empfinden unterschiedliche Dinge als monoton, manche schätzen Monotonie über alles, sie gibt ihnen Halt, manchmal können monotone Tätigkeiten Leben retten.

Trotzdem erscheint uns die Aussicht faszinierend, die Menschheit von eintöniger Arbeit zu erlösen, von dem, was in der Bibel »Arbeit im Schweiße des Angesichts« heißt. Aristoteles hat in seiner *Politik* bereits im 4. Jahrhundert vor Christus geschrieben, dass, wenn die Geräte von selbst arbeiten würden – »wenn auf diese Weise die Weberschiffchen selbst webten (...), dann benötigten wohl weder die Baumeister Handlanger noch die Herren Sklaven«[195] –, dann also fiele die Notwendigkeit menschenunwürdiger Arbeit einfach weg. Auch Marx und Engels träumten von einer Gesellschaft, in der jeder Einzelne die Möglichkeit hat, »heute dieses, morgen jenes zu tun, morgens zu jagen, nachmittags zu fischen, abends Viehzucht zu treiben, nach dem Essen zu kritisieren, wie ich gerade Lust habe, ohne je Jäger, Fischer, Hirt oder Kritiker zu werden«.[196]

Nun haben sich die Dinge so entwickelt, dass wir im digitalen Kapitalismus tatsächlich heute dieses und morgen jenes tun können, trotzdem fischen und jagen wir nicht, und kritisieren tun wir vor allem uns selbst, wenn wir es wieder nicht ins Fitness-Studio geschafft haben. Wir erbringen den Beweis, dass wir vor lauter Zeit entweder noch ein paar Stunden länger arbeiten oder auf Amazon noch ein paar überflüssige Produkte mehr bestellen. Hannah Arendt prophezeite:

»Was uns bevorsteht, ist die Aussicht auf eine Arbeitsgesellschaft, der die Arbeit ausgegangen ist, also die einzige Tätigkeit, auf die sie sich noch versteht. Was könnte verhängnisvoller sein?«[197]

Sind wir dafür gerüstet, von den Niederungen des Alltags erlöst zu werden? Oder wird es schwieriger, dem Leben einen Sinn abzutrotzen, wenn Saugroboter unsere Böden wienern, Drohnen unsere Zalando-Pakete ausliefern, Chatbots unsere Anrufe entgegennehmen? KI-Visionäre sagen, die Maschinen werden unsere Welt gerechter machen, präzisere Entscheidungen treffen, gerechtere Urteile fällen, weil sie frei von Vorurteilen sind. Aber sind sie das wirklich, und wenn ja, ist es erstrebenswert oder eher bedrohlich, weil es doch sein kann, dass die Ziele künstlicher Superintelligenzen mit unseren gar nicht übereinstimmen?

Seitdem Computer sich wie unsere Gehirne entwickeln und neuronale Netzwerke verwenden, drohen wir die Kontrolle aus der Hand zu geben: »Einzelpersonen werden nicht in der Lage sein, ihrer Bequemlichkeit und Macht zu widerstehen, und Unternehmen und Regierungen werden auf die Wettbewerbsvorteile nicht verzichten können«[198], warnt der Chemie-Nobelpreisträger Venki Ramakrishnan.

Natürlich nehmen uns smarte Maschinen lästige Tätigkeiten ab, die uns nerven, die wir aufschieben und auslagern. Was aber, wenn sich in diesen unser Auf-der-Welt-Sein erst konstituiert, wenn wir in ihnen einen Begriff von uns selbst bekommen, wenn sie den Kern unserer Existenz bilden? Denn das ist ja das Dankbare an der Arbeit, dass sie eine gesellschaftlich akzeptierte Ausrede für die wirklich anstrengenden Aspekte des Lebens ist: Kinder erziehen, Großeltern pflegen, Sterbende begleiten, sich interessieren, kümmern, aufopfern.

»Es geht darum, sich das Leben ein bisschen schwieriger zu machen«, sagt der norwegische Abenteurer Erling Kagge. Und sind es nicht die Mini-Besteigungen und -Bestätigungen, die kleinen und großen Anstrengungen, die uns Glück erst erfahren lassen? Es ist ein Unterschied, ob man einen Berg besteigt oder sich im Helikopter zum Gipfel fliegen lässt. Es ist ein Unterschied, ob man sich Niederungen, Gefahren und Alltäglichkeiten vom Leib hält oder aussetzt. Wenn wir uns von Mühen befreien lassen, müssen wir uns fragen lassen, wozu wir befreit werden.

Was also werden wir in den geschenkten Stunden tun? Werden wir unseren Kindern Märchen vorlesen und unseren

Alten die Hände streicheln? Oder morgens Mails schreiben, nachmittags Netflix schauen und abends eine Kuscheldecke bei Amazon bestellen, damit sie auch garantiert am nächsten Tag im Briefkasten liegt? Mit den lästigen Tätigkeiten, die durch die Errungenschaften der künstlichen Intelligenz wegfallen werden, werden wir auch Glücksmomente und Sinnerzeugungsmöglichkeiten verlieren. »Die gewonnene Freizeit ist aufgegangen in ein Spektrum an industrialisierten Freizeitbeschäftigungen«, schreibt Anna Gien. »Neben Unterhaltung, Tourismus, Kulinarik und Pornografie ist das eben auch die Gestaltung der eigenen Lebensräume nach den Paradigmen der neuen Gemütlichkeitskultur.«[199]

Im Zuge der Industrie 4.0 werden durch die massenhafte Etablierung intelligent vernetzter Produktionsprozesse vor allem Routineaufgaben und Jobs gering qualifizierter Arbeitskräfte wegfallen, also Tätigkeiten, bei denen man nicht im virtuellen Raum, sondern mit Materialien arbeitet, die man anfassen kann.

Als der Bundespräsident Frank-Walter Steinmeier Anfang 2019 die letzte deutsche Zeche schloss, sprach er von einem »Stück Geschichte«, das zu Ende gehe, in der Hand hielt er das letzte Stück Steinkohle, das in Deutschland unter Tage abgebaut worden war, ein sieben Kilo schwerer Brocken. Der Bergmann, der ihn Steinmeier in die Hand drückte, hatte Tränen in den Augen. »Schwerer Tag?«, fragte der Bundespräsident, aber der Bergmann nickte nur, er konnte nichts sagen. In seiner Rede schwärmte der Bundespräsident davon, dass diese Männer ein Leben lang ehrliche Arbeit geleistet hätten: »Das, was Sie hier gelebt haben, Zusammenhalt und Solidarität, ist ein Wert und ein Beispiel, was Sie an andere Menschen, und hoffentlich nicht nur im Ruhrgebiet, weitergeben.«

Wer wollte, konnte seinen Worten einen desillusionierten Unterton entnehmen: ehrliche Arbeit, Zusammenhalt, Solidarität? Für einen Moment fühlte es sich an, als sei nicht eine Zeche, sondern etwas Größeres geschlossen worden, weil die digitale Arbeitswelt zwar nicht mehr mit körperlicher Totalerschöpfung einhergeht, dafür mit perfideren Zwängen und Abhängigkeiten aufwartet. Aber kein Verlust ohne Gewinn: Die Modefirma Grubenhelden produziert T-Shirts, Pullover und Röcke, in denen teils als Brusttasche, teils als Innenfutter je ein Stoffstück von einem echten Grubenhemd eingenäht ist, als Hommage an »die Bergleute, die unter Tage malocht haben«, an ihre »robuste Arbeitskleidung« und ihren »besonderen Ethos«. Im Februar wurde die Kollektion auf der New Yorker Fashion Week vorgestellt.

—

Im Frühling machte ich mich nach Südfrankreich auf, ein paar Tage Abstand, hatte ich mir gedacht, ein paar Tage Alleinsein.

Wie so oft hatte ich zu lange mit der Flugbuchung gewartet, wie so oft überstieg der Preis drei Tage vor der Abreise mein Budget, wie so oft stieg ich in meinen alten Audi. Diesmal sollte er mich nicht in einen Biergarten am Starnberger See oder zu meinen Eltern bringen, sondern weiter, viel weiter, nach Marseille, wo ich ein Zimmer am Hafen gemietet hatte. Der Plan war, München in westlicher Richtung zu verlassen, den Bodensee zu umrunden, einen Freund in Zürich zu besuchen, anschließend die Schweiz und die französischen Alpen zu durchqueren, um nach zehn Stunden die Provence und schließlich das Meer zu erreichen.

Ich war ein bisschen nervös angesichts der tausend Kilometer, die vor mir lagen, eine Strecke, die ich seit Jahren nicht im Auto zurückgelegt hatte. Am Tag der Abfahrt wachte ich auf, bevor der Wecker klingelte, draußen schien die Sonne, kurz dachte ich an nächtliche Urlaubsfahrten mit meinen Eltern, an quälende Stunden im Stau ohne Klimaanlage, an meinen Studienaufenthalt in Großbritannien, an dessen Ende ich ohne Pause von der walisischen Küste bis zur tschechischen Grenze gefahren war.

Am Ende war meine Sorge unbegründet: Die Fahrt nach Marseille dauerte zwölf Stunden, und ich habe sie trotz mehrerer Staus und einer heimtückischen Radarfalle von der ersten bis zur letzten Minute genossen. Ich hatte mir Musik zurechtgelegt, Prefab Sprout, The Cure, Chad Valley, die Neunte von Bruckner, Händels Klaviersuiten – denn wann, wenn nicht allein im Auto, kommt man heute noch dazu, konzentriert Musik zu hören? Nach der Hälfte der Strecke fühlte ich mich erfrischt, fast euphorisiert. Ich hatte den Eindruck, mein Körper belohnte mich dafür, dass ich ausschließlich einer Tätigkeit nachging, dass ich keine WhatsApp-Nachricht schrieb, kein Foto kommentierte, keine E-Mail schrieb und kein Telefonat führte, sondern einfach nur dem Straßenverlauf folgte, ein bisschen nachdachte, vor mich hin träumte und aus dem Fenster schaute.

»Lass dich nicht in die Nacht ein«, hatte meine Mutter gesagt, und ich hatte mich natürlich: in die Nacht eingelassen, weil ich lieber abends als morgens aufbreche, weil ich das Gefühl mag, durch das abnehmende Licht der hereinbrechenden Nacht zu fahren. Als in den Häusern der Südschweiz die Lichter angingen und vor mir die französischen Alpengipfel ins

Abendrot ragten, fiel ich in einen tranceartigen Dämmerzustand, eine Mischung aus gespannter Wachsamkeit und angenehmer Schläfrigkeit, und obwohl ich mit 200 Stundenkilometern über die Autobahn schoss, fühlte ich mich sicher und geborgen, als könnte mir nichts passieren, als wachte jemand über mich.

Ich musste an meine Mutter denken, die nach langen Autofahrten immer so erschöpft ist, dass sie »eine Stunde absolute Ruhe« benötigt. Sie will dann nichts hören, schon gar keine Musik, der Verkehr, die Ampeln, die gereizte Stimmung auf den Straßen machen sie fahrig, es dauert, bis der Stress von ihr abfällt. In meinem Fall schien sich das Phänomen in sein Gegenteil verkehrt zu haben: Ich erholte mich während der Fahrt, wurde von Stunde zu Stunde ruhiger, ja fühlte mich zum ersten Mal seit langer Zeit gelassen. Ich dachte eine Weile darüber nach und fand nur eine logische Erklärung: dass unser digitalisierter Alltag mittlerweile so fragmentiert und fordernd ist, dass eine monotone Autofahrt zur willkommenen Abwechslung, ja einer Art Wellness-Behandlung, einer schöpferischen Pause wird: abschalten, nichts denken, einfach nur aufs Gas und gelegentlich die Bremse treten.

Ich spürte weder Stress noch Langeweile, im Gegenteil, die Fahrt war aufregend, alles wechselte sich ab, die Radiosender, die Stimmen der Moderatoren, das Design der Verkehrsschilder, die Farben der Lärmschutzmauern, die Schattierungen des Asphalts, die Architektur der Häuser, die Wiesen, die Kühe, die Berge. Ich kam an Schafherden, deprimierenden Vorstädten und glitzernden Seen vorbei; ich war selbstvergessen. Die Zeit verflog und stand zugleich still, ein magischer Moment, der einem beim Joggen genauso wie beim Lesen, Schwimmen,

Küssen widerfahren kann. Die Voraussetzung für Selbstvergessenheit ist, dass man nicht gestört, nicht unterbrochen, nicht gegängelt wird, dass man nichts schaffen, beweisen, erreichen will, niemandem antworten, schreiben, Rechenschaft ablegen muss.

Wie aber wäre meine Fahrt nach Marseille in einem selbstfahrenden Auto abgelaufen? Ich kenne die Verheißungen und Versprechen, dass wir Romane lesen, *Game of Thrones* schauen, Memory spielen und erholt ankommen werden – allein, ich glaube nicht daran, weil so eine Reise meinen Alltag nicht mehr unterbrechen, sondern fortsetzen würde. Ich wäre nicht mehr gezwungen, mich vorzubereiten und zu konzentrieren, mich in den Zustand des Fahrens und Unterwegsseins zu versetzen, ich würde einsteigen und weiterwursteln, wahrscheinlich würde ich während der Fahrt die gleichen Dinge wie jeden Tag tun, also mailen und surfen, konsumieren und kommunizieren. Dann wäre es vorbei mit dem Freiheitsgefühl, das eine Autofahrt zu einem Erlebnis der Euphorie und Selbstermächtigung werden lässt. »Aus Freude am Fahren wird die Zufriedenheit anzukommen«, stand mal in der *Zeit*. Ein schöner Satz, weil er den tieferen Verlust formuliert, die Verlagerung vom Erleben zum Erreichen, vom Prozess zum Resultat, von der Schönheit zur Nützlichkeit.

Es liegt in der Natur der Sache, dass die Idee des selbstfahrenden Autos ausgerechnet von den Firmen vorangetrieben wird, die vom Zeitgewinn der Menschen profitieren würden, weil sie die globalen Konsum-, Kommunikations- und Entertainmentplattformen bereitstellen, mit denen wir uns die Zeit vertreiben. Wer aber wird dann noch das Rehkitz am Waldrand kauern sehen? Wer wird den Turmfalken auf dem Leitpfosten, den Schuh im Straßengraben, den Tramper neben der Ausfahrt bemerken? »Wann immer wir mit der Welt in Resonanz treten, bleiben wir nicht dieselben«, schreibt Hartmut Rosa. »Resonanzerfahrungen *verwandeln* uns, und eben darin liegt die Erfahrung von Lebendigkeit. Wenn wir uns von nichts mehr anrufen und verwandeln lassen, oder wenn wir auf die zahlreichen Stimmen da draußen nicht mehr selbstwirksam *zu antworten* vermögen, sind wir innerlich tot, versteinert.«[200]

Je mehr Entscheidungen wir unseren Geräten überlassen, desto seltener treten wir in Resonanz mit der Welt. Unseren Politikern, Vorständen und Investmentbankern werfen wir vor, dass sie vor lauter Privilegien den Sinn für die Wirklichkeit, den Kontakt zu den Menschen, das Gefühl für unser Land verloren hätten, tatsächlich sind wir enthusiastisch dabei, das Gleiche zu tun.

Individualität

»*Der Mensch ist gut,*
die Leute sind schlecht.«
Karl Valentin

Vor ein paar Jahren lief auf Pro7 das Reality-TV-Format *Das Model und der Freak*, in dem zwei sogenannte Models den Versuch unternahmen, sonderbare und aus der Zeit gefallene Männer fit zu machen für die Anforderungen der Gesellschaft und der Liebe im 21. Jahrhundert. Am Ende sollten sich dickliche Computer-Nerds, schüchterne Heavy-Metal-Fans und lebensferne Geisteswissenschaftler mit neuem Selbstbewusstsein in die Möglichkeiten des Lebens stürzen können. Ein Kamerateam begleitete die Schützlinge zum Friseur, zum Shoppen und im Gespräch mit den Models, die ihnen präzise erläuterten, wie man heutzutage aussehen und sprechen müsse, um nicht aus der Reihe zu fallen, sondern dazuzugehören und vielleicht sogar einen Menschen zu finden, der mit einem gemeinsam durchs Leben gehe.

Am Ende jeder Folge sahen die Männer aus wie die Typen, die am Samstag vor der Umkleidekabine bei H&M auf ihre Freundin warten: weiße Turnschuhe, enge Jeans, nackte Knöchel, Hemden mit Aufdruck, womöglich blitzte irgendwo eine Tätowierung hervor; im Grunde sahen sie aus wie Fußballer von Borussia Dortmund und hatten alles eingebüßt, was sie liebenswert gemacht hatte, und sich um die einzigartige

Chance gebracht, den Menschen zu finden, der sie um ihrer selbst willen liebt.

Stattdessen waren sie dem Versprechen auf den Leim gegangen, im Konsum ihre wahre Natur zu entdecken, indem sie von Individuen zu Repräsentanten der Individualisierung geworden waren, vom »grauen Angestellten zum Kunden, der die Wahl seines Outfits, seines Auftretens, seiner Lebensart treffe, wie es ihm passe, und so in den permanenten Vergleich mit den anderen und sich selbst trete«, wie Andreas Zielcke schreibt. Weil unter scheinbar freiheitlich-demokratischen Bedingungen der Konformismus zunehme, könnten erst im Konsumkapitalismus Moden und Werbung ihre Karten jederzeit ausspielen, Geschmack, Stil und Selbstbild kommen ohne den äußeren Spiegel nicht mehr aus. Die Anstellung werde zum Job, der Beruf zur Profession, Hingabe zu Teamgeist und Konkurrenz.[201]

Adorno beschrieb bereits Mitte des 20. Jahrhunderts, was passiert, wenn die »Kulturindustrie« die menschliche Sehnsucht nach Freizeit und Unterhaltung regelt und so was wie Individualität nur vorgaukelt, statt zu erschaffen. Es ist dieses Prinzip, das uns über die sozialen Netzwerke in einen immer druckvolleren Konformismus drängt und am Ende alle gleich aussehen lässt, wenn sich unser Drang nach Einzigartigkeit mit unserem Markt- und Markenbewusstsein verschränkt.

»Dein Stil. Dein Weg« heißt der Werbeslogan der Website *Outfittery*, die männliche Kunden anspricht, die sich von ständig wechselnden Modetrends überfordert fühlen. »Zeig deinen Stil!« lautet die Aufforderung an das Heer verunsicherter Männer, denen garantiert individuelle Outfits versprochen werden. Das Problem ist, dass sich Individualität aufhebt, wenn sie zu einem Massenphänomen wird, weil am Ende jeder Zweite eine Wollmütze, ein Ringelshirt und weiße Turnschuhe trägt. Der Historiker Götz Aly bezeichnete den Nationalsozialismus als »Zustimmungsdiktatur«, als ein Regime, das von der Mehrheit der Bevölkerung akzeptiert, unterstützt und gutgeheißen wird – je mehr dies aber der Fall sei, umso schwieriger hätten es abweichende Meinungen und Ansichten; eine Logik mit verheerenden Konsequenzen, die sich in der einer digitalisierten Gesellschaft mit verfeinerten Methoden fortsetzt, weil Individualität nicht länger eine Bedingung von Freiheit, sondern die Suche danach ein Mittel der Unterwerfung ist.

Menschen orientieren sich an dem, was andere Menschen tun. Wenn Millionen von Menschen sich rund um die Uhr gegenseitig darüber informieren, was sie unternehmen, anziehen, lesen und meinen, lässt uns die Transparenz in Echtzeit eigene Überzeugungen, Geschmäcker und Wünsche aufgeben, um uns den dominierenden Überzeugungen und Meinungen unterzuordnen. Iris Apfel, die 93-jährige Grande Dame der Mode aus New York, sagt:

»Es gibt keine Kreativität mehr, jeder kopiert den anderen, alle sehen gleich aus. Individualität scheint heute ein schmutziges Wort zu sein. Es gibt so viele Auswahlmöglichkeiten, und trotzdem sehen alle aus, als würden sie in Uniform stecken.«[202]

Im Winter trügen alle Frauen schwarze Stiefel, schwarze Strumpfhosen, schwarze Pullover und schwarze Daunenjacken. Und auch Peter Thiel, einer der einflussreichsten Investoren im Silicon Valley, sagte in einem Interview:

»Die Weisheit der vielen hat sich in die Dummheit der vielen, ja in eine Art Massenwahn verwandelt. Der intellektuelle, aber auch der politische Konformismus im Silicon Valley ist zum Schreien. Um es klipp und klar festzuhalten – ich muss es auf Deutsch sagen: Die Köpfe haben sich gleichgeschaltet. Der eine sagt, was der andere sagt, um ja nicht anzuecken.«[203]

Im Netz geht es nicht darum, wer man ist, was man denkt und wofür man steht, sondern darum, was ankommt, die größte Welle erzeugt, die meisten Likes produziert. Und das wäre nur beklagenswert einfältig, wenn der Konformismus nicht gleichzeitig – und wirkungsvoller als jeder physische Zwang – in unsere Persönlichkeit eingriffe. Der Neoliberalismus habe es tatsächlich fertiggebracht, schreibt Richard Schuberth, höchste Konformität sich als Unverwechselbarkeit empfinden zu lassen, echte Unverwechselbarkeit dagegen als prätentiösen Habitus.[204] Und auch Botho Strauß beklagt, dass die Außenseiter und Sonderlinge aus der Gesellschaft wie aus der Literatur verschwunden seien. Überall herrschten »Konformitäten, Korrektheiten und Konsensivitäten«, die von den »Bakterienschwärmen neuer Medien« verstärkt würden.[205]

Algorithmen deuten unser Verhalten, analysieren unsere Gene und Körperwerte, sagen uns, was wir kaufen, bestellen, essen und wonach wir Sehnsucht empfinden sollen. Wenn aber alle mit den gleichen Methoden nach Unverwechselbarkeit streben, kommen »kastrierte Automatenwesen« heraus, konditioniert wie in *Clockwork Orange*, die alle damit beschäftigt sind, ein »idealisiertes Bild ihrer selbst zu zeigen – ein netteres, freundlicheres, langweiligeres Ich«, schreibt Bret Easton Ellis. Die Vorstellung, dass wir durch das Netz kritischer miteinander umgehen, habe sich nicht bewahrheitet. »Entweder wir beschimpfen uns oder wir verehren uns mit der Konzernhaltung, dass man sich am besten schützt, indem man alles ›liked‹, indem man in falscher Positivität an allem Gefallen findet, um sich in die Gruppe einzufügen.« Das größte Verbrechen dieser neuen Welt sei das »Auslöschen von Leidenschaft« und das »Knebeln des Individuums«.[206]

Craftbiere, Tätowierungen, Bildschirmschoner, Handyhüllen – ständig werden uns Angebote gemacht, mit denen wir uns noch individueller machen können. Und weil die Folgsamkeit gegenüber vorgegebenen Standards heute durch Verführung und nicht durch Druck erreicht wird, gewöhnen wir uns rasant an die jeweils nächste Stufe der Gleichschaltung und des Niedergangs. Als im Jahr 2000 die erste *Big-Brother*-Staffel lief, waren sich alle Kommentatoren einig, dass der Untergang des Abendlandes kurz bevorstehe, heute weiß man nicht mal mehr, ob gerade eine läuft.

—

In der *Truman-Show* lebt ein armer Tropf sein Leben, während ihm der Rest der Welt vor dem Fernseher sitzend zusieht. In der Realität schauen sich Millionen von Menschen gegenseitig beim Leben zu, vergleichen, bewerten, ermahnen sich. Einen Regisseur, der unser Leben mit Kameras als Endlossoap inszeniert, braucht es nicht mehr, wir sind Regisseur und Darsteller in einem, ein sich selbst fütterndes System der Belanglosigkeit.

Die »Schonräume der Intransparenz« (Peter Sloterdijk) sind verschwunden, »eine grell überbelichtete Welt« ist entstanden, sagt der Medienwissenschaftler Bernhard Pörksen, »ein monströses, von allen Seiten aus einsehbares Aquarium, in dem kaum noch etwas verborgen bleibt«[207], eine Herde konformistischer Untertanen, ein Dschungel-Camp für alle, rund um die Uhr auf Sendung, gierig nach Sensationen, ob wahr oder erfunden, egal, Hauptsache es lässt sich vermarkten.

»Privatsphäre bedeutet für mich, unbeobachtet, unregistriert, unbewertet, unangerufen, unbelästigt, unbesprochen, ungegängelt, unbehandelt, uninformiert zu sein«[208], sagte die Schriftstellerin Juli Zeh 2013 in einer Umfrage. Ob sie schon geahnt hat, dass sich die Sache mit der Privatheit bald erledigt haben könnte? Fest steht: Wenn die Privatheit verlorengeht, stirbt auch die Selbstbestimmung, und wo die Selbstbestimmung stirbt, erstarken Konformismus, Konfliktscheu und Denunziation. Durch die Abschaffung überkommener Hierarchien entstehen neue, noch perfidere Formen der Unterdrückung und Gleichschaltung: »Aber wenn wir ein System haben, das tatsächlich in die alte Blackbox Individuum reinschauen und entsprechend dessen tiefste Bedürfnisse vorhersagen und manipulieren kann, dann gibt es das klassische Individuum nicht mehr«[209], prophezeit der Historiker Yuval Noah Harari. »In naher Zukunft könnten die Algorithmen es den Menschen nahezu unmöglich machen, ihre wirkliche Realität zu erkennen. Wenn wir uns anstrengen, können wir immer noch erkennen, wer wir wirklich sind. Aber wenn wir diese Chance nutzen wollen, sollten wir das jetzt tun.«[210]

Vor der letzten Staffel von *Germany's Next Topmodel* sagte Heidi Klum, sie gehe davon aus, dass sich etliche Kandidatinnen schon mit 20 Jahren Botox ins Gesicht spritzen ließen, um »auch in Wirklichkeit auszusehen wie mit Apps«. Wir haben aufgehört, die Wirklichkeit hinzunehmen, und damit begonnen, sie zu modifizieren, damit sie unseren Vorstellungen entspricht und unseren Ansprüchen genügt. Wir verlernen nicht nur, mit der Schicksalhaftigkeit des Lebens umzugehen, wir werden auch immer schlechter darin, seine Paradoxien auszuhalten.

»Nicht nur ist die Vermeidung von Zweideutigkeit und Zögerlichkeit hilfreich für eine Karriere im Kapitalismus, sie ist geradezu eine Voraussetzung für den Erfolg im Kapitalismus überhaupt«[211], konstatiert Thomas Bauer und beschreibt, wie unsere Gesellschaft auf die Mehrdeutigkeiten einer disparaten Welt reagiert: Während Trump, Erdogan, Orban, der IS und die AfD scheinbare Eindeutigkeiten auf Kosten der Wahrheit formulieren, flüchten die anderen in die *Anything-goes*-Gleichgültigkeit, die sämtliche Normen negiert – von Odo Marquards Satz, wonach Zukunft Herkunft brauche, haben sie nie gehört.

»Im Namen der pankulturalistischen Nivellierung möglicher kultureller Differenz wird die Vielfalt, die Buntheit und Austauschbarkeit, kurz: die Normlosigkeit zur Norm«[212], schreibt der Publizist Alexander Grau. Die Rede ist von den hedonistischen Selbstverwirklichern, die ihr radikal diesseitiges Leben in der Konsensblase zwischen Laptop, E-Scooter und Lufthansa-Lounge verbringen und gegenüber allem und jedem tolerant sein können, weil sie sich von sämtlichen einschränkenden Normen verabschiedet haben.

»Wir sehnen uns nach Hause und wissen nicht, wohin?«, endet die erste Strophe des Gedichts *Der Pilger* von Joseph von Eichendorff. Der Satz hat nichts von seiner Dringlichkeit verloren. Unsere Sehnsucht ist gigantisch, ihr Ziel zu benennen, fällt uns schwer. Deswegen verbringen wir unser Leben suchend, deswegen schnappen wir uns, was passt, und ignorieren den Rest: Jesus als Tattoo, eine Buddha-Statue im Bad, ein

Sweatshirt mit arabischem Aufdruck – wirkt offen, tolerant, neugierig, kosmopolitisch, beruht aber meist nicht auf Auseinandersetzung, sondern auf Haltungslosigkeit.

Unser demonstrativ zur Schau getragenes Engagement für Bienen oder einen inhaftierten chinesischen Dichter, von dem wir noch nie einen Vers gelesen haben, dient der Selbstdarstellung, dem eigenen Fortkommen, der Zurschaustellung von Distinktionskapital. Wir suchen Trost in fernöstlichen Religionen und Atemübungen. Vor allem Hollywood-Stars betreiben die kulturelle Aneignung buddhistischer Praktiken im großen Stil, um ansonsten unter sich zu bleiben. Wir posten heute eine Petition gegen Trump, morgen einen Aufruf für Exilukrainer und übermorgen ein Gedicht im Namen der Toleranz. Leider steht die zur Schau getragene Offenheit oft in keinem Verhältnis zum tatsächlichen Interesse an anderen Menschen, Schicksalen und Lebenswirklichkeiten, leider schlägt das Gutmeinen oft ziel- und ergebnislos um sich, hier eine Lichterkette, dort ein Sack mit Altkleidern – der Publizist Reinhard Mohr hat das inflationäre Wohlwollen, das echtes Engagement vernebelt und fast nie Interesse an der Lebenswirklichkeit anderer Menschen aufbringt, »Morbus Kreuzberg« genannt – »Denkfaulheit im fortgeschrittenen Stadium«[213].

Es scheine, schreibt der Kulturjournalist Mark Siemons, dass der Kosmopolitismus, als Selbstbewusstsein und Prinzip, seiner Anwendung, als Neugier und Interesse, paradoxerweise geradezu im Wege stehen könne – so als würde das Wissen, weltoffen zu sein, suspendieren von der Mühe, sich dem Wissen der Welt zu öffnen. Als Beleg für seine These erzählt er davon, wie sich ein in Berlin lebender Student aus Hongkong darüber wundere, dass er von seinen liberalen deutschen

Bekannten nie nach seiner etwas anderen Sichtweise gefragt werde, die »aus seinem Hintergrund, den Bedingungen seines Aufwachsens, den anderen gesellschaftlichen Bedingungen seiner Ursprungsgesellschaft erwächst«.[214]

»I want a dyke for president, I want a person with Aids for president and I want a fag for vice president« (»Ich will eine Lesbe als Präsidentin. Ich will einen Aids-Kranken als Präsidenten, und ich will einen Schwulen als Vizepräsidenten«),

ist ein Facebook-Post, der 2017 millionenfach geteilt wurde. Es handelt sich um ein Gedicht der lesbischen, feministischen Künstlerin Zoe Leonard. Was als Kunstwerk ein emanzipatorischer Akt ist, büßt als inflationärer Post seine Kraft ein, wenn die Zugehörigkeit zu einer Randgruppe ernsthaft zur Bedingung für ein höheres Amt bewertet wird.

Der Liberalismus hat gesiegt und zwingt uns nun, mit den Konsequenzen der Idee zurechtzukommen, den Einzelnen aus sämtlichen Traditionen, Normen und Beziehungen herauszulösen und zu einem Repräsentanten des Zeitgeists zu machen. Das Resultat sind Menschen, die sich für linksliberal halten, aber meistens mit Sonnenbrille und Smartphone im Straßencafé hocken. Menschen, die sich, weil sie im Namen der Disruption alles Beständige oder noch zu Offenbarende als Hemmnis für die eigene Entfaltung empfinden, aus sämtlichen gemeinschaftlichen Zusammenhängen lösen und Rituale, die einer festgeschriebenen Ordnung folgen, zugunsten einer als entlastend empfundenen Willkür opfern. Sie glauben an nichts außer sich selbst und sind davon überzeugt, alles schaffen zu können, wenn sie diszipliniert, flexibel und effizient genug sind.

Es sind die Menschen, die sich über das Foto von Friedrich Merz lustig machten, das ihn im Kreis seiner Familie bei der Hausmusik zeigt: Merz an der Flöte, seine Tochter am Klavier. »Es wäre mir lieber, von einem Politiker zu erfahren, dass er mal Gras geraucht hat, als solche Fotos von ihm zu sehen«[215], äußerte sich ein Mitglied der Grünen. Man muss Friedrich Merz nicht sympathisch finden, aber Musikmachen mit den Kindern gehört sicher zu den subversiveren Freizeitbeschäftigungen zu Beginn des 21. Jahrhunderts.

Da die uneingeschränkte Freiheit der Gegenwartsfanatiker keinen Sinn produziert, anfällig für Manipulation und heimatlos macht, ist es nur folgerichtig, wenn die Lösung gesellschaftlicher Konflikte in der regelmäßigen Zerstörung und Neuordnung der Verhältnisse gesucht wird: »Moving fast, breaking things« lautete das Motto von Marc Zuckerberg, das jahrelang von Millionen Gründern auf der ganzen Welt nachgeplappert wurde. Natürlich rufen sie ihren Arbeitnehmern, die Angst vor dem Verlust ihrer Arbeitsplätze haben, zu, dass es irgendwann neue geben wird, besser bezahlt und weniger anstrengend, aber wann dieses »irgendwann« ist, ob sofort, in zehn oder fünfzig Jahren, das sagen sie nicht.

Wir wissen von Roger Willemsen, dass sich gerade im Zögern das Denken von der Arbeit unterscheidet, dass sich in der Unschlüssigkeit, der verweilenden, unabgeschlossenen Geste, ja in der Trägheit Zustände der Sammlung auftun. Die meisten Menschen sehnen sich nicht nach kreativer Zerstörung. Sie wollen sich auch nicht neu erfinden, sondern ihre Ruhe, ein bisschen Stabilität, ein bisschen Heimat und sich darauf verlassen, dass die Dinge morgen einigermaßen so sein werden, wie sie gestern noch waren.

Anfang des Jahres hatte ich ein paar Tage frei und wollte mich auf keinen Fall erholen oder Abstand gewinnen. Ich beschloss, ein paar Tage in einem Kloster zu verbringen, weil der Glaube ja oft zu kurz kommt, seitdem man auf Netflix immer eine Serie findet, mit der man sich die Zeit bis zum nächsten Champions-League-Spiel verkürzen kann.

Ein Freund hatte mir von einer Benediktinerabtei in Südfrankreich erzählt: Sainte Madeleine du Barroux, im romanischen Stil aus Kalkstein erbaut, diskret auf einem Berg in der Provence gelegen, umgeben von Zypressen, Olivenhainen und dem schneebedeckten Gipfel des Mont Ventoux. »Probier es aus«, hat er gesagt, »grandiose Landschaft, asketische, aber makellose Form, großartige Liturgie.« Als ich vier Wochen später an die Pforte klopfte, wurde ich von einem Mönch mit listigen Augen empfangen. Er kam auf mich zu, musterte mich flüchtig und führte mich über eine dunkle Treppe in meine Kammer, außer »Bonjour« sagte er nichts.

Mein Zimmer bestand aus einem schmalen Bett, einem Stuhl und einem Holztisch, auf dem eine Bibel und eine Liste mit den Stundengebeten lagen, täglich acht, das erste um 3.30 Uhr, das letzte um 19.45 Uhr. Für mich als Gast seien sie nicht verpflichtend, auf der anderen Seite habe ich den weiten Weg sicher nicht auf mich genommen, um nicht mit Gott zu sprechen, es sei also schon angebracht, wenn ich mich gelegentlich, besser mehrmals täglich in der Kapelle blicken ließe. Beim Rausgehen wies er mich auf die Mahlzeiten hin, die strikt einzuhalten und schweigend einzunehmen seien. Die Begegnung, die keine fünf Minuten gedauert hatte, war abgesehen von einem Spaziergang mit einem holländischen Eremiten der intensivste menschliche Kontakt der ganzen Woche.

Ich war enttäuscht, als ich auf meinem Bett unter der Wolldecke lag und darüber nachdachte, was nun, da meine wenigen Sachen verstaut waren, zu tun sei. Die Stille war makellos und nach wenigen Minuten kaum auszuhalten, wie eine bleierne Decke hüllte sie mich ein und drückte mir aufs Gemüt. Keine Frage, ich hatte mir meine Ankunft im Kloster anders vorgestellt, freundlicher, herzlicher, denn wo, wenn nicht hier, sollte noch echte Nächstenliebe zu finden sein?

Beim Abendessen, das streng choreografiert im Refektorium eingenommen wurde, nahm meine Irritation zu. Der Abt und der Prior thronten auf einem Podest, zu dessen Füßen die 54 Mönche in Hufeisenform an hölzernen Tafeln saßen. Jeder hatte seinen Platz, seine Schüssel, seinen Becher, sein Besteck, seine Serviette, einer saß erhöht auf einer kleinen Kanzel und trug in psalmodierendem Französisch aus der Biografie Joseph Ratzingers vor.

Zwei Mönche bildeten den Küchendienst und servierten das Essen, Gemüsesuppe, Weißbrot, eine Quiche und ein Schälchen gezuckerter Joghurt, dazu ein Glas Rotwein aus eigenem Anbau. Kaum hatte ich den Teller leer, tauchte von hinten schon eine Mönchshand auf, die den Teller abräumte und die Reste in einen Blechbehälter kratzte.

Es ging wirklich nicht übermäßig freundlich zu in diesem Speisesaal, von Geselligkeit keine Spur, niemand lächelte oder zuckte mit den Augenbrauen. Ich fühlte mich wie auf einem fremden Planeten, umringt von fremden Wesen, mit denen ich keinen Kontakt aufnehmen konnte. Als ich nach der Komplet im Bett lag und den Wind um die steinernen Mauern pfeifen hörte, hatte ich große Bedenken, ob ich die richtige Entscheidung getroffen hatte.

In den Tagen danach aber geschah Bemerkenswertes: Je länger mein Aufenthalt dauerte, desto wohltuender empfand ich die Distanziertheit der Mönche. Keiner verwickelte mich in ein Gespräch, keiner schlug mir eine Unternehmung vor oder versuchte mich zu überzeugen. Erst jetzt fiel mir auf, wie lange ich es nicht mehr erlebt hatte, nicht behelligt und zu nichts gedrängt zu werden. Nach drei Tagen breitete sich ein Gefühl von Stärke in mir aus, die düstere Treppe, der lichte Kreuzgang, das nach verkohltem Holz riechende Kaminzimmer, auf einmal erschien mir alles seltsam vertraut und tröstlich. Einzelne Mönche traten aus der gesichtslosen Masse heraus und entwickelten Züge, die ich in meiner Fantasie zu Persönlichkeiten zusammensetzte. Meine Wahrnehmung fühlte sich geschärft an. Nachts lauschte ich dem Wind, tagsüber den lateinischen Chorälen der Mönche. Meine Enttäuschung wandelte sich in Gelassenheit, die Stundengebete strukturierten den Tag gnadenlos, verliehen ihm Rhythmus, der mich umfing wie eine wärmende Decke, im Grunde tat ich nichts außer beten, essen und schlafen. Am Abend des dritten Tages hatte ich endgültig begriffen, dass diese Männer weder herzlos noch schlecht erzogen waren, sondern schlicht in einer fundamental anderen Logik lebten, in der alles von der Architektur über das Essen bis zu den Gesten auf seine Essenz reduziert war. »Reine Form«, hatte mein Freund gesagt – jetzt wusste ich, was er gemeint hatte. In diesem Kloster war nichts überflüssig, nichts kitschig, nichts laut, nichts dekorativ, alles hatte seinen Platz, seinen Ort und Zweck.

Die meisten Menschen können sich keinen Raum mehr vorstellen, der Freiheit ermöglicht, indem er von der Wirklichkeit distanziert und den Alltag unterbricht, einen Raum, in dem man sich nicht gegängelt fühlt, gerade weil man auf sämtliche Unterhaltungsangebote zu verzichten gezwungen ist. »Der moderne Mensch will die höhere Gewalt nicht erleiden, sondern sein«[216], schreibt Peter Sloterdijk. In diesem Kloster war nichts modern. Alles, was hier gesagt und getan wurde, wurde seit Jahrhunderten gesagt und getan und hatte seine Bedeutung und sein Ziel, und das Ziel war Gott. In seinem Buch *Häresie der Formlosigkeit* erzählt der Schriftsteller Martin Mosebach, wie er bei einem Aufenthalt im Benediktinerkloster Fontgombault inmitten einer Atmosphäre höchster Gleichförmigkeit das Individuelle der Geistesbrüder erkennt:

»Mit Blick auf den Familienbesuch wird deutlich, was die Einkleidung eines neuen Mönchs bewirkt: Der Kopf wird kahl rasiert, der Körper, den die bürgerliche Kleidung möglichst vorteilhaft zur Geltung bringen wollte, verschwindet unter dem weiten, schwarzen Gewand. Ein Höchstmaß an Gleichförmigkeit scheint das Ziel zu sein, und doch kommt das Gegenteil dabei heraus. Was dem Beobachter zunächst als altertümlich vorkam, begreift er nun als eine ins Zeitlose gesteigerte Individualität, die sich hinter modischer Frisur, bunten Pullovern und Jacken zeitgenössisch-kollektiv verborgen hatte.«[217]

Wenige Tage zuvor hätte ich nicht verstanden, was er meint, nun aber erkannte ich hinter der scheinbaren Strenge der Mönche eine milde Gelassenheit und liebevolle Zugewandtheit. Im Grunde verhielten sie sich gegensätzlich zu den Menschen in der modernen Arbeitswelt, hinter deren verständnisvollem Umgangston sich nicht selten ein Hang zu Intriganz und autoritärem Verhalten verbirgt. Irgendwann hatte ich begriffen, dass mir dieser Ort kostenlos zur Verfügung stellte, was mir die spätmoderne Konsumgesellschaft permanent verspricht: Individualität, Echtheit und Momente tiefen Glücks.

Nach kurzer Zeit hatte ich mir die Physiognomien der Mönche eingeprägt und dachte mir kleine Geschichten für sie aus. Es gab bucklige Greise, listige Zwerge, athletische Hünen, schüchterne Schöngeister. Trotz der Ähnlichkeit ihrer äußeren Erscheinung meinte ich das Wesen jedes Einzelnen erkennen und behaupten zu können, welcher ein Verführer, Proletarier, Intellektueller, Sadist oder Diener war. Hatten am ersten Tag noch alle identisch ausgesehen, hatte ich nach einer Woche ausgefeilte Psychogramme ihrer Persönlichkeiten erstellt, ja es schien mir, als hätte ich niemals schönere Menschen gesehen, so kongruent mit sich selbst erschien mir jeder Einzelne im Vergleich zur amorphen Masse aus Individuen auf den Straßen meiner Stadt.

Was aber sagt es aus über unsere Welt, dass man Freiheit an einem Ort der Entsagung spüren kann, an dem der eigene Wille nichts zählt, sondern in einem Klima des Gehorsams gegenüber Gott, aber auch dem Abt ausgelöscht werden soll? Und wie kriegen wir es hin, dass unsere Ich-Verherrlichung keine Atmosphäre der Gereiztheit, der Angst und des dauernden Gefühls, nicht zu genügen, hervorbringt, ein Wettrennen ohne Ziel, ein Wettrennen, bei dem es nur Verlierer gibt?

»If you need a friend, get a dog«, hat der amerikanische Präsident Harry Truman gesagt. Wir folgen seinem Rat, legen uns Katzen, Hunde und Meerschweinchen zu, lassen sie unter die Bettdecke, putzen ihnen die Zähne, und wer sich danach immer noch einsam fühlt, schließt sich zu einer Gruppe zusammen:

Das Resultat sind 2,2 Milliarden Facebook-Mitglieder, 200 000 »Aufstehen«-Unterzeichner, 11 Millionen *Parship*-Mitglieder – und die Unternehmer aus dem Silicon Valley jubeln, weil niemand so leicht zu manipulieren ist wie der Einzelne innerhalb einer enthemmten Masse.

—

Wenden wir uns zum Abschluss der Welt des Fußballs zu. Nach der verkorksten Weltmeisterschaft in Russland schimpften alle über den lauffaulen Toni Kroos und den Erdogan-Freund Mesut Özil, dabei ist viel interessanter, was in den Jahren zuvor passiert ist, in denen es Jogi Löw gemeinsam mit dem aufgeweckten Marketingexperten Oliver Bierhoff geschafft hat, eine Truppe zu formen, die vor lauter Professionalität, Korrektheit und Selbstgefälligkeit keine Leidenschaft mehr entfachen konnte, weil sie keine verspürte – eine Ansammlung von Einzelspielern, die in ihrem wohltemperierten Auftreten und ihren Rhetorikkursformulierungen eher an eine Sekte als eine Fußballmannschaft erinnerte.

Man könnte vor der nächsten WM in der Wüste von Katar also auch mal innehalten und die Frage stellen, was Fußball mal war und was daraus geworden ist, wie viel Gefühl wir in ihn investieren und was wir zurückbekommen, wer warum auf dem Platz stehen darf und wer warum nicht, und ob wir es eigentlich gut finden, dass die lustigen Sprüche zu Hause auf dem Sofa gerissen werden, während Manuel Neuer, egal wie phänomenal er die Bälle wieder aus der Luft gepflückt hat, immer sagt, dass er nicht stolz auf sich, sondern auf die Mannschaft sei. Die Männer auf dem Platz vertreten unser Land ja nicht nur wegen ihres »sportlichen Werts«, sondern weil sie »Persönlichkeiten« sind, das hat Jogi Löw selbst so formuliert. Vielleicht sagen sie in Interviews deshalb nur Sätze, die garantiert niemandem wehtun und bei denen man nach wenigen Worten weiß, wie sie weitergehen:

»Wir denken nur – von Spiel zu Spiel.«
»Das müssen wir – in Ruhe analysieren.«
»Dazu kann ich nichts sagen – das hat der Trainer zu entscheiden.«

Alle anderen bedanken sich bei ihren Mitspielern, Gegnern, Fans, Ausstattern, nicht ohne zu erwähnen, wie wichtig Respekt und Toleranz und wie verachtenswert Rassismus und Ausgrenzung seien. Misslingt einem Mitspieler eine Flanke, ist keiner sauer, alle recken den Daumen in die Höhe, was so viel heißt wie: Okay, war ja gut gemeint, beim nächsten Mal klappt's. Stefan Effenberg zeigte dem Publikum noch den Stinkefinger, heute formen die Stars Herzen aus Daumen und Zeigefingern. Jeden Abend liegen sie pünktlich im Bett und twittern nichts, was als anstößig empfunden werden könnte, schreiben höchstens unter der Bettdecke eine Gute-Nacht-SMS an die Freundin.

Man nennt so ein Verhalten professionell, kann es auch als Zugewinn von Umgangsformen interpretieren, aber ein bisschen öde ist es halt auch, wenn das einzig Individuelle an einem Fußballer seine Tätowierungen sind. Wenn alle Spieler gleich vernünftig sind, wenn sich keiner mehr traut, temperamentvoll, wütend oder spontan zu sein, wird es langweilig. Beim Fußball will eine Mannschaft gegen eine andere gewinnen, dementsprechend ernst sollte man ihn nehmen und die Emotionspalette ausreizen, also auch Wut, Stolz, Übermut, Aggression, Enttäuschung und Triumph zulassen, ein bisschen mehr Ronaldo, ein bisschen weniger Toni Kroos, der selbst das magische 7:1 gegen Brasilien bei der WM 2014 eher kühl kommentierte:»Brasilien im eigenen Land 7:1 zu schlagen, ähm, Respekt!« Harald Schmidt sagte in einem Interview:

»Die meisten Fußballer sind einfach unfassbar langweilig, alles wird gegengelesen und glattgebügelt, beim Interview sitzt der Pressereferent daneben, hinterher wird's noch mal gecheckt im Verein (...) Wenn's beim Fußball losgeht mit Besuchen in Schulklassen, dann ist's aus. Ich will so Charismatiker, Profis, die den Ferrari am Laternenpfahl parken und zweihundert Verwandte in der Disko bewirten. Diese Haltung: ›Ich spiele da, wo der Trainer mich hinstellt‹ – das geht gar nicht.«[218]

In einer moralisch hypersensiblen Gesellschaft haben es Charismatiker schwer, wenn jede ihrer Aussagen auf Korrektheit und mögliche Reaktionen abgeklopft wird. Wenn Pünktlichkeit, Reibungslosigkeit und Widerstandslosigkeit belohnt, Kreativität, Persönlichkeit und Mut sanktioniert werden, weicht das Leben aus der Gesellschaft, dann setzen sich die Buchhalter durch und machen die Welt so, dass sie es trotz ihrer Angst in ihr aushalten.

Eine Geste, die es zur Konvention gebracht hat, ist der stille Jubel: Ein Spieler, der ein Tor gegen seinen ehemaligen Verein schießt, hält sich den Zeigefinger vor den Mund: Pssst, soll das heißen und dem Publikum zeigen, dass er sich schon freut, aber eher innerlich, weil er die Fans von früher nicht kränken möchte. Was aber ist mit den Fans von heute? Und was mit dem aktuellen Arbeitgeber? Und warum hat er, wenn ihm die Fans so wichtig sind, überhaupt den Verein gewechselt? Am Ende soll eine sentimentale Geste die Doppelmoral camouflieren und die Illusion aufrechterhalten, dass es im Profifußball so etwas wie Loyalität geben könnte.

Es scheint, als müssten die Spieler Teile ihrer Persönlichkeit opfern, damit der moralische Niedergang des kommerzialisierten Profifußballs verschleiert werden kann. Die Gerüchte, die Summen, die Boni, kurz: das Geschäft wird hysterischer, die Spieler werden vorsichtiger, ängstlicher, tastender, bald sagt keiner mehr was, ohne vorher um Erlaubnis gefragt zu haben. Deswegen gibt Thomas Müller gefühlt achtzig Prozent aller Interviews, nicht weil er so ein Rebell ist, sondern weil er das Talent hat, sich innerhalb eines abgesteckten Rahmens unterhaltsam auszudrücken. In einer humorlosen Branche genügt das, um als Karl Valentin des Fußballs durchzugehen.

In den letzten Jahren konnte man vor jedem Turnier sicher sein, welche Spieler Jogi Löw nicht berücksichtigen würde: Max Kruse, der in einer Pokernacht 75 000 Euro im Taxi vergaß und die Hauptrolle in einem Masturbationsvideo spielte. Leroy Sané, der sich auf dem Rücken ein gigantisches Tattoo seines Lieblingsspielers stechen ließ: sich selbst. Und Sandro Wagner, der jahrelang jeden, der es nicht hören wollte, wissen ließ, dass er sich für den besten deutschen Stürmer halte. Alles Spieler, die sich einen Rest Individualität erhalten und beschlossen haben, sich nicht hinter dem seelenlosen DFB-Jargon zu verstecken.

Als Kruse mal im ZDF-*Sportstudio* zu Gast war, geriet die Sendung zu einer der unterhaltsamsten seit Jahren, weil der Stürmer nicht nur einen Maserati in Tarnfarben fährt, sondern auch sonst nicht wie ein Profisportler, sondern wie ein normaler Mensch wirkt, der gelegentlich deprimiert, wütend, traurig, wahnsinnig, überglücklich und gelangweilt ist. Das war unterhaltsam und irgendwie tröstlich. Auf ein Lob seines früheren Trainers André Schubert, wie professionell er sich im Training verhalte, entgegnete er: »Den habe ich gut manipuliert, wenn er denkt, dass ich ein Vollprofi bin.« Das Publikum lachte, dabei meinte Kruse es mindestens zur Hälfte ernst.

»Alles, was ich über Moral und Verpflichtungen weiß, verdanke ich dem Fußball«, hat Albert Camus gesagt. Man sieht daran, wie lange er schon tot ist. Inzwischen vergeht keine Woche ohne Skandal, Bestechungen, Wettmanipulationen oder Debatten um fragwürdige Werbepartner, manchmal fragt man sich, welcher Funktionär eigentlich noch ein normales Girokonto besitzt. Vor Jahren kreuzte Stefan Effenberg in roter Lederhose und Cowboystiefeln auf der Weihnachtsfeier des FC Bayern München auf, und es ist rückblickend nicht unlustig, dass ausgerechnet Uli Hoeneß von einem »Sittenverfall« und Franz Beckenbauer von einem »grauenvollen Erscheinungsbild« sprach.

Mittlerweile lässt sich die Lücke, die zwischen der Verkommenheit des Fußballgeschäfts und dem moralischen Anspruch an seine Protagonisten klafft, kaum noch aushalten. Ein System, das Woche für Woche sämtliche ethischen Standards unterschreitet und fragwürdigen Investoren, Oligarchen, Hooligans, Nazis und Wettpaten Teppiche ausrollt, schraubt ebendiese für seine Protagonisten immer höher. Das ist meistens bigott und manchmal lustig: Vor ein paar Jahren wurde Florian Kringe von Borussia Dortmund von seinem Trainer für drei Tage »wegen Disziplinlosigkeit« gesperrt, weil er mit nacktem Oberkörper ein Buch gelesen hatte.

Immer mehr Spitzenvereine gehören amerikanischen Hedgefonds oder russischen Oligarchen, auf den WM-Baustellen in Katar haben Hunderte Gastarbeiter ihr Leben verloren, neunjährige Jungen aus Südamerika werden für Millionen an europäische Spitzenclubs verkauft, homosexuelle Profis verzichten aus Angst auf ihr Outing, dazu kommen die vielen Stillosigkeiten beim Transfer von Spielern und der Verabschiedung von Trainern.

Fußball ist ein gigantisches Illusionstheater und ein milliardenschwerer Wirtschaftszweig. Leider erzeugt er keine Mythen mehr, weswegen wir uns immer wieder dieselben alten Geschichten erzählen und seufzen, weil wir nicht behaupten wollen, dass früher alles besser war, aber trotzdem glauben, dass es so ist: Günter Netzer, der übers Wochenende nach Las Vegas fliegt, um sich am Montagmorgen mit Trenchcoat und Hut vom Flughafen zum Trainingsgelände von Real Madrid chauffieren zu lassen. Die deutsche Nationalmannschaft, die sich am Schluchsee – der als »Schlucksee« in die Geschichte einging – vögelnd, saufend und Karten spielend auf die WM 1982 in Spanien vorbereitet und anschließend Vizeweltmeister wird. Der Manager von Schalke 04 Rudi Assauer, der vor dem UEFA-Cup-Finale 1997 gegen Inter Mailand seinen Tormann Jens Lehmann mit Zigarre im Mund warm schießt. Es sind dies die Mythen, von denen sich der Fußball nährt, die ihm Identität und Seele verleihen. Es sind die Ausrutscher und Ausraster, die dazu beitragen, dass Fußball mehr ist als 22 Menschen, die einem Ball hinterherlaufen, dass er Trost spenden, Glück schaffen und einem helfen kann, nicht am Leben zu verzweifeln. Wenn aber jede unbedachte Äußerung, jeder temperamentvolle Charme und grenzüberschreitende Humor glattdiszipliniert wird, werden keine neuen Glücksmomente hinzukommen. Es passt schon ganz gut, dass Nivea der Pflegeausstatter der deutschen Nationalmannschaft ist, weil da wie dort Unreinheiten übertüncht werden. Und die Fans stehen jede Woche wieder vor der Aufgabe, die skandalösen Wahrheiten über ihren Lieblingssport auszublenden, um sich auf Taktik und Tore konzentrieren zu können. Eigentlich kriegen wir das ganz gut hin. Wenn Minister oder Investmentbanker unser Vertrauen missbrauchen, schimpfen wir auf »die da oben«. Beim Fußball funktioniert das nicht, denn wer ihn schlechtmacht, schadet sich selbst, indem er sich der Illusion beraubt, von der er abhängig ist, weil sie sein Durchschnittsleben mit Sinn ausstattet. Für unseren Lieblingssport schließen wir uns jede Woche wieder zu einer weltumspannenden Kollektivlüge zusammen.

Hoffnung

»Ohne einen transzendenten Drang,
der all das Geschrei nach Macht und Geld überflügelt,
wird nichts von Nutzen sein.«
Jacob Burckhard

Komm, oh Tod, du Schlafes Bruder heißt ein Choral aus Bachs Kreuzstabkantate, *Schlafes Bruder* der Roman über ein zur Vereinsamung verurteiltes Musikgenie aus einem Bergdorf des 19. Jahrhunderts. Der Schlaf und der Tod – in der griechischen Mythologie sind sie Brüder: Hypnos, der Gott des Schlafes, Thanatos, der Gott des Todes. Lange waren der Schlaf und der Tod die letzten Areale der menschlichen Existenz, die sich ihrer Verwert- und Verfügbarkeit entzogen haben:

»Der Mensch, der schläft, produziert nichts. Er befindet sich in einem Zustand, der einer unzugänglichen Insel ähnelt – er tut nichts, man weiß nicht, was in ihm vorgeht, man kommt nicht an ihn heran.«[219]

Inzwischen finden es etliche Wissenschaftler und Investoren skandalös, wenn Menschen einfach nur schlafen, ohne dass gleichzeitig etwas mit ihrem Körper oder ihrem Bewusstsein geschieht. Die Intimität des Schlafes haben sie mit Evaluations-Apps ins Visier genommen: Tracker zeichnen unseren Atemrhythmus, unsere Herzfrequenz und unseren Blutdruck auf, zählen mit, wie oft wir uns umdrehen, aufwachen und aufstehen, analysieren unsere Traum-, Tief- und Leichtschlafphasen. Aus der Summe der Daten errechnen sie unsere Schlafperformance, die als Humankapital auf einem globalen Markt zum Verkauf angeboten wird. Die Internetplattform *Wellocracy* stellt ihren Kunden ein besseres Leben auf der Basis von Vergleichscharts in Aussicht. Ihr Slogan lautet:

> »Mach Wellocracy zum Teil Deines Tages, tracke Dich, um Deine Gesundheits- und Wellnessziele zu erreichen! Verstehe Deine Daten, damit Du Dir einen guten Lebensstil angewöhnst, und teile Deine Daten mit anderen Trackern und Apps!«

Der Schlaf ist so gut wie verloren. Es scheint, als müsste man schon sterben, um ein Weilchen ungestört vor sich hin leben zu können. Nun aber kämpft auch der Tod, diese letzte Unausweichlichkeit des Lebens, gegen seine Verwertung. Und wir sind Zeugen seiner letzten Schlacht, in die er gezogen ist, um nicht zum technischen Problem degradiert zu werden – der Tod kämpft um sein Leben.

Was in der vernetzten Optionsgesellschaft immer schwieriger wird, nämlich Vorgänge abzuschließen und Prozesse zu beenden, gilt inzwischen für das Leben selbst: Wir wollen nicht mehr wahrhaben, dass es zu Ende geht, uns nicht damit abfinden, eines Tages sterben zu müssen. Asche zu Asche, Staub zu Staub – wir finden: Das muss nicht sein. Der Philosoph Giovanni Maio schreibt:

> »Das Sterben wird heute als etwas zu Kontrollierendes begriffen und immer mehr als Gestaltungsauftrag verstanden. Dem

Sterben wird immer mehr mit der Haltung des Managements begegnet. Vergessen wird dabei, dass die Grundhaltung des Machen-Wollens nicht geeignet ist, um ausgerechnet dem Sterben gerecht zu werden. Sterben bedeutet doch gerade, dass sich uns das Leben entzieht, und der Anspruch, selbst im Sterben alles im Griff zu haben, hat von daher etwas Widersprüchliches an sich.«[220]

Je erschöpfter wir uns fühlen, desto hartnäckiger arbeiten die Biowissenschaften daran, dass wir uns noch ein paar Jahre länger so vorkommen können. Unsere Ich-Sucht gipfelt in dem prometheischen Wunsch nach zusätzlichen Jahren, denn wenn wir ehrlich sind, fragen wir uns schon, wie es wäre, wenn sich unser Dasein auf zwei- oder dreihundert Jahre ausdehnen ließe. Eifersüchtig blicken wir auf die Lebensspanne von Riesenschildkröten, die 200 Jahre, Grönlandwalen, die 500 Jahre, und Wasserpolypen, die 1000 Jahre alt werden können. Das Ziel kann nur das ewige Leben sein. Es hätte den Vorteil, nicht mehr sterben zu müssen, und würde gleichzeitig der gesellschaftlichen Forderung gerecht, in den letzten Lebensjahren niemandem durch die eigene Pflegebedürftigkeit zur Last zu fallen.

Als der 83-jährige Literaturkritiker Fritz J. Raddatz im Februar 2015 Sterbehilfe in Anspruch nahm, konnte man in den Nachrufen Bewunderung für sein selbstloses Tun herauslesen. »Dass ihm das gelungen ist am Ende, dieser Abgang, selbstbestimmt und würdevoll, das ist, bei aller Traurigkeit, schön und beinahe tröstend«[221], schrieb der Literaturkritiker Volker Weidermann. Nachdem sich Gunter Sachs – mutmaßlich aus Angst vor einer Alzheimer-Erkrankung – mit 78 Jahren erschossen hatte, gab ausgerechnet die Vorsitzende der Deutschen Alzheimergesellschaft zu Protokoll: »Es gehört Mut dazu, so aus dem Leben zu scheiden.«[222] Wäre es nicht mutiger gewesen, weiterzuleben und sich den Widrigkeiten des Lebens nicht zu entziehen, sondern auszusetzen?

Immer mehr Menschen gehen freiwillig in den Tod, weil sie Angst vor Selbstverlust haben, viele wollen ihren Angehörigen unzumutbare Belastungen ersparen. Eine fatale Logik: »Wer seines Glückes Schmied ist, muss auch zum Henker seines Unglücks werden«[223], schreibt die Philosophin Christine Zunke. Wie ein Aktionär, der versuche, den richtigen Zeitpunkt zu finden, um seine Aktien abzustoßen, von denen er wisse, dass sie demnächst fallen werden, bestimmten auch legale Suizidenten wohlüberlegt den richtigen Tag ihres Todes. Gewissenhaft wägten sie eigenes Leid und das ihrer Angehörigen gegen verbleibendes Glück ab.

Sterben, ohne dass jemand zum Waschen, Füttern, Reden, Streicheln vorbeikommen muss, womöglich ein Neffe oder eine Cousine, die ihre Leistung nicht in Rechnung stellen können, Sterben ohne das Drama der Unwissenheit um die letzten Stunden, so können wir uns das gerade noch vorstellen, das Leben als Event, mit einem Anfang und einem Ende, wie ein Fußballspiel, das man selbst abpfeift, freilich ohne Verlängerung. Der Kulturwissenschaftler Thomas Bauer schreibt dazu:

»In der frühen Neuzeit beteten die Menschen darum, vor einem plötzlichen Tod verschont zu bleiben, um nicht die Gelegenheit zu verpassen, auf dem Totenbett die Sakramente zu empfangen, die letzten Angelegenheiten zu ordnen und von

Freunden und Familie Abschied nehmen zu können. Heute erscheint dagegen den meisten Menschen ein möglichst plötzlicher und schmerzfreier Tod als erstrebenswert.«[224]

Fragt man Menschen, wie sie aus dem Leben scheiden wollen, sagen die meisten: Im Schlaf. Hinlegen und nicht mehr aufwachen. Oder beim Sex. Das wäre ein tröstliches Finale, ohne Schmerzen, ohne Angst. Oder wie Udo Jürgens, der 80-jährig an einem Sonntag beim Spazierengehen am Seeufer zusammenbrach und sofort tot war.

Bis weit ins 20. Jahrhundert haben wir unsere Toten aufgebahrt, die Trauernden konnten Abschied nehmen, ein letztes Mal schauen, berühren, sich erinnern. Es ist noch nicht lange her, da lag die tote Oma in der Stube, während die Enkel Fangen am Totenlager spielten. Der Tod war ein letztes Aufbäumen echter Individualität, jeder starb anders, wählte einen anderen Weg. »Ganz allgemein ist vielleicht die Erfahrung der Individualität in der modernen Kultur an die Erfahrung des Todes gebunden«, schreibt Michel Foucault, »(...) das Individuum verdankt ihm seinen Sinn, der bei ihm nicht stehen bleibt«.[225] Die Sphären des Todes und des Lebens waren ineinander verschlungen. Heute gibt es Räume, in denen gelebt, und Räume, in denen gestorben wird, dazwischen klafft ein Graben, gefüllt mit Angst und Scham. Wer seinen toten Vater oder seine tote Mutter sieht, ist sprachlos, überfordert und gekränkt von der Tatsache, dass man auch im 21. Jahrhundert noch sterben muss.

In einer säkularen Gesellschaft ist der Tod kein Sinnstifter, sondern ein Spielverderber, die letzte auszumerzende Unbekannte in der Formel zum ewigen Glück. Er stört, weil er alle

Rezepte zur Selbstermächtigung und -verwirklichung von einem Moment auf den anderen obsolet macht. Da haben wir uns jahrelang geschunden, Gemüse gegessen und Power-Walking gemacht – und dann so was. Je weiter wir uns von der Hoffnung auf das ewige Leben im Reich Gottes entfernen, desto dringender gilt es, den Tod loszuwerden. Nachdem wir sämtliche Formen der Transzendenz entsorgt haben, bleibt als letzter Ausweg nur die eigene Gottwerdung: der Homo deus – aber es handelt sich um einen traurigen Gott, der nur noch lebt, um nicht sterben zu müssen, der vor den Möglichkeiten des Lebens kapituliert, der sich vor der großen Menschheitsaufgabe drückt, die jedem von uns gestellt ist: dem eigenen Leben einen Sinn abzutrotzen, indem man es lebt.

Im Moment begnügen wir uns noch damit, den Tod zu verdrängen. Wir forschen an bionischen Gliedmaßen und Methoden der Zellerneuerung, aber noch bringen wir unsere Alten in Heime und Hospize, wo sie unter Neonröhren auf Betten mit Plastikbezügen professionell betreut – und wenn es so weit ist: schnell unter die Erde oder ins Feuer gebracht werden. Nachts aber, wenn wir das Notebook zugeklappt haben und keinen Schlaf finden, schauen wir ins Dunkel und fragen betroffen: Was bleibt?

—

Nachdem die Tech-Unternehmerin Eugenia Kuyda 2016 ihren Freund durch einen Unfall verloren hatte, entwickelte sie einen Chatbot, in den sie ihre gesamte Kommunikation, also alle SMS, E-Mails und WhatsApp-Nachrichten, die sie sich zu Lebzeiten hin- und hergeschickt hatten, einspeiste. Das Resultat war tröstlich und gespenstisch zugleich, weil sie mit dem Programm auf eine Art und Weise kommunizieren konnte, als sei ihr Freund noch am Leben. Das neuronale Netz hatte seine Persönlichkeit so präzise analysiert und reproduziert, dass es sprach, dachte und sogar Witze wie er machte. »Man kann sich der Illusion hingeben, er wäre hier«, sagte seine Mutter, ja sie lerne ihn jetzt sogar noch besser kennen. Was nach einem Science-Fiction-Roman klingt, könnte in wenigen Jahren Alltag sein:

Im Jahr 2050, schreibt der KI-Professor Toby Walsh, werden viele Menschen Chatbots hinterlassen, die ihre Geschichte kennen und ihre Familien nach ihrem Tod trösten. Manche Menschen werden ihren Chatbot sogar beauftragen, ihren letzten Willen zu verlesen und ihren Nachlass aufzuteilen.[226]

Längst bemüht sich eine milliardenschwere Industrie darum, den Tod zu besiegen: Transhumanisten träumen von morphologischer Freiheit, einem Dasein als reiner Intelligenz, das nicht länger vom minderwertigen Material des Körpers abhängig sein müsste. Sie sind optimistisch, dass sie ihr Ziel erreichen werden, bedroht sehen sie es lediglich durch religiösen Widerstand im Namen des Glaubens, den sie ablehnen, weil er nicht auf Fakten und Beweisen beruhe. Jens Jessen schreibt dazu:

»Ein Menschenroboter würde wie nebenbei – ohne je blutige Machtfragen zu stellen – die Utopie der Gleichheit erfüllen. Aus der alten politischen Frage, wie sich eine Gesellschaft schaffen lässt, in der alle Menschen glücklich sind, wäre die neue technologische Frage geworden, wie sich ein neuer Mensch schaffen lässt, der in jeder, auch einer maximal ungerechten Gesellschaft glücklich sein kann. Wie es aussieht, liegen die Instrumente bereit, einen solchen Menschen herzustellen.«[227]

Die Firmen heißen California Life Company, Nectome oder Alcor Life Extension Foundation und forschen mit Milliarden von Dollars und den neuesten Erkenntnissen der Biotechnologie, also mit dem bewährten Silicon-Valley-Rezept aus Geld und Technik, nach der Formel für das ewige Leben. Der amerikanische Journalist Marc O' Connell erzählt in seinem Buch *Unsterblich sein – Reise in die Zukunft des Menschen* von einem Besuch bei der Firma Alcor Life Extension Foundation:

»Ein kleiner Teil von Alcors Kundenstamm (derzeit 117 Personen) ist nicht mehr unter den Lebenden; sie werden als ›Patienten‹ bezeichnet – nicht als Körper, Leichen oder abgetrennte Köpfe –, weil sie als vorübergehend stillgelegt gelten, nicht als tot.«[228]

Das Unternehmen, in dessen Wartezimmer ein illustriertes Kinderbuch mit dem Titel *Death is Wrong* auf die Besucher warte, biete verschiedene Modelle an: Für 200 000 Dollar werde der Körper komplett eingelagert, für 80 000 Dollar könne man immerhin noch »Neuro-Patient« werden, also seinen Kopf und sein Gehirn kryostatisch einlagern lassen, in der Hoffnung, sie eines Tages duplizieren lassen zu können. Die Firma selbst spricht von der »Vision einer Zukunft, in der alle heute lebenden Menschen sich in einer Welt materiellen Überflusses für alle guter Gesundheit und eines langen Lebens erfreuen können«[229].

Die Firma Nectome bietet ihren Kunden an, sich zu einem selbst gewählten Zeitpunkt in einem assistierten Selbstmord töten zu lassen, um anschließend das Gehirn zerlegen und konservieren, den Körper mit Chemikalien fluten und für eine spätere Datenverarbeitung vorbereiten zu lassen. Noch ist der Tod der Preis, der für die Hoffnung auf ewiges Leben bezahlt werden muss. Alle anderen können eine Verjüngungskur mit dem Blutplasma von Teenagern buchen, der Liter kostet 5000 Dollar – eine Idee, die den schwer kranken Papst Innozenz VIII. 1492 veranlasst haben soll, das Blut zehnjähriger Knaben zu trinken; genützt hat es ihm nicht, er ist wenige Monate danach gestorben.

—

In der griechischen Mythologie sind der sterbliche Castor und der göttliche Pollux unzertrennliche Zwillingsbrüder. Als Castor erschlagen wird, bittet Pollux seinen Vater Zeus, ihm die Unsterblichkeit zu nehmen, damit er seinem Bruder ins Totenreich folgen könne. Gerührt von solcher Liebe, lässt Zeus seinen Sohn wählen: Er könne mit ewiger Jugend gesegnet unter den Göttern leben oder gemeinsam mit Castor je einen Tag im Reich der Toten und im Olymp der Götter wohnen und am Ende sterben. Ohne zu zögern, entscheidet sich Pollux für ein sterbliches Ende – und durchwandert seitdem gemeinsam mit seinem Bruder als Sternbild das Firmament.

»Wir haben seit Jahrhunderten geglaubt, dass der Tod zum Leben gehört, aber das muss so nicht sein«, sagt Ray Kurzweil, Leiter der technischen Entwicklung bei Google. »Ich habe nicht vor zu sterben«, der Google-Gründer Larry Page. Der Tod mache ihn »sehr wütend«, der Oracle-Chef Larry Ellison, der bereits eine halbe Milliarde Dollar in die Langlebigkeitsforschung investiert hat. »Wer sagt, dass wir nicht tausend Jahre leben können?«, fragt der Robotik-Experte Sebastian Thrun. Nüchterner, aber in der Sache ähnlich, drückte sich Stephen Hawking aus: »Theoretisch ist das durchaus möglich, ein Gehirn auf einen Computer hochzuladen und auf diese Weise ein Leben nach dem Tod zu ermöglichen.«

»Der Herr hat's gegeben, der Herr hat's genommen« – die Milliardäre aus dem Silicon Valley haben sich vorgenommen, die Begräbnisformel des christlichen Abendlandes außer Kraft zu setzen. Ihre Kränkung darüber, dass sich die Erde auch ohne sie weiterdrehen wird, muss gigantisch sein; unerträglich die Vorstellung, dass sie Unternehmen gegründet, Milliarden angehäuft, die Gesetze der Erde umgeschrieben, das Leben von Millionen Menschen auf den Kopf gestellt haben und am Ende auf der Intensivstation einer Luxusklinik sterben müssen. Nach jetzigem Stand soll der Tod mit zwei Strategien besiegt werden:

Die erste macht den menschlichen Körper langlebiger, die zweite überflüssig, indem sie uns in Form von Daten weiterexistieren lässt. Dafür experimentieren Genetiker und Nanotechnologen mit sämtlichen vorstellbaren und ehrlich gesagt auch nicht vorstellbaren Methoden: In der Kryonik werden menschliche Gehirne bei minus 200 Grad Celsius tiefgefroren. Neuronen und Synapsen bleiben erhalten, das Blut wird durch eine Art Frostschutzmittel ausgetauscht, um zu verhindern, dass Eiskristalle des gefrorenen Blutes die Adern platzen lassen. Das Ziel besteht darin, das Bewusstsein des jeweiligen Menschen eines Tages in Form von Daten wiederherstellen zu können. Bei einem Kaninchenhirn soll es schon funktioniert haben, angeblich stehen 25 Personen auf der Warteliste, jeder von ihnen soll 10 000 Dollar hinterlegt haben.

Was aber ist gewonnen, wenn wir hundert, zweihundert oder tausend Jahre alt werden, aber vor allem damit beschäftigt sind, Risiken zu vermeiden und auf Genüsse zu verzichten, um das Sterben noch ein bisschen nach hinten zu schieben? »Betrachte es als die größte Schandtat, das nackte Leben höher zu stellen als die Scham; und um des Lebens willen die Gründe, für die es sich zu leben lohnt, zu verlieren«, schrieb der römische Dichter Juvenal vor 2000 Jahren.

—

Transhumanisten träumen davon, die Menschen von ihren Schwächen zu erlösen und von den Lästigkeiten des Lebens zu befreien. Was aber, wenn es unsere Unzulänglichkeit ist, die uns die Erfahrung des Menschseins überhaupt erst aufsperrt? Was, wenn wir nicht zur Unendlichkeit geboren sind und weder das Talent noch die Fantasie für das ewige Leben haben? Wenn wir in dem Moment, in dem wir den Tod überwinden, in eine menschenfeindliche Ödnis, in ein trostloses Nutzlosigkeitsgefühl eintreten, von dem uns niemand erlösen kann?

Der Wert des Lebens – da unterscheidet es sich nicht von anderen Annehmlichkeiten – manifestiert sich in seiner Begrenztheit. »Die ewige Wiederholung lässt alles fahl werden«, schreibt der Philosoph Peter Strasser. »Und so stellt sich am Schluss, der zu keinem Ende kommen will, erst recht eine totale Sinnfinsternis ein.«[230]

In Friedrich Nietzsches Nachtwandler-Lied heißt es: »denn alle Lust will Ewigkeit –, – will tiefe, tiefe Ewigkeit.« Wir haben ein »Existenzprogramm« daraus gemacht, »worin die Lust am Leben auf die Gier, nicht sterben zu müssen, verschoben wurde«[231], schreibt Strasser. Wer nicht mehr sterben muss, darf auch nicht mehr auf Erlösung hoffen. Er hätte die einzigartige Erfahrung, den unermüdlichen Stimulus, nicht zu wissen, wie es weitergeht, und damit die Möglichkeit des Glaubens und der Hoffnung, verspielt. Endloses Leben hieße vor allem optimiertes Leben mit Speicherchips im Körper, gezielten Eingriffen in unsere Gene, überwachten Körperfunktionen.

Am Ende seiner Rede zur Verleihung des Friedenspreises des deutschen Buchhandels sagte Jaron Lanier:

»Tod und Verlust sind unabwendbar, ganz gleich was meine Freunde mit ihren digitalen Überlegenheitsfantasien und Unsterblichkeitslaboratorien denken. Ganz gleich, wie tief uns das Leid darüber schmerzt, am Ende sind Tod und Verlust langweilig, weil sie unabwendbar sind. Es sind die Wunder, die wir errichten – die Freundschaften, die Familien, die Bedeutung –, die staunenswert, interessant, glorreich und berauschend sind.«[232]

Gerade mal sechzig Jahre alt und vom Krebs befallen, verbrachte Roger Willemsen seine letzten Wochen nicht mit Klagen. Nach allem, was man weiß und die, die ihm nahestanden, erzählen, nutzte er die letzten Tage seines Lebens, um es zu verdichten. Er arbeitete an dem Buch, das er als Fragment hinterlassen hat, unternahm letzte Reisen, betrachtete Bilder, hörte Lieder. Ein letztes Mal reizte er die Schönheit des Lebens aus und besiegte so den Tod ein ums andere Mal. Es ist diese gesteigerte Erfahrung des Auf-der-Welt-Seins, die auch die Bergsteigerin Gerlinde Kaltenbrunner im Sinn hat, wenn sie sagt: »Ich liebe das Leben als lebensgefährlich« – das Leben nicht als mechanistische Existenz, sondern als Wagnis, Abenteuer und Wunder.

Nachwort

Los Angeles 2019, Neonreklamen blinken im Dauerregen, in der Ferne grollen Donner, alles ist dunkel und düster, als sich zwei Todfeinde auf dem Dach eines Wolkenkratzers zum letzten Gefecht gegenübertreten: ein Mensch und ein Replikant, ein Roboter, eine ausgebeutete Maschine.

Es ist ein ungleicher Kampf: Der Mensch hängt wehrlos an der Kante des Skyscrapers; er droht in die Tiefe zu stürzen, der Replikant müsste ihm nur auf die Finger treten, mit denen er sich an die Kante klammert. Stattdessen kniet er nieder, reicht ihm die Hand, zieht ihn zurück aufs Dach und wird – in der Hand eine weiße Taube, die blauen Augen blutunterlaufen – poetisch:

»Eine beachtliche Erfahrung, in Furcht leben zu müssen, nicht wahr? So ist es, wenn man ein Sklave ist.«

Und weiter:

»Ich habe Dinge gesehen, die ihr Menschen niemals glauben würdet. Gigantische Schiffe, die branden draußen vor der Schulter des Orion. Und ich habe C-Beams gesehen, glitzernd im Dunkeln nahe dem Tannhäuser-Tor. All diese Momente werden verloren sein in der Zeit, so wie Tränen im Regen. Zeit zu sterben.«

Im Moment des Todes wird sich ausgerechnet der Replikant der Gnade des Lebens bewusst und rettet seinen schlimmsten Feind, der weiterleben darf, während er für immer abgeschaltet bleibt. Der Schluss von *Blade Runner* aus dem Jahr 1982 zählt zu den schönsten und rätselhaftesten Szenen der Filmgeschichte. Seitdem ich sie vor 25 Jahren das erste Mal gesehen habe, geht sie mir nicht aus dem Kopf. Bis heute macht sie mich traurig, bis heute tröstet sie mich. Traurig, weil es die Maschine ist, die im Moment ihres Todes Menschlichkeit entwickelt, ja die sich danach sehnt, ein Mensch sein zu dürfen, während wir im Begriff sind, unsere Autonomie, Freiheit und Würde, kurz: das Geschenk des Lebens für ein Minimum an Komfort und Bequemlichkeit zu verraten. Tröstlich, weil sie mich trotz allem an das Gute, einen Weltgeist, einen Zusammenhang, vielleicht einen Gott glauben lässt, der die Dinge am Ende zum Guten lenkt.

In vier Milliarden Jahren wird unsere Milchstraße mit ihrer Nachbargalaxie Andromeda kollidieren; schon jetzt rasen beide mit einer Geschwindigkeit von 400 000 Kilometern in der Stunde aufeinander zu. In fünf bis sieben Milliarden Jahren wird sich die Sonne aufblähen und heller leuchten als je zuvor, bis sie am Ende fast nur noch aus Helium besteht und die Planeten Merkur und Venus verschluckt. Spätestens dann wird unsere kleine Erde unbewohnbar sein. Wo heute Regenwälder und Starbucks-Filialen sind, wird nur noch flüssiges, dampfendes, tausend Grad heißes Gestein sein; die Erde wird zum Wüstenplaneten, das Universum wird dunkel und voll sein mit ausgebrannten Sternenresten und Schwarzen Löchern.

Trotz dieser wenig schönen Aussichten oder gerade deshalb ist es beschämend, wie wir sämtliche Glücks- und Sinnquellen schon vor der Zeit versiegen lassen und uns mit einer immer maschinenhafteren Existenz zufriedengeben, mit einem kontrollierten, versicherten, überwachten Leben, voller Angst, Bedenken und Vorsorgemaßnahmen, mit gelegentlichen Glücksmomenten in Chatrooms und Shoppingmalls. Ich weiß nicht, ob die neuronalen Netze, an denen im Moment so fieberhaft gearbeitet wird, eines Tages sprechen, fühlen, trösten, lachen, weinen, hassen und lieben können. Ich weiß, dass *wir* es können, dass wir es *noch* können.

Der Mensch empfinde Scham vor der Vollkommenheit seiner Maschinen, schreibt Günther Anders in *Die Antiquiertheit des Menschen*. Er habe den Wunsch, so perfekt zu werden wie sie, daher gleiche er sich ihnen an. »In seiner fleischlichen Tölpelhaftigkeit, in seiner kreatürlichen Ungenauigkeit vor den Augen der perfekten Apparaturen stehen zu müssen, war ihm wirklich unerträglich; er schämte sich wirklich.«[233]

Wer weiß, vielleicht sind es eines Tages die von uns erdachten und erbauten Maschinen, die uns lehren, was das ist und wie das geht: ein Mensch, ein verdammt noch mal echter Mensch zu sein.

Dank

Ich danke meiner Agentin Katrin Kroll und meinem Lektor Moritz Volk, ohne die es dieses Buch nicht geben würde.

Ich danke Birthe Steinbeck, ohne die dieses Buch anders aussehen würde.

Ich bedanke mich bei Tilo Eckardt, Sascha Mamczak, Holger Kuntze und dem Team des Blessing Verlags dafür, dass sie an dieses Buch geglaubt haben, sowie bei Carina Stransky, die sich wunderbar dafür eingesetzt hat.

Ich danke ganz herzlich Cornelius Esau, der mir dabei geholfen hat, die verschollensten Quellenangaben ausfindig zu machen.

Für Gespräche, Ratschläge und Anregungen danke ich Olaf Unverzart, Felix Hutt, Andreas Bernard, Rainer Stadler, Thomas Bärnthaler, Matthias Ziegler, Alexandros Stefanidis, Frieda Cossham, Jens Risch, Ayumi Paul, Maxim Biller, Peter Licht, Carolin Pirich, Michael Lemling und Felicitas von Lovenberg.

Für Geduld, Liebe und Nachsicht danke ich Uyen Lam Bao, meinen Eltern, Miriam, Yara Tika, Anna und Nala.

Literaturverzeichnis

Adorno, Theodor W., *Gesammelte Schriften*, Suhrkamp, Frankfurt am Main 1997

Anders, Günther, *Die Antiquiertheit des Menschen*. Band 1 und 2, 4. Aufl., Nachdr., Beck, München 1992

Arendt, Hannah, *Elemente und Ursprünge totaler Herrschaft. Antisemitismus, Imperialismus, Totale Herrschaft*, Piper, München 1991

– *Vita activa*, Piper, München 2016.

Aristoteles, *Politik*, Reclam, Stuttgart 1989

Augstein, Jakob (Hg.), *Reclaim Autonomy. Selbstermächtigung in der digitalen Weltordnung*, Suhrkamp, Berlin 2017

Bauer, Thomas, *Die Vereindeutigung der Welt. Über den Verlust an Mehrdeutigkeit und Vielfalt*, Reclam, Ditzingen 2018

Bauman, Zygmunt, *Das Vertraute unvertraut machen. Ein Gespräch mit Peter Haffner*, Hoffmann und Campe, Hamburg 2017

Benjamin, Walter, *Ausgewählte Werke*, WBG, Darmstadt 2015

Berg, Sibylle, *GRM: Brainfuck*, Kiepenheuer & Witsch, Köln 2019

Biller, Maxim, *Hundert Zeilen Hass*, Hofmann & Campe, Hamburg 2017

Bowles, Paul, *The Sheltering Sky*, Penguin Classics, 2004

Büchner, Georg, *Woyzeck. Leonce und Lena*, Reclam, Stuttgart 1992

Camus, Albert, *Der Mensch in der Revolte*, Rowohlt, Hamburg 1996

Despentes, Virginie, *Das Leben des Vernon Subutex 2*, Kiepenheuer & Witsch, Köln 2018

Dufourmantelle, Anne, *Lob des Risikos*, Aufbau, Berlin 2018

Dürrenmatt, Friedrich, *Der Auftrag oder Vom Beobachten des Beobachters der Beobachter*, Diogenes, Zürich 1988

Ellis, Bret Easton, *Weiß*, Kiepenheuer & Witsch, Köln 2019

Feldenkirchen, Markus, *Die Schulz-Story: Ein Jahr zwischen Höhenflug und Absturz*, Deutsche Verlags-Anstalt, Hamburg 2018

Frances, Allen, *Normal – Gegen die Inflation psychiatrischer Drogen*, DuMont, Köln 2014

Freud, Sigmund, *Studienausgabe*, Fischer, Frankfurt am Main 1972

Fromm, Erich, *Haben oder Sein. Die seelischen Grundlagen einer neuen Gesellschaft*, 46. Aufl., dtv, München 2019

– *Die Gesellschaft als Gegenstand der Psychoanalyse*, 2. Aufl., Frankfurt am Main 2016

Genazino, Wilhelm, *Bei Regen im Saal*, dtv, München 2015

Glasmeier, Michael und Steib, Lisa, *Albernheit*, Textem, Hamburg 2011

Goethe, Johann Wolfgang von, *Werke*, 12. Aufl., dtv, München 1994

Grau, Alexander, *Kulturpessimismus: Ein Plädoyer*, zu Klampen, Springe 2018

Grunwald, Martin, *Homo Hapticus. Warum wir ohne Tastsinn nicht leben können*, Droemer, München 2017

Han, Byung-Chul, *Agonie des Eros*, Matthes & Seitz, Berlin 2017
– *Die Errettung des Schönen*, S. Fischer, Frankfurt am Main 2015
Harari, Yuval Noah, *Homo Deus. Eine Geschichte von morgen*. C.H. Beck, München 2018
Horkheimer, Max und Adorno, Theodor W., *Ausgewählte Werke*, WBG Darmstadt 2015
Houellebecq, Michel, *Serotonin*, DuMont, Köln 2019
– *Elementarteilchen*, DuMont, Köln 1999
Illouz, Eva (Hg.), *Wa(h)re Gefühle*, Suhrkamp, Berlin 2018
Ishiguro, Kazuo, *Alles, was wir geben mussten*, Blessing, München 2017
James, William, *Die Vielfalt religiöser Erfahrung*, Insel, Frankfurt am Main 1997
Joas, Hans, *Die Macht des Heiligen. Eine Alternative zur Geschichte von der Entzauberung*, Suhrkamp, Berlin 2017
Jung, Volker, *Digital Mensch bleiben*, Claudius, München 2018
Junger, Sebastian, *Tribe. Das verlorene Wissen um Gemeinschaft und Menschlichkeit*, Blessing, München 2017
Kafka, Robert, *Der Verschollene (Amerika)*, S. Fischer, Frankfurt am Main, 1999
Kästner, Erich, *Fabian. Die Geschichte eines Moralisten*, 2. Aufl., Aufbau, Berlin und Weimar 1979
Kermani, Navid, *Ungläubiges Staunen. Über das Christentum*, C.H. Beck, München 2016
Maio, Giovanni, *Abschaffung des Schicksals? Menschsein zwischen Gegebenheit des Lebens und medizin-technischer Gestaltbarkeit*, Herder, Freiburg 2016
Metz, Markus und Seeßlen, Georg, *Schnittstelle Körper*, Matthes & Seitz, Berlin 2019
Mosebach, Martin, *Die Häresie der Formlosigkeit. Die römische Liturgie und ihr Feind*, dtv, München 2012
Musil, Robert, *Gesammelte Werke*, Rowohlt, Hamburg 1978
Nickel, Eckhart, *Hysteria*, Piper, München 2018
Nietzsche, Friedrich, *Werke in drei Bänden*, Hanser, München 1956
Novalis, *Briefe und Werke*, Lambert Schneider, Berlin 1943
O'Connell, Mark, *Unsterblich sein. Reise in die Zukunft des Menschen*, Hanser, München 2017
Orwell, George, *1984*, 45. Aufl., Ullstein, Berlin 2019
Pfaller, Robert, *Erwachsenensprache. Über ihr Verschwinden aus Politik und Kultur*, S. Fischer, Frankfurt am Main 2017
– *Wofür es sich zu leben lohnt. Elemente materialistischer Philosophie*, S. Fischer, Frankfurt am Main 2012
Platen, August von, *Gedichte*, Reclam, Leipzig 1986
Plessner, Helmuth, *Grenzen der Gemeinschaft*, Suhrkamp, Frankfurt am Main 2002
Reckwitz, Andreas, *Die Gesellschaft der Singularitäten. Zum Strukturwandel der Moderne*, Suhrkamp, Berlin 2017
Rödder, Andreas, *Konservativ 21.0. Eine Agenda für Deutschland*, C.H. Beck, München 2019

Rosa, Hartmut, *Unverfügbarkeit*, 2. Aufl., Residenz, Salzburg 2019

– *Resonanz, Eine Soziologie der Weltbeziehung*, Suhrkamp, Berlin 2016

Samjatin, Jewgeni, *Wir: Utopischer Roman*, Ganymed Edition, Hemmingen 2015

Sandel, Michael J., *Plädoyer gegen die Perfektion. Ethik im Zeitalter der genetischen Technik*, University Press, Berlin 2015

Schirach, Ferdinand von, *Kaffee und Zigaretten*, Luchterhand, München 2019

Schmidtkunz, Renata, *Himmlisch frei. Warum wir wieder mehr Transzendenz brauchen*, edition a, Wien 2019

Schuberth, Richard, *Narzissmus und Konformität. Selbstliebe als Illusion und Befreiung*, Matthes & Seitz, Berlin 2018

Sennet, Richard, *Verfall und Ende des öffentlichen Lebens. Die Tyrannei der Intimität*, 12. Aufl., S. Fischer, Frankfurt am Main 2001

Serres, Michel, *Was genau war früher besser? Ein optimistischer Wutanfall*, Suhrkamp, Berlin 2019

Sich, Peter, *Foucault. Eine Einführung*, Reclam, Stuttgart 2018

Sigusch, Volkmar, *Sexualitäten. Eine kritische Theorie in 99 Fragmenten*, Campus, Frankfurt am Main 2013

Sloterdijk, Peter, *Die schrecklichen Kinder der Neuzeit. Über das anti-genealogische Experiment der Moderne*, Suhrkamp, Berlin 2014

Strauß, Botho, *Der Idiot und seine Zeit*, Diederichs, München 2013

Strauß, Simon, *Römische Tage*, Tropen, Stuttgart 2019

Thadden, Elisabeth von, *Die berührungslose Gesellschaft*, C. H. Beck, München 2018

Tocqueville, Alexis de, *Über die Demokratie in Amerika*, Reclam, Stuttgart 1985

Walsh, Toby, *It's alive – Wie künstliche Intelligenz unser Leben verändern wird*, Edition Körber, Hamburg 2018

Weber, Max, *Wissenschaft als Beruf*, 11. Aufl., Duncker & Humblot, Berlin 2011

– *Die protestantische Ethik und der Geist des Kapitalismus*, Nikol, Hamburg 2018

Weidner, Stefan, *Jenseits des Westens. Für ein neues kosmopolitisches Denken*, Hanser, München 2018

Welzer, Harald, *Selbst denken. Eine Anleitung zum Widerstand*, Fischer, Frankfurt am Main 2015

Willemsen, Roger, *Wer wir waren. Zukunftsrede*, S. Fischer, Frankfurt am Main 2016

Žižek, Slavoj, *Wie ein Dieb bei Tageslicht. Macht im Zeitalter des posthumanen Kapitalismus*, S. Fischer, Frankfurt am Main 2019

Zuboff, Shoshana, *Das Zeitalter des Überwachungskapitalismus*, Campus, Frankfurt am Main/New York 2018

Zweig, Stefan, *Die Monotonisierung der Welt*, Suhrkamp, Frankfurt am Main 1976

Anmerkungen

1 Simon Strauß, *Römische Tage*, Stuttgart 2019, S. 17.
2 Franz Kafka, *Der Verschollene (Amerika)*, Frankfurt am Main 1999, S. 133.
3 Virginie Despentes, *Das Leben des Vernon Subutex 2*, Köln 2018, S. 183.
4 Anne Dufourmantelle, *Lob des Risikos,* Berlin 2018, S. 112.
5 Peter Licht, *Das Ende der Beschwerde*, Motor Records, 2011.
6 Max Weber, *Wissenschaft als Beruf*, 3. Aufl., Berlin 2011, S. 17.
7 Max Weber: *Die protestantische Ethik und der Geist des Kapitalismus,* Hamburg 2018, S. 124.
8 Max Horkheimer/Theodor W. Adorno, *Dialektik der Aufklärung*. In: Theodor W. Adorno: *Gesammelte Schriften*. Band 3, Frankfurt am Main 1997, S. 19.
9 Hartmut Rosa, *Unverfügbarkeit,* Berlin und Salzburg 2018.
10 Hannah Arendt, *Elemente und Ursprünge totaler Herrschaft. Antisemitismus, Imperialismus, totale Herrschaft*, München 1991, S. 906.
11 Robert Musil, *Gesammelte Werke*. Band 2, Hamburg 1978, S. 1088.
12 Peter Sloterdijk, *Die schrecklichen Kinder der Neuzeit*, 2. Aufl., Berlin 2016, S. 56.
13 Gilles Deleuze, *Mediators*. In: *Negotiations*, New York 1995, S. 129, zitiert in: M. Hardt und A. Negri, *Demokratie. Wofür wir kämpfen,* Frankfurt am Main, 2013, S. 21.
14 Matthias Döpfner, »Lieber Eric Schmidt«, *FAZ*, 16.4.2016.
15 Ebd.
16 Novalis, *Werke*. Band 2, München 1978, S. 334.
17 Michel Houellebecq, »Ich bin ein halber Prophet«, *faz.de*, 27.9.2016.
18 Michel Houellebecq, *Serotonin*, Köln 2019, S. 335.
19 Peter Strasser, »Wenn wir an den Daten zappeln – die digitale Welt frisst ihre Kinder«, *NZZ*, 6.1.2018.
20 Michel Foucault, *Dits et Ecrits. Schriften*. Band 4, Berlin 2005, S. 960.
21 Roger Willemsen, *Wer wir waren*, Frankfurt am Main 2016, S. 54 f.
22 Sven Astheimer und Roland Lindner, »Hauptsache, Vielfalt«, *FAZ*, 2./3.9.2017.
23 Nils Pickert, »Eine Parabel auf den Kapitalismus«, *FAZ*, 8.2.2019.
24 »Deshalb ist Fußball der Inbegriff von Rassismus«, Interview mit Samy Deluxe von Christian Lang, *noz.de*, 12.1.2019.
25 »Unterschied, was ist das?«, Interview mit Irmhild Saake von Wibke Becker, *FAS*, 19.7.2015.
26 Robert Pfaller, *Erwachsenensprache. Über ihr Verschwinden aus Politik und Kultur*, 3. Aufl., Frankfurt am Main 2018, S. 10.

27 Stefan Zweig, *Die Monotonisierung der Welt*, Frankfurt am Main 1976, S. 7 f.

28 Erich Fromm, *Haben oder Sein. Die seelischen Grundlagen einer neuen Gesellschaft*, 46. Aufl., München 2019, S. 18f.

29 Andreas Reckwitz, *Die Gesellschaft der Singularitäten*, Berlin 2017, S. 9.

30 Sina Pousset, »Fotografiert euch woanders«, *Die Zeit*, 13.6.2019.

31 Stefan Weidner, *Jenseits des Westens*, München 2018, S. 14f.

32 Ebd., S. 10.

33 Ebd., S. 10.

34 Thomas Bauer, *Die Vereindeutigung der Welt. Über den Verlust an Mehrdeutigkeit und Vielfalt*, Ditzingen 2018, S. 8

35 Michael J. Sandel, *Plädoyer gegen die Perfektion. Ethik im Zeitalter der genetischen Technik*, 3. Aufl., Berlin 2015, S. 23f.

36 Alan Zarembo, »California company clones a woman's cat for $50,000«, *Los Angeles Times*, 23.12.2004.

37 Laura Pomer, »Immer mehr Männer und Frauen setzen auf ›Anal Bleaching‹«, *stylebook.de*, 12.12.2017.

38 Barbara Hofer, »Jetzt wird's hüglig«, *NZZ am Sonntag*, 5.10.2014.

39 Andreas Bernard, »Kontrolliert«, *FAS*, 24.5.2015.

40 Sandel, S. 110.

41 Sandel, S. 107.

42 Robert Pfaller, *Wofür es sich zu leben lohnt*, 4. Aufl., Frankfurt am Main 2013, S. 27.

43 »Der Krieg und das fehlende ontologische Zentrum der Politik«, - Interview mit Slavoj Žižek von Thomas Deichmann und Sabine Reul, *eurozine.com*, 15.3.2002.

44 Richard Schuberth, *Narzissmus und Konformität. Selbstliebe als Illusion und Befreiung*, Berlin 2018, S. 136.

45 Pfaller, *Wofür es sich zu leben lohnt*, S. 58.

46 Niklas Maak, »Sie sind alle auf 180«, *FAS*, 10.3.2019.

47 Jens Jessen, »Ruiniert eure Körper!«, *zeit.de*, 23.3.2016.

48 Ferdinand von Schirach, *Kaffee und Zigaretten*, München 2019, S. 46.

49 Pfaller, *Wofür es sich zu leben lohnt*, S. 172.

50 Georg Büchner, *Woyzeck. Leonce und Lena*, Stuttgart 1992, S. 32.

51 »Ich sinnlose vor mich hin ... und das mit Begeisterung«, Interview mit Gerhard Polt von Alex Rühle, *SZ-Magazin*, 28.11.2011.

52 Thomas Schulz, »Das Morgen-Land«, *Der Spiegel* 10/2015, S. 28.

53 Johann Wolfgang von Goethe, *Werke*. Band 9, 12. Aufl., München 1994, S. 588.

54 Houellebecq: *Serotonin*, S. 8.

55 Dufourmantelle, S. 126f.

56 Sarah Pines, »Unsere Zukunft hat die Farbe von veganem Apfeleis«, *FAZ*, 7.1.2019.

57 Slavoj Žižek, »Im Taxi mit dem Philosophen«, *taz*, 7.1.2012.

58 Sibylle Berg, *GRM: Brainfuck*, Köln 2019, S. 9.

59 Byung-Chul Han, *Die Errettung des Schönen*, 3. Aufl., Frankfurt am Main 2015, S. 9.

60 Ebd., S. 9.

61 Tina Uebel, »Der große Verlust«, *Die Zeit*, 14.6.2018.

62 Nina Pauer, »Los, komm, wir sterben endlich aus!«, *Die Zeit*, 27/2019.

63 Volkmar Sigusch, *Sexualitäten. Eine kritische Theorie in 99 Fragmenten*, Frankfurt am Main 2013, S. 566.

64 Leo Klimm, »Viele machen ihr Glück vom Chef abhängig«, *sueddeutsche.de*, 4.1.2019.

65 Ina Hartwig, »Wahnsinnig sensibel«, *Die Zeit*, 12.3.2015.

66 Claudius Seidl, »Das deutsche Dösen«, *FAS*, 6.8.2017.

67 Danny Hillis, »Maschinen aus Fleisch und Blut«, *SZ*, 10.4.2019.

68 Byung-Chul Han, »Kommunismus als Ware, das ist das Ende der Revolution«, *sueddeutsche.de*, 3.9.2014.

69 Christian Geyer, »Bin ich psycho, oder geht das von selbst weg?«, *FAZ*, 18.6.2014.

70 Maxim Biller, *Hundert Zeilen Hass*, Hamburg 2017, S. 21.

71 Ebd., S. 68.

72 Ebd., S. 190.

73 Tobias Haberl, »Sprache und Taten sind gefährlich, nicht Musik«, *SZ-Magazin*, 28.1.2015.

74 Bret Easton Ellis, *Weiß*, Köln 2019, S. 103.

75 Hartmut Rosa, *Unverfügbarkeit*, 2. Aufl., Salzburg 2019, S. 120.

76 »Beleidigen sollte man nur Menschen, die man liebt«, Interview mit Slavoj Žižek von Tobias Haberl, *SZ-Magazin*, 31/2019.

77 Rosa, *Unverfügbarkeit*, S. 118.

78 Zygmunt Bauman, *Das Vertraute unvertraut machen*, Hamburg 2017, S. 50.

79 Max Weber, *Die protestantische Ethik und der Geist des Kapitalismus*, Hamburg 2018, S. 124.

80 Adrian Lobe, »Facebook, das digitale Pastorat«, *SZ*, 26.2.2019.

81 Schuberth, S. 116.

82 »Noch erscheinen die Diktatoren des Internets milde«, Interview mit Jaron Lanier von Mathias Müller von Blumencron, *FAZ*, 2.7.2015.

83 Malte Conradi, »Die Verwandlung«, *sueddeutsche.de*, 2.4.2019.

84 Michel Foucault, *Der Wille zum Wissen (Sexualität und Wahrheit 1)*, Frankfurt am Main 2012, S. 135.

85 Weidner, S. 196.

86 Bauer, S. 3.

87 Roger Willemsen, »Wir Helenisten«, *tagesspiegel.de*, 9.2.2016.

88 Ebd.

89 Diedrich Diederichsen, »Hausmeister des Wahnsinns«, *sueddeutsche.de*, 2.12.2018.

90 Hanno Rauterberg, »Tanz der Tugendwächter«, *Die Zeit*, 27.7.2017.

91 Ellis, S. 275f.

92 Ebd., S. 172.

93 Adrian Lobe, »Diese künstliche Intelligenz ist zweifellos ein genialer Künstler«, *SZ*, 15.6.2018.

94 Max Hübner, »Computer komponiert Klassik. Erkennt die Profi-Musikerin den Unterschied?«, *orange.handelsblatt.com*, 6.7.2017.

95 »Wenn Computer zu Poeten werden«, Interview mit Ross Goodwin von Michael Moorstedt, *sueddeutsche.de*, 29.5.2018.

96 Nick Cave, »Was wir eigentlich hören, ist die menschliche Begrenztheit«, *sueddeutsche.de*, 3.2.2019.

97 Durs Grünbein, »Wie aus Sprache Gewalt wird«, *Die Zeit*, 10.1.2019.

98 Iris Radisch, »Der ganz normale Nulltext«, *zeit.de*, 3.9.2015.

99 Rosa, S. 8.

100 Ebd., S. 97.

101 Mark Siemons, »Kein Mensch unter dieser Nummer«, *FAS*, 9.6.2019.

102 Hartmut Böhme, »Das Geheimnis«, *NZZ*, 20./21.12.1997.

103 Julia Friedrichs, »Das tollere Ich«, *Zeit-Magazin*, 8.8.2013.

104 Jaron Lanier, *Zehn Gründe, warum du deine Social Media Accounts sofort löschen musst*, Hamburg 2018, S. 125.

105 Andreas Bernard, »Wir sind total kontrolliert«, *faz.net*, 28.5.2015.

106 Hannah Arendt, *Vita activa*, München 2016, S. 10.

107 Bauer, S. 38.

108 Ralf Dahrendorf, »Die Globalisierung und ihre sozialen Folgen werden zur nächsten Herausforderung einer Politik der Freiheit«, *Die Zeit*, 14.11.1997.

109 Ebd.

110 Pfaller, *Erwachsenensprache*, S. 11.

111 Botho Strauß, »Reform der Intelligenz«, *Die Zeit*, 30.3.2017.

112 Thomas Thiel, »Das Palaver der Patienten«, *FAZ*, 27.2.2019.

113 Bauman, S. 51f.

114 Thea Dorn, »Abrüsten, Avantgarde«, *Die Zeit*, 27.3.2019.

115 Guillaume Paoli, »Der Krieg aller gegen alle per Rechtsanwalt«, *FAS*, 3.5.2015.

116 Tilman Krause, »Das Ende des schwulen Mannes«, *Die Welt*, 12.2.2019.

117 Armin Nassehi, »Was heißt es denn, eine Frau zu sein?«, *FAZ*, 9.4.2019.

118 Eva Menasse, »Digitale Gespenster«, *FAS*, 9.9.2018.

119 Nassehi, »Was heißt es denn, eine Frau zu sein?«, *FAZ*, 9.4.2019.

120 Houellebecq, *Serotonin*, S. 265f.

121 Byung-Chul Han: *Agonie des Eros*, 4. Aufl., Berlin 2015, S. 20.

122 »Wir stehen unter Beschuss«, Interview mit Niall Ferguson von Anna-Lena Scholz, *Die Zeit*, 13.6.2019.

123 »Meister der hocherotischen Zone«, Interview mit Neo Rauch von Martin Machowecz, *zeit.de*, 13.9.2017.

124 Thiel, »Das Palaver der Patienten«, *FAZ*, 27.2.2019.

125 »Die enthemmte Gesellschaft«, *Der Spiegel*, 16.3.2019.

126 »Linke Sprachpolizei«, *FAZ*, 2.7.2019.

127 Robert Pfaller, *Erwachsenensprache*, S. 34.

128 Schuberth, S. 116.

129 Dorn, »Abrüsten, Avantgarde«, *Die Zeit*, 27.3.2019.

130 Philipp Gessler, »Der Kermani-Sound«, *taz*, 17.10.2015.

131 »Natürlich ist Religion erstmal Pflicht«, Interview mit Martin Mosebach und Navid Kermani von Tobias Haberl, *SZ-Magazin*, 35/2015.

132 Eckhart Nickel, *Hysteria*, 3. Aufl., München 2018, S. 205.

133 »Land in Sicht«, *Welt am Sonntag*, 7.7.2019.

134 Rosa, S. 28.

135 Christoph Quarch, »Blitz aus dem Virtuellen«, *SZ*, 5.4.2019.

136 Antje Joel, *Jagd. Unsere Versöhnung mit der Natur*, Hamburg 2018, S. 189.

137 »Schöpfung«, Interview mit Klaus Töpfer von Tobias Haberl, *SZ*, 28.9.2019.

138 Despentes, *Das Leben des Vernon Subutex 2*, S. 36f.

139 Richard Sennet: *Verfall und Ende des öffentlichen Lebens. Die Tyrannei der Intimität*, 12. Aufl., Frankfurt am Main 2001, S. 336.

140 Nassehi, »Was heißt es denn, eine Frau zu sein?«, *FAZ*, 9.4.2019.

141 »Studenten haben meistens keine Ahnung«, Interview mit Slavoj Žižek von Barbara Nolte, *Der Tagesspiegel*, 11.8.2013.

142 »Beleidigen sollte man nur Menschen, die man liebt«, Interview mit Slavoj Žižek von Tobias Haberl, *SZ-Magazin*, 31/2010.

143 Bauer, S. 67f.

144 Meik Wiking, *Hygge. Ein Lebensgefühl, das einfach glücklich macht*, Köln 2016.

145 »Gewöhnlichkeit ist der größte Luxus«, Interview mit Matthias C. Müller von Doris Akrap, *taz*, 22./23.8.2015.

146 Žižek, »Erkenne deine Potentiale«, *Der Spiegel*, 9.3.2009.

147 Clemens Setz, »Wir haben ihn entführt«, *Die Zeit*, 2.8.2018.

148 Reckwitz, S. 9f.

149 »Sei nicht authentisch«, Interview mit Stefan Wachtel von Georg Meck, *faz.net*, 12.2.2019.

150 Markus Feldenkirchen, *Die Schulz-Story. Ein Jahr zwischen Höhenflug und Absturz*, Hamburg 2018.

151 Bernhard Pörksen, »Die Öffentlichkeit produziert den Angstpolitiker, den sie verachtet«, *sueddeutsche.de*, 10.1.2019.

152 Thomas Melle, »Der gerade Satz«, *FAZ*, 4.9.2017.

153 Georg Simmel, *Soziologie. Untersuchungen über die Formen der Vergesellschaftung* (1908) Berlin 2013.

154 »Ich schätze den kurzen Tagesschlaf«, Interview mit Harald Schmidt von Ulrike Posche und Kester Schlenz, *Stern*, 17.11.2016.

155 Christine Dössel, »Selber schaudern«, *SZ*, 29.12.2015.

156 Schuberth, S. 98.

157 Markus Metz und Georg Seeßlen, *Schnittstelle Körper*, Berlin 2019, S. 15f.

158 Hannah Beitzer, »Brüste haben oft etwas Anarchisches«, *sueddeutsche.de*, 11.8.2017.

159 Martin Grunwald, *Homo Hapticus. Warum wir ohne Tastsinn nicht leben können*, München 2017, S. 153.

160 Sylvie Consoli, *La tendresse. De la dermatologie à la psychoanalyse*, Paris 2003, S. 137.

161 Georg Simmel, *Die Großstädte und das Geistesleben*, in: Georg Simmel, *Gesamtausgabe*, Band 7, Frankfurt am Main 1995, S. 123.

162 »Deutsche treffen sich seltener mit Freunden«, *sueddeutsche.de*, 25.8.2016.

163 Alexis de Tocqueville, *Über die Demokratie in Amerika*, Stuttgart 1985, S. 343.

164 Sebastian Junger, *Tribe. Das verlorene Wissen um Gemeinschaft und Menschlichkeit*, München 2017, S. 85.

165 Ebd., S. 94.

166 Evgeny Morozov, »Nutzer aller Länder«, *SZ*, 30.11.2018.

167 Junger, S. 45.

168 Houellebecq, *Elementarteilchen*, Köln 1999, S. 129f.

169 Iris Radisch, »Der ganz normale Nulltext«, *zeit.de*, 3.9.2015.

170 Sigmund Freud, *Beiträge zur Psychologie des Liebeslebens*, in: *Studienausgabe*, Band 5, Frankfurt 1972, S. 202.

171 Sigusch, *Sexualitäten. Eine kritische Theorie in 99 Fragmenten*, Frankfurt am Main 2013, S. 570.

172 Norbert Bolz, »Treibhäuser der Konformität«, *achgut.com*, 22.11.2018.

173 George Orwell, *1984*, 45. Aufl., Berlin 2019, S. 102.

174 »Von A bis Z«, *Der Spiegel*, 34/2015.

175 »Tristan Harris«, *sueddeutsche.de*, 14.2.2018.

176 Andrian Kreye, *Macht Euch die Maschinen untertan. Vom Umgang mit künstlicher Intelligenz*, München 2018, S. 15f.

177 Lanier, *Zehn Gründe, warum du deine Social Media Accounts sofort löschen musst*, S. 15.

178 Bauman, S. 12.

179 Sandel, S. 111.

180 Bauman, S. 120.

181 Jessen, »Der neue Mensch«, *Die Zeit*, 17.12.2014.

182 Harald Welzer, *Selbst denken. Eine Anleitung zum Widerstand*, Frankfurt am Main 2015, S. 27f.

183 Schuberth, S. 145.

184 Erich Kästner, *Fabian. Die Geschichte eines Moralisten*, 2. Aufl., Berlin und Weimar 1979, S. 128.

185 Fromm, *Die Gesellschaft als Gegenstand der Psychoanalyse*, 2. Aufl., Frankfurt am Main 2016, S. 133.

186 Günther Anders, *Die Antiquiertheit des Menschen*. Band 2, 4. unveränd. Aufl., Nachdr., München 1992, S. 216.

187 Ebd., S. 221.

188 Ebd., S. 241.

189 Shoshana Zuboff, »Wie wir Sklaven von Google wurden«, *FAZ*, 3.3.2016.

190 Mark Siemons, »Die totale Kontrolle«, *FAS*, 6.5.2018.

191 Friederike Böge, »Denk an dein Rating!«, *FAS*, 30.9.2018.

192 Friedrich Dürrenmatt, *Der Auftrag oder Vom Beobachten des Beobachters der Beobachter*, Zürich 1988, S. 22f.

193 Radisch, »Der ganz normale Nulltext«, *zeit.de*, 3.9.2015.

194 »Unesco kritisiert Alexa und Siri als sexistisch und unterwürfig«, *welt.de*, 23.5.2019.

195 Aristoteles, *Politik*, Stuttgart 1989, S. 81.

196 Karl Marx/Friedrich Engels: *Die Deutsche Ideologie*, in: Karl Marx/Friedrich Engels, *Werke*, Band 3. S. 33.

197 Arendt, *Vita activa*, S. 12.

198 Venki Ramakrishnan, »Werden Computer unsere Herrscher sein?«, *SZ*, 17.7.2019.

199 Anna Gien, »Die Verkuschelung der Welt«, *Die Zeit*, 7.3.2019.

200 Rosa, S. 41.

201 Andreas Zielcke, »Cool, kühl, kaltschnäuzig«, *SZ*, 25.3.2019.

202 »Individualität ist heute ein schmutziges Wort«, Interview mit Iris Apfel von Jennifer Wiebking, *FAS*, 14.4.2019.

203 »Die Köpfe im Silicon Valley haben sich gleichgeschaltet«, Interview mit Peter Thiel von René Scheu, *nzz.ch*, 5.4.2019.

204 Schuberth, S. 66.

205 Botho Strauß, *Lichter des Toren. Der Idiot und seine Zeit*, München 2013.

206 Ellis, S. 147f.

207 Bernhard Pörksen, »Es entsteht eine grell ausgeleuchtete Welt, ein monströses Aquarium, in dem kaum noch etwas verborgen bleibt«, *Die Zeit*, 19.2.2015.

208 Juli Zeh, »Deutschland privat«, *SZ*, 4.5.2013.

209 »Putin weiß, was Zuckerberg weiß«, Interview mit Yuval Noah Harari von Ijoma Mangold, *Die Zeit*, 20.9.2018.

210 Eberhard Rathgeb, »Der letzte Mensch ist nackt«, *FAS*, 23.9.2018.

211 Bauer, S. 20.

212 Alexander Grau, *Kulturpessimismus: Ein Plädoyer*, Springe 2018, S. 41.

213 Reinhard Mohr, »Heuchler«, *FAS*, 3.8.2014.

214 Siemons, »Die große Erschlaffung«, *FAS*, 31.3.2019.

215 Jan Fleischhauer, »Spießerverachtung«, *spiegel.de*, 23.11.2018.

216 William James, *Die Vielfalt religiöser Erfahrung*, Frankfurt am Main 1997, S. 12.

217 Martin Mosebach, *Die Häresie der Formlosigkeit. Die römische Liturgie und ihr Feind*, München 2012, S. 92.

218 Harald Schmidt, »Ich war 'ne Null«, *FAS*, 3.2.2019

219 Niklas Maak, »Die Ausbeutung des Schlafs«, *FAS*, 3.6.2018.

220 Giovanni Maio, *Gefangen im Übermaß an Ansprüchen und Verheißungen. Zur Bedeutung des Schicksals für das Denken der modernen Medizin*, in: Ders. (Hg.), *Abschaffung des Schicksals*, Freiburg 2016, S. 31.

221 Volker Weidermann, »Der bessere Andere«, *FAS*, 27.2.2015.

222 Markus Günther, »Der gute Tod«, *Die Zeit*, 7.2.2016.

223 Christine Zunke, »Ein Streit um die Werte«, *Die Zeit*, 26.2.2015.

224 Bauer, S. 17.

225 Foucault, *Die Geburt der Klinik. Eine Archäologie des ärztlichen Blicks*, München 1973, S. 208f.

226 Toby Walsh, *It's alive. Wie künstliche Intelligenz unser Leben verändern wird*, Hamburg 2018, S. 298f.

227 Jessen, »Der neue Mensch«, *Die Zeit*, 17.12.2014.

228 Marc O'Connell, *Unsterblich sein. Reise in die Zukunft des Menschen*, München 2017, S. 36.

229 Ebd., S. 46.

230 Peter Strasser, »Zombies einer leeren Ewigkeit«, *NZZ*, 18.9.2018.

231 Ebd.

232 Jaron Lanier, »Man hat Hegel enthauptet«, *FAZ*, 13.10.2014.

233 Günther Anders, *Die Antiquiertheit des Menschen*, Band 1, 7. unveränd. Aufl., Nachdr., München 1992, S. 23.